功勋

国家最高科学技术奖获得者故事

任初轩 编

人民日报出版社

北京

图书在版编目（CIP）数据

功勋：国家最高科学技术奖获得者故事 / 任初轩编
著. —北京：人民日报出版社，2022.12
ISBN 978-7-5115-7565-4

Ⅰ.①功… Ⅱ.①任… Ⅲ.①科学工作者—先进事迹
—中国—现代 Ⅳ.①K826.1

中国版本图书馆CIP数据核字（2022）第211156号

书　　名：	功勋：国家最高科学技术奖获得者故事
	GONGXUN : GUOJIA ZUIGAO KEXUEJISHU JIANG HUODEZHE GUSHI
编　　者：	任初轩

出 版 人：	刘华新
策 划 人：	欧阳辉
责任编辑：	寇　诏　杨冬絮
版式设计：	九章文化

出版发行：人民日报出版社

社　　　址：	北京金台西路2号
邮政编码：	100733
发行热线：	（010）65369509　65369527　65369846　65369512
邮购热线：	（010）65369530　65363527
编辑热线：	（010）65363105
网　　　址：	www.peopledailypress.com
经　　　销：	新华书店
印　　　刷：	大厂回族自治县彩虹印刷有限公司
法律顾问：	北京科宇律师事务所　（010）83622312

开　　本：	710mm×1000mm　1/16
字　　数：	337千字
印　　张：	20
版次印次：	2024年6月第1版　2024年10月第2次印刷

书　　号：	ISBN 978-7-5115-7565-4
定　　价：	68.00元

致敬国家最高科学技术奖获得者

目录
Contents

李德仁

著名摄影测量与遥感学家
一直致力于提升我国测绘遥感对地观测水平

他攻克卫星遥感全球高精度定位及测图核心技术，解决了遥感卫星影像高精度处理的系列难题，带领团队研发全自动高精度航空与地面测量系统，为我国高精度高分辨率对地观测体系建设作出了杰出贡献。

精准测绘大地山河

2024年2月3日，"东方慧眼高分01星"通过捷龙三号遥三运载火箭在广东阳江海域成功发射。这颗运行在距地520公里的太阳同步轨道卫星，搭载高分辨率推扫相机、全自主化在轨智能处理终端，集成北斗短报文和星间实时传输终端，具备在轨实时生成与分析功能，能够有效提升用户获取遥感信息的速率。

这是"东方慧眼"智能遥感星座的业务首发星，也是通信、导航、遥感一体化智能遥感卫星系统的一次重要实践。"我们希望到2030年，'东方慧眼'建成由200多颗高分辨率光学卫星、雷达卫星、高光谱卫星组成的智能遥感星座。"担任这颗卫星首席科学家的李德仁，向着"看得快、看得清、看得准、看得全、看得懂"的目标，不懈努力着。

心系祖国，学成归国投身测绘遥感学科建设

作为认知地球和环境的重要技术手段，测绘遥感为各行各业发展提供基础性、先导性的支撑。但在近40年前，李德仁学成回国时，受测绘遥感科技水平制约，中国人对地理信息知之甚少，更别说利用这座"富矿"为经济社会发展服务了。

留学期间，李德仁已经在国际测绘学界有所成就：他在1982年提出的处理系统误差的方法，被学界称为"李德仁方法"；1985年，他在自己的博士论文中解决了误差可区分性这一测量学领域的难题。

尽管收到多家国外科研机构的工作邀请，心系祖国的李德仁却一一婉拒。1985年2月底，他取得博士学位，3月初就站在了武汉测绘学院的讲台上，这里也是他的母校。

武汉测绘学院（后更名为武汉测绘科技大学，2000年并入武汉大学）的前身——武汉测量制图学院是1955年由国内5所院校的测量专业集中创建的。但

在上世纪80年代，学院测绘遥感学科人才面临断档问题。

回国任教后，李德仁干的第一件事就是编写教材。他先后编写了《基础摄影测量学》和《解析摄影测量学》，又依据自己的博士论文编写了《误差处理与可靠性理论》——后来作为研究生教材。

测绘遥感是一门重视实践的学科，尤其在一些人迹罕至地区的基础测绘工作，更是实践中的难点。为解决实践中出现的问题，李德仁创新性地提出"把GNSS（全球卫星定位系统）放到飞机上"，运用"GNSS空中三角测量"技术，很快完成了无需地面控制点的测图任务。

李德仁还指导博士生编写了软件，有效解决了困难和危险地区测图的技术难题，后来这项成果获得国家科学技术进步奖二等奖。

紧跟学科前沿，推动测绘遥感更高水平的智能化

建立高精度高分辨率对地观测体系，离不开遥感卫星。本世纪初，我国遥感卫星核心元器件受限、软件受控，严重制约了国产遥感卫星的发展和应用。

"当时的条件下，我们想的是用一流的数学模型把硬件上的差距补回来。"李德仁主持设计论证了我国第一颗民用测绘卫星"资源三号"的系统参数，建立了卫星遥感影像的高精度几何处理技术体系，大幅提高了卫星遥感影像的自主定位精度。

李德仁带领团队主持设计并建立了卫星地面定标场，通过地面高精度定标场和大规模区域网平差等方法，将"资源三号"卫星影像无地面控制点的定位精度从300多米提高到3至5米，完成9000多万平方千米的全球1∶5万测图，开创了国产卫星高精度测图从国内走向全球的新阶段。

2003年，李德仁作为牵头人，联合多位院士专家向国家提出建议："要把中国的卫星分辨率从原来的5米、10米，提高到亚米级。"2006年，高分辨率对地观测系统重大专项被列入《国家中长期科学和技术发展规划纲要（2006—2020年）》，2010年全面启动实施。

"我们做测绘遥感的人，始终要坚持自主创新。"李德仁带领团队研制了高分辨率卫星遥感地面处理系统。经过10年的建设，高分辨率对地观测系统实现了我国遥感卫星系统的自主可控，相关成果有力推动了新一代国家空间基础设施建设，为我国航天产业发展做了技术及人才上的储备。

随着新一代信息技术的加快发展，测绘遥感技术与数字经济的耦合协同效应不断增强，与经济社会联系日益紧密。"紧跟学科前沿，不停歇地做中国人自己的产品"，成为李德仁的又一个目标。多年来，他牵头研制的地理信息系统软件、移动测量系统等高科技产品，不仅实现了技术国产化，还成功走向市场。

"东方慧眼"智能遥感星座项目建设也在稳步推进中。"我们要努力实现测绘遥感更高水平的智能化，推动天上的通信、导航、遥感卫星一体化组网，让天上有对地观测的'慧眼'和'大脑'，让空天信息更好服务经济社会发展。"李德仁说。

扎根三尺讲台，为年轻人的发展创造更多可能性

一生投身测绘遥感事业，既出于对事业的孜孜追求，也源自对脚下这片土地的热爱。

2014年，李德仁和夫人朱宜萱两人到塔克拉玛干沙漠西南边缘的新疆维吾尔自治区麦盖提县参加学术活动，被当地干部群众治沙造林的精神感动。此后10年间，他们两个人发起义务植树活动，19批志愿者积极投身其中，种下了数万株苗木。

"我们让学生每年做一次麦盖提县的遥感图，能够真切地观察、感受到随着植树面积增长，当地的生态环境越来越好。"朱宜萱说。

十年树木，百年树人。"龚健雅院士在做中国的数字地球模型、国产地理信息系统；杨必胜三维建模做得很好，他用无人机做碳排放、碳吸收的研究非常精准；我还有个研究生正在用人工智能技术，在大量遥感数据中自动解译目标……"讲起自己学生手头上的工作，李德仁如数家珍。

在所有身份中，李德仁最看重的是教师，最看重的事情则是上课。《测绘学概论》这门课是始自1997年9月、面向本科新生的基础课，7位院士先后加入教学团队，一讲就是20多年。

在学生们眼中，李德仁很会"卖关子"："把摄像机放到飞机上进行测量，会出现什么问题？如果放到卫星上呢？"提问渐次深入，课堂氛围更加活跃，他便顺势引入讲课重点，"学问就藏在课堂内容里，请看摄影测量……"

2022年，在李德仁的推动下，武汉大学联合国内10多所高校共同论证遥

感科学与技术一级学科建设。目前，全国已有300多所大学开设了测绘遥感地理信息专业。

"未来要靠年轻人，他们在研究上超过我们，我们非常高兴。"李德仁说，"作为高校教师，我们要把教育办好，把科技搞上去，还要把人才培养好，为年轻人的发展创造更多可能性。"

《人民日报》（2024年6月25日，记者：谷业凯）

满腔热血浇铸遥感强国梦

联合国一项统计显示，80%以上的人类活动都要和时空发生关联。李德仁说，地球空间信息研究者就是要为人们提供与位置有关的信息，即"4个 right"服务：在规定的时间（right time）将所需位置（right place）上的正确数据、信息、知识（right data/information/knowledge）送到需要的人手上（right person）。这一切要求快速、准确、灵巧。

在地球空间信息科学领域，遥感技术至关重要。作为人类经济建设和社会可持续发展的关键支撑手段和战略需求，遥感技术在生物多样性保护、防灾减灾、粮食安全与绿色农业、城市发展、水资源管理等方面起到了不可替代的作用。

在近40年的科研时光里，李德仁致力于提升遥感对地观测水平，持续开展基础理论研究和重大技术创新，倡导、推动和建立了我国高精度高分辨率对地观测体系，推动了测绘遥感的跨越式发展，为我国从测绘遥感大国到测绘遥感强国的转变作出杰出贡献。

他凭借卓越智慧破解了测量学的百年难题，他带领团队以服务国家为核心目标开展科技攻关，他以满腔热血浇铸遥感强国梦。

2024年6月24日，李德仁获得2023年度国家最高科学技术奖。

解决百年难题

1957年，李德仁从江苏省泰州中学毕业，被刚成立一年的武汉测量制图学院（后易名为武汉测绘学院）录取，就读航空摄影测量专业。

对于那时的中国来说，卫星遥感技术还是一片未被开垦的"荒原"。但李德仁深知这些技术对于国家发展的重要性，毅然决然地踏上这条充满挑战的道路。

1978年，"科学的春天"来临，国家恢复研究生招生。李德仁抓住这个机会重返校园，并师从我国摄影测量与遥感学科奠基人、中国科学院院士王之卓。

完成硕士学业后，李德仁出国深造，来到当时世界上摄影测量与遥感技术最先进的国家——德国。1982年，李德仁进入德国波恩大学进修。在短短半年时间里，他就在国际学术期刊发表了两篇高质量论文，首创了从验后方差估计导出粗差定位的选权迭代法。这一方法后被测量学界称为"李德仁方法"。

次年，他又进入斯图加特大学攻读博士学位，师从摄影测量领域世界著名领军学者弗里兹·阿克曼，并接手了一个航空测量领域极具挑战的难题。

李德仁回忆，航空测量数据的误差是当时的世界性难题。"航空测量遥感数据越来越大，老师给我的题目就是找一个理论，能同时区分和处理偶然误差、系统误差或粗差。"他说。

为了尽早解开这道难题，李德仁每天坚持工作14个小时以上，经常在凌晨最后一个离开实验室，又于翌日清晨第一个打开实验室大门。

最终，仅用不到两年，李德仁就完成了自己的博士论文，并获得了斯图加特大学博士论文历史最高分，迄今无人超越。他创立的误差可区分性理论和系统误差与粗差探测方法，被德国洪堡基金评委格拉法韧特评价为"解决了一个测量学的百年难题"。李德仁后来也因此获得了1988年"汉莎航空测量奖"。

"回国是必然的，是自觉的。我们与外国有很大差距，我得赶快回国。"李德仁谢绝了国外科研院所的邀请，在完成毕业答辩后立刻回国，短短几天后便走上讲台，在武汉测绘学院任教。

"学到本事就要给国家作贡献。"这是李德仁那时最真实的想法。"科学是要为祖国服务的"，在他心里，一直抱有这个坚定的信念。

做强中国遥感

学成归来，李德仁加快研究步伐，带领团队持续开展基础理论和重大技术创新，助力我国测绘遥感行业飞跃发展。

很快，他们取得了一个又一个创造性成果。1991年，李德仁提出3S集成（GNSS全球卫星定位系统、RS遥感、GIS地理信息系统）理论获得国际认可。这一重大突破，实现了天空地一体信息化移动测量的历史跨越。

面对我国卫星、航空、地面系统等落后于人的情况，李德仁心急如焚。

2003年，他作为牵头人向国家提出"建设我国高分辨率对地观测系统"的建议。高分辨率对地观测系统重大专项（以下简称"高分专项"）是《国家中长期科学与技术发展规划纲要（2006—2020年）》确定的重大科技专项之一。其中，自主可控的天空地高分辨率遥感系统是核心。

李德仁瞄准我国高分专项的核心需求，组建百余人团队，历时15年先后完成体系论证、技术攻关、系统研制和重大应用，助力天空地高分辨率遥感系统实现"好用"和"用好"，满足经济建设、国防建设和民生的需求。

2013年，高分专项首发星高分一号成功发射；2019年，国内首颗民用亚米级高分辨率立体测绘卫星高分七号发射；2022年，分辨率达到0.3米至0.5米的商业遥感卫星发射……随着高分专项的实施，中国遥感卫星实现了从"有"到"好"的跨越式发展。

如今，我国测绘遥感技术从落后一步步走到了世界前列，建立起真正的"中国人自己的高分辨率对地观测系统"。在这个过程中，高分专项作出了重要贡献。李德仁说："以前我们有卫星，但不强。现在我们的遥感卫星赶上了世界水平。"

此后，李德仁继续带领团队攻克高精度高分辨率对地观测领域的系列核心技术，研制了我国"航天—航空—地面"3S集成的测绘遥感系列装备，解决危险地区测绘等难题，引领了我国传统测绘到信息化测绘遥感的根本性变革。

创新的原动力就是实现自立自强。在李德仁看来，科学精神首先是实事求是，要尊重科学、尊重前人、尊重专家，但不能迷信书本、迷信权威、迷信外国技术。

"我们测绘人要坚持不懈地开展原始创新研究，想国家所想，急国家所急。要在新型信息基础设施、融合基础设施和创新基础设施建设中发挥作用，为将我国建设成为国际领先的测绘科技强国贡献力量。"李德仁说。

擦亮"东方慧眼"

"要把天上的大数据经过人工智能处理，变成小数据送到用户的手机上，这样才能实现分钟级的智能服务。"李德仁说，以前，天上的遥感、导航、通信卫星各忙各事，没有联通，所提供的服务老百姓用不上。

为此，李德仁带领团队积极开展"通导遥"一体化天基信息实时服务系统

（PNTRC）关键技术攻关，启动珞珈系列科学试验卫星工程，研制发射4颗珞珈系列卫星。

不仅如此，李德仁还推动"通导遥"一体化的"东方慧眼"智能遥感星座计划建设。"东方慧眼"智能遥感星座计划极为宏大。通过部署在天上的遥感卫星组网，能够建立从全国到全球的服务系统，把目标看得快、看得清、看得准、看得全、看得懂……

从2022年起，李德仁带领团队开展"东方慧眼"智能遥感星座论证工作。为将"东方慧眼"擦得更亮，李德仁侧重在卫星精度和质量上下功夫，使卫星遥感分辨率从5米到3米、到2米、到1米，再到0.5米。

2023年4月，"东方慧眼"智能遥感星座一期工程正式启动。2024年2月3日，由李德仁担任首席科学家研制的东方慧眼高分01星成功发射，顺利实现业务化运行。

作为"东方慧眼"智能遥感星座的业务首发星，这颗卫星的成功发射是"通导遥"一体化智能遥感卫星系统的重要实践，对后续星座建设具有重大意义。该星投入运行后，可通过聚合高性能算力、引入人工智能遥感大模型，为行业提供实时时空观测智能化分析决策服务。

李德仁团队预计，到2030年，"东方慧眼"智能遥感星座计划将发射252颗卫星，包括高分辨率光学和雷达卫星、高光谱卫星和热红外卫星，形成"星网"。这些卫星将为人类社会可持续发展服务。

"到那时，我们的卫星使用成本会更低，每个人都有望轻松使用卫星数据，从'玩微信'到'玩卫星'。"谈及未来，李德仁满怀憧憬。

培养栋梁之材

在自己所有的头衔中，李德仁认为，当老师才是他最骄傲、最有成就感的事。

李德仁曾说，恩师王之卓有两段话让他记了一辈子。其中一段是在王之卓学术思想研讨会上，王之卓在会议门口看着会标，问工作人员："我有什么学术思想？我的思想就是不断地跟我的学生学习。"

李德仁也把这句话送给自己。他说，作为一名教师，他可以培养一代又一代的年轻人，而年轻人在任何细节上超过自己，都让他感到高兴。

数十年来，他在武汉珞珈山下甘为人梯、殚精竭虑、为国育才，始终奋斗在教学科研第一线。他引导学生在学科交叉前沿刻苦攻关，获得高等教育国家级教学成果。

执教30多年，谈及指导博士生的成功经验，李德仁说："我把我老师教我的方法，传授给我的学生，那就是首先要学会做人，再学会做事，最后学会做学问。"

李德仁是这么说的，也是这么做的。他要求学生坚持"读书、思维、创新、实践"，做国家的栋梁。因此，他总把学生带到科研一线"拉练"，鼓励学生发现问题、解决问题，不断思考、大胆创新。

中国科学院院士龚健雅是李德仁的第三个博士生。"李老师破格录取了我，并对我进行了20多年的培养。相对于其他师兄弟，我是在他身边受教诲时间最长的学生之一。"他说。

龚健雅亲眼见证了李德仁等老一辈科学家在推动中国整个测绘学科发展过程中的一个个突破。在他看来，中国测绘学科发展逆势而上，国际影响不断增强，李德仁对此作出了很大贡献。

如今，李德仁的学生遍布世界各地，在测绘遥感领域内外各有建树。这是李德仁最为高兴的事。"科学研究就是不断创新，不断接力。"李德仁把学生的建树看成是自己最大的成果。"我要给学生指一条路，让学生自由发展，让他们超越我。"

直到现在，李德仁仍然坚持带博士生和硕士生。他的学生中，有的已经当选中国科学院院士和中国工程院院士。

苏黎世联邦理工学院授予李德仁名誉博士学位时指出："李德仁院士的杰出成就，使武汉大学成为今天世界上地球空间信息领域最著名的研究机构之一；他还对培养国家和国际学术人才作出了杰出的贡献。"

从毅然归国到开拓创新，从扎根科研一线到孜孜不倦教书育人，李德仁坚定不移地践行着自己的人生追求———一辈子为国家服务。他用自己的一生，诠释了中国科学家奋进、奉献、甘为人梯的精神。

《科技日报》（2024年6月25日，作者：王菲，记者：吴纯新）

薛其坤

凝聚态物理领域著名科学家
取得多项引领性的重要科学突破

他率领团队首次实验观测到量子反常霍尔效应，在国际上产生重大学术影响；在异质结体系中发现界面增强的高温超导电性，开启了国际高温超导领域的全新研究方向。

在物理学前沿长跑

早上7点到实验室、晚上11点离开，这样的作息，薛其坤雷打不动坚持了30多年。

薛其坤的研究领域是凝聚态物理，是研究凝聚态物质的物理性质与微观结构以及它们之间的关系的学科，是当今物理学最大也是最重要的分支学科之一。在这一领域，薛其坤率领团队不断突破，创造性地发展了一系列国际通用的实验技术，取得量子反常霍尔效应、界面高温超导等原创性科学发现。

不断攀登高峰，动力何来？"对科学研究的热情与执着，对推进国家科技进步的责任和信念，促使我努力向前。"薛其坤说。

"不跟风，专注于做'从0到1'的研究"

"不跟风，专注于做'从0到1'的研究"，这是薛其坤的合作者和学生对他科研态度的评价。

量子反常霍尔效应是一个新领域，在推动新一代低能耗晶体管和电子学器件的发展上应用前景很大，成为全球凝聚态物理学家关注的焦点。

从2009年起，薛其坤带领团队，对量子反常霍尔效应的实验发起冲击。虽然团队前期完成了很好的基础性工作，但量子反常霍尔效应出现的实验条件非常苛刻。能否找到合适的材料，在这种材料中又能不能观测到量子反常霍尔效应，一切都是未知数。

认准这座科研高峰，薛其坤义无反顾地去攀登。

先后生长测量了1000多个样品、一步步提高样品质量，2012年底，薛其坤团队终于成功在实验中观测到量子反常霍尔效应。这是在反常霍尔效应提出131年后，人类首次观测到反常霍尔效应的量子化。2013年，该成果在《科学》杂志上发表，被审稿人评价为"凝聚态物理界一项里程碑式的工作"。

在认知范围内，挑战最有价值的研究，贯穿薛其坤做科研的始终。

2005年到清华大学工作，薛其坤瞄准长期困扰物理学界的难题——高温超导。这一探索就是8个年头。2012年，他带领团队发现了单层铁硒与钛酸锶衬底结合而产生的界面高温超导。该发现挑战主流共识，增进了科学界对超导材料的认识，国际超导界开展大量追踪研究。这是高温超导领域，我国科学家开辟的全新研究方向。

薛其坤并未止步。2017年，团队将量子反常霍尔效应观测温度提高了一个数量级，并首次实现量子反常霍尔效应多层结构；2018年，团队与合作者首次发现一种内禀磁性拓扑绝缘体，开启了国际上又一个热点研究方向……

今天，沿着量子反常霍尔效应以及相关量子态的应用研究、高温超导机理研究两个方向，薛其坤团队正开展新一轮攻关。"这是国际凝聚态物理领域最关注的研究方向，我们要努力站在世界前沿。"薛其坤说。

"夜深人静时，与论文、数据打交道，那种感觉很纯粹、很幸福"

理论物理学家的预言对不对，往往需要实验物理学家长时间去验证。

做量子反常霍尔效应实验，薛其坤团队用来实验的样品，仅有5纳米厚，制备每一个都非常不易。这样的样品，4年中，他们做了1000多个。

实验失败是家常便饭。每次失败后，薛其坤就会再次带领团队优化样品、改进方法。再失败、再优化、再改进，一路上"循环往复"，直至实验成功。

2012年初，从理论上看，团队似乎解决了所有能想到的问题，然而，量子反常霍尔效应的实验结果离最终的成功还非常遥远。团队成员、清华大学物理系教授何珂回忆，那段时间大家压力很大，"担心研究就此停滞不前"。

关键时刻，薛其坤给团队打气。他常用自己"做针尖"的故事鼓励团队。攻读硕士期间，薛其坤用到的实验仪器是场离子显微镜，样品是金属针尖。他在导师的严格监督下，每天至少要试做3个针尖，两年做了1000多个针尖。其间虽没有发表任何文章，但熟练掌握的实验技术，对后续工作帮助很大。在薛其坤的鼓舞下，团队经过一轮轮冲刺，最终实现了技术突破。

薛其坤身上这股子韧劲从何而来？薛其坤说，自己生长于山东蒙阴县的山村，是沂蒙山里出来的孩子，不怕挫折，"皮实"。自己打小就想当科学家，一路追梦，也遇到不少挫折。经历了3次考研，直到1987年，薛其坤才考上研究生，进入中国科学院物理研究所凝聚态物理专业学习。

在实验室，日复一日观察样品、整理数据，薛其坤不以为苦，而以此为快乐和享受。薛其坤说，"每当实现重大突破的时候，那种满足感是其他事情很难替代的。"也正是这种满足感，鼓舞着他在物理学前沿持续长跑。

如今，薛其坤有了更多身份。2013年起担任清华大学副校长，2020年起任南方科技大学党委副书记、校长……身兼科学研究、人才培养、行政管理等多项职责，无论角色怎么变，他对科研的极致追求没有变。"夜深人静时，与论文、数据打交道，那种感觉很纯粹、很幸福。"薛其坤说。

"中国人要有学术自信，要敢于去挑战重大科学难题"

实现量子反常霍尔效应，材料需要既具备磁性又是绝缘体，由于磁体通常为导体，这是一个自相矛盾的要求。

说来也巧，在清华大学物理系教授王亚愚眼中，一些看似矛盾的地方，也完美融合在薛其坤身上。

薛其坤对学生和蔼亲切，他会给实验室学生带夜宵，与学生们打成一片；看到学生在实验操作上有一点马虎，他又会严厉批评，严肃告诫学生"做实验必须专心致志"。

薛其坤身上有中国人传统的一面，但作为科学家的他却处处求"新"。王亚愚回忆，对待研究，薛其坤倡导独立思考，对与主流学术认识不一致的观点很有兴致，像一位"搅局者"，总希望给科研带来一些意外。

而说起功劳，薛其坤总强调，现代科学研究是团队合作的结晶，没有多个优秀实验团队紧密高效合作，不可能有量子反常霍尔效应等重大原创突破。

薛其坤非常看重对学生的培养。清华大学物理系教授肖志刚说，碰到写文章不太认真的学生，薛老师会要求学生反复修改论文，且每一个版本都发给他，他会一一对照其中的差别；学生科研遇到困难，他又会及时鼓励，并给他们送去指导。这些年来，薛其坤率领的团队成员或培养的学生中有1人当选中国科学院院士，30余人次入选国家级人才计划。

凭借在量子反常霍尔效应方面的创新突破，2023年10月，美国物理学会宣布，薛其坤获得奥利弗·巴克利奖。自1953年授奖以来，这项国际凝聚态物理领域的最高奖，首次颁发给中国籍物理学家。此前，薛其坤已作为第一完成人荣获2018年度国家自然科学奖一等奖，并获得国际低温物理最高奖——菲列兹•伦敦奖。像这样有分量的荣誉，薛其坤还有不少。

　　"中国人要有学术自信，要敢于去挑战重大科学难题。"在薛其坤看来，解决重大科学难题、关键技术难题，是中国科学真正走向世界的标志，"我将尽己所能，作出更多的贡献。"

　　　　　　　　　　　　《人民日报》（2024年6月25日，记者：喻思南）

披荆斩棘叱咤量子竞技场

进入信息时代，芯片已然成为处理信息的"大脑"。在指甲盖大小的芯片里封装数十亿个晶体管，堪称人类最复杂的壮举之一。可是，当数据量指数性爆发，仅凭集成更多晶体管不再"一招鲜"，元器件的发热问题成为限制算力提升的瓶颈。而量子反常霍尔效应，则提供了实现超高性能电子器件的可能性。

"超海量数据时代会对信息的存储和处理提出极高的要求，需要一种完全创新的计算机，实现类似于超导、电阻等于零的无能耗输运。"凝聚态物理学家、清华大学教授、中国科学院院士薛其坤说。

在材料中，电子的运动是高度无序的。电子和晶格振动、电子和杂质、电子和电子会不断碰撞，产生电阻、发热等效果。如果给薄膜材料外加一个强磁场，电子有可能立即"规矩"起来，沿着边界不受阻碍地运动，这种有趣的现象叫做量子霍尔效应。假如能找到一种特殊材料，既有自发磁化，电子态又具有拓扑结构，则有可能在不外加磁场的情况下产生量子霍尔效应。这就是量子反常霍尔效应。

多年来，量子反常霍尔效应如同一个传说中的"宝藏"，让各国物理学家魂牵梦绕，却没人能证明它真实存在。

经过数年探索，薛其坤团队通过分子束外延的办法，制备出世界上首个具有铁磁性、绝缘以及有拓扑特性的新奇物理性质材料的薄膜，首次在实验室找到了这个"宝藏"。

6月24日，薛其坤获得2023年度国家最高科学技术奖。

进入"没有赛道的竞技场"

1980年代，国际量子材料和物态领域基础研究迎来爆发式发展。整数和分数量子霍尔效应等多项发现，开启了拓扑量子物态这一新研究领域，并为发展低能耗电子器件带来了新的可能。

不过，量子霍尔效应的产生需要非常强的外加磁场，这对其研究和应用都带来了极大困难。试想一下，如果运行一枚具有量子霍尔效应的芯片，需要配备一台冰箱大小的强磁场发生器，谁能接受？

2016年诺贝尔物理学奖获得者霍尔丹（F. D. M. Haldane）于1988年提出，有可能存在不需要外加磁场的量子霍尔效应体系。但他的假设离实际材料体系相距甚远。此后20多年里，在真实材料中发现量子反常霍尔效应，一直是凝聚态物理学的重大科学目标之一。

2005年，拓扑绝缘体概念被提出，科学家认为，在拓扑绝缘体薄膜中引入铁磁性，理论上有可能实现量子反常霍尔效应。但要在实验中实现这一效应却极为困难。因为反常霍尔效应的量子化，需要材料的性质同时满足三项非常苛刻的条件：一是材料的能带结构必须具有拓扑特性，从而具有导电的一维边缘态，即一维导电通道；二是材料内必须具有长程铁磁序，从而无需借助外磁场而存在反常霍尔效应；三是材料体内必须为绝缘态，对导电没有任何贡献，只有一维边缘态参与导电。在实验中，想实现以上任何一点都很难，即使在理论上，能否同时满足这三个条件也存在很大不确定性。因此，有人将这项全球实验物理学家面临的巨大挑战，形容为"没有赛道的竞技场"。

从2008年起，薛其坤团队利用分子束外延生长–低温强磁场扫描隧道显微镜–角分辨光电子能谱相结合的独特技术手段，开始对拓扑绝缘体开展研究。他们首次建立了Bi2Te3家族拓扑绝缘体的分子束外延生长动力学，发展出严格控制材料组分的三温度法，生长出国际上质量最高的拓扑绝缘体样品。该方法后来成为国际上通用的拓扑绝缘体样品制备方法。

随后，他们首次利用角分辨光电子能谱，绘制出三维拓扑绝缘体在二维极限下的电子能带结构演化。这项成果为基于拓扑绝缘体薄膜的大量后续工作打下了基础。他们利用低温强磁场扫描隧道显微镜技术，揭示出拓扑绝缘体表面态的拓扑保护性和朗道量子化等独特性质，在国际上产生了很大的学术影响。这一系列努力与成果，使我国在拓扑绝缘体领域跻身国际领先行列。

在此基础上，薛其坤将目光投向了量子反常霍尔效应。"对于科学家来讲，这是一个非常奇妙的物理现象，我们很希望把这个谜揭开，看看它到底是不是存在。而且，在国家支持下，我们的相关实验技术也达到了这个水平。"他说，"正可谓天时地利人和。"

2009年，薛其坤带领量子反常霍尔效应实验团队，进入了"没有赛道的竞技场"。

一条保存了12年的短信

"当年薛老师找到我和几位老师，说国际上有理论预言，可以在磁性拓扑绝缘体中寻找量子反常霍尔效应，并邀请我们一起攻关来发现这个效应。"清华大学物理系教授王亚愚回忆，自己当时立即被吸引了。

2009年，薛其坤团队与来自清华大学、中国科学院物理研究所、美国斯坦福大学的合作者们，基于所获得的高质量拓扑绝缘体薄膜，开始对量子反常霍尔效应进行实验攻关。

攻关过程极为艰辛，面临学术、技术以及路线等众多复杂的问题。薛其坤介绍说，制备厚度约5纳米的薄膜并不难，难的是要在原子尺度上控制掺杂的元素，更难的是要在电子层次上把结构、材料和物理性质之间的内在关联理解清楚，为下一个实验寻找方向。

在不断摸索中，研究团队制备出组分、厚度均精确可控的三元拓扑绝缘体薄膜，实现通过薄膜化学组分比例和电场效应，调控拓扑表面态的能带结构和薄膜的载流子类型与浓度。他们通过在该薄膜中掺杂磁性铬原子，在其中建立了铁磁序，以及垂直于薄膜面的易磁化轴。据统计，他们共制备了1000多个样品，最终获得的材料可以兼具铁磁性、绝缘性和拓扑性，是实现量子反常霍尔效应的理想材料系统。"每个样品从生长到测量，至少需要三四天时间。"薛其坤说，"大家把能力发挥到了极致，他们付出的努力令人惊讶。"

2012年初，工作遇到瓶颈。"所有需要的条件我们似乎都已经达到了，但是得到的结果离最终的成功还很遥远。"团队成员、清华大学物理系教授何珂回忆说。

薛其坤并不认为这是失败。"在实验上，如果我们达不到目标，说明我们的学术判断不一定正确，这是一个提高学术能力的机会。在科学探索中，把不通的路找出来也是贡献。"他说。

在他的鼓励和开导下，大家重新静下心来，并决定转变思路，做"减法"，逐一排除样品中可能存在的各种问题。

薛其坤的手机里，至今保留着一条2012年10月12日收到的短信。

那是一个周五。当晚值班的项目组成员常翠祖，看到了量子反常霍尔效应初步迹象，于是迅速给薛其坤发了短信。"那天我回家早一点，大概十点半左右，刚停下车就收到消息。"薛其坤对此记忆犹新，"当时非常激动，也很欣慰。"

"最初决定做这项实验的时候，其实我们有思想准备，也许我们努力之后发现量子反常霍尔效应并不存在。"薛其坤说，"最终我们在基础研究中发现了这一科学规律。对于科学家来讲，这是一种莫大的幸福。"

努力推动成果应用

量子反常霍尔效应是新中国成立以来我国物理学家发现的重要科学效应之一，是中国物理学界对世界物理学发展作出的一项重大贡献。

"这个成果的产生，应该是对国家、人民长期大力支持的回报。"薛其坤表示。

成果发表后，产生了巨大的国际学术影响，得到了杨振宁等著名物理学家的高度评价。薛其坤于2014年、2022年两次受邀在由诺贝尔基金会发起的诺贝尔论坛作特邀报告，还在2014年国际分子束外延大会、2014年国际半导体物理大会等相关领域最有影响力的国际会议上作大会特邀报告。

该成果也推动了相关研究的快速发展。此后数年间，各国研究者通过对磁性拓扑绝缘体材料性质的改进，将量子反常霍尔效应的实现温度从0.03开尔文（K）提升到1开尔文以上。美国、日本、德国等国的国家计量机构均开展了基于量子反常霍尔效应的电阻量子标准研究，量子反常霍尔电阻的精确度已初步满足应用于电阻量子标准的条件。量子反常霍尔效应还在超冷原子系统、内禀磁性拓扑绝缘体系统、转角石墨烯、转角过渡金属硫化物系统中被观测到。如今，量子反常霍尔效应相关研究已成为国际物理学发展最快的研究方向之一。

薛其坤团队也在相关研究中不断取得新成果，继续引领着该方向的国际学术进展。他们与合作者在2018年首次发现一种内禀磁性拓扑绝缘体 $MnBi_2Te_4$，这种材料具有规则排列的磁性原子和巨大的磁能隙，有可能实现更高工作温度的量子反常霍尔效应，从而使其能在电子器件中应用。这一发现开启了国际上一个新的热点研究方向，近年已有科学家基于该材料，在30K温度观测到磁场辅助下量子反常霍尔态存在的证据，进一步增大了基于此材料实现高温量子反常霍尔效应的希望。

"我们还要提高量子反常霍尔效应的观察温度，寻找更便宜的材料，使它尽快应用到实际中去。这是我们正在努力的方向。"薛其坤说。

山区走出的战略科学家

薛其坤曾自比为"一艘从沂蒙山区驶出的小船"。

1980年，他离开老家山东省临沂市蒙阴县，考入山东大学光学系。他自我评价说，自己当时"不算特别努力，中规中矩完成了学业"。毕业那年，他没考上研究生，工作两年后又考，再次落榜。1987年，他考入中国科学院物理研究所，开始了研究生学习。5年后，在导师陆华的帮助下，他作为中日联合培养博士生，前往日本东北大学金属材料研究所学习。

在日本的学习，给薛其坤带来了两大影响。一是使他养成了"7-11"工作习惯。他回忆说："在此期间，我第一次接触到世界上最先进的实验技术和国际开放的环境。这是非常难得的机遇，我很珍惜。因此每天早上7点到实验室，晚上11点离开，以求用更长的工作时间尽可能掌握更多实验技术。"二是他逐渐养成了极为严谨的实验科学研究态度。

1994年，薛其坤回国完成答辩，在中国科学院物理研究所获得博士学位，随后继续赴日本东北大学工作，并作为访问学者，在美国北卡莱罗纳州立大学物理系做了一年的博士后。1999年，他回国，在中国科学院物理研究所担任研究员。2005年起，他任清华大学物理系教授。

"在国外7年多时间，我看到了国家在科学研究上、国人在生活水平上，跟发达国家的巨大差距。"薛其坤说，"这种经历坚定了我想为国家多做点事的信念。我希望祖国在科技各个方面都变得强大，希望中国人活得更幸福、更有尊严。"

带着这份信念，薛其坤投身于祖国科研事业，每天早上7点到实验室，晚上11点离开。常有学生想跟他比比谁能更早到、更晚离开实验室，但没人能像他那样多年如一日地坚持。

如今，他已成为我国在量子科技领域的杰出战略科学家。除了量子反常霍尔效应，他还带领团队发现界面增强高温超导，实现高温超导领域的重要突破，在国际上开辟了高温超导的全新研究方向。

　　在人才培养、团队建设等方面，薛其坤同样成果显著。他的团队中已有1人当选中国科学院院士、30余人次入选国家级人才计划，共培养博士生、博士后120余名，为我国低维物理、量子材料领域建立了具有国际水准的人才队伍。

　　山区里驶出的"小船"，如今已成为驰骋在科学海洋里的"巨舰"，在潮头浪尖领航。

　　　　　　　　　　　　　　　　《科技日报》（2024年6月25日，记者：付毅飞）

顾诵芬

—— 著名飞机设计大师、
我国飞机空气动力设计的奠基人

主持建立我国飞机设计体系，主持研制的型号开创了我国自行设计研制歼击机的历史，牵引并推动我国航空工业体系建设，并培养了一批院士、专家等领军人才。

矢志报国重担当

北京市朝阳区北苑2号院有一栋二层办公楼，是中航工业科技委的所在地。耄耋之年的顾诵芬每天8点准时出现在这里，干了一辈子航空工业，他的热情丝毫未减。

顾诵芬，生于1930年，中国著名飞机设计师，飞机空气动力学家。历任沈阳飞机设计所副总设计师、副所长、所长兼总设计师，沈阳飞机制造公司总设计师，中国航空研究院副院长、中航工业科技委副主任。顾诵芬是我国飞机空气动力学的主要开拓者，曾任歼-8飞机副总设计师、歼-8 II 飞机总设计师。1991年当选为中国科学院院士，1994年当选为中国工程院院士。

时间倒回1937年7月28日，日军轰炸二十九军营地，家住在附近的顾诵芬目睹轰炸机从头顶飞过，至今仍记忆深刻："火光和浓烟仿佛近在咫尺，玻璃窗被冲击波震得粉碎，人们惊慌失措……"

"国家不强起来，没法生存。"从那一刻起，顾诵芬就立志投身航空事业。

歼教-1飞机的气动布局设计是自行车跑出来的

1951年8月，顾诵芬以优异的成绩从上海交大航空工程系毕业，来到刚组建的重工业部航空工业局。5年后，航空工业局在沈阳建立新中国第一个飞机设计室，当时接到的第一个任务是设计一架亚音速喷气式中级教练机。设计室团队平均年龄仅22岁，大学毕业生占比不到30%，在负责人徐舜寿、黄志千的支持下，顾诵芬承担起了这架飞机气动布局设计的任务。

只在大学里听过一些螺旋桨飞机设计基础课程的顾诵芬，不得不回到北京查阅资料，从头开始学习。"当时北航还在建校时期，图书馆白天学生都在用，我只能晚上骑借来的自行车去。"顾诵芬回忆。为了尽可能准确，他甚至需要用硫酸纸把图描下来，自己动手"影印"。

就是在这样的条件下，顾诵芬把当时所能搜集到的信息加以整理、汇总，最终形成了可以进行气动力设计计算的一套方法，圆满完成了翼型、翼身组合型式选择与计算、进气道参数确定和总体设计所需数据的计算，利用当时仅有的、从没有在工程实际中应用过的风洞，边摸索，边试验，歼教-1的气动力设计也一步步走向成熟。

1958年7月26日，歼教-1飞机在沈阳首飞成功。"指挥台升起绿色的信号弹，既是对歼教1放飞的信号，是对我们这支航空设计队伍成绩初次考核的信号，也是祖国航空设计事业起跑的信号。"顾诵芬说。此后，顾诵芬又成功完成初教-1（后改为初教-6）飞机的气动力设计任务，创立了我国自主的气动力设计方法。

歼-8飞机的振动问题是在空中解决的

1964年10月，歼-8飞机开始研制，顾诵芬坚定认为自行设计十分必要。机头进气还是两侧进气？选用什么样的雷达？方向稳定性、纵向稳定性问题怎么解决？顾诵芬带领团队一个个攻克设计过程中出现的难题。在主编的《飞机总体设计》一书中，他写道："飞机设计是一个反复迭代、逐次逼近的过程""在每个研制阶段中，设计工作都要通过反复磋商，协调各种矛盾，才能达到设计要求。"经过努力，1965年7月5日，歼-8飞机成功实现首飞。

首飞的成功只是一个开始。歼-8在跨声速时出现了强烈的振动，为彻底解决这一问题，顾诵芬大胆提出通过观察贴在机尾罩上毛线条的扰动情况来弄清楚机身后侧的气流在哪里分离。"没有带望远镜头的照相机，连毛线都是凭票供应的，我们想了办法，找票买毛线。"顾诵芬回忆道。

当时近50岁、从未接受过飞行训练的顾诵芬决定瞒着家里，乘坐歼教-6飞机到空中跟随歼-8，观察并拍摄飞行的流线谱。为了观察清楚，在两机编队飞行时，要求歼教-6保持两机距离在5米左右甚至更近，这对飞行员和顾诵芬来说都是一种冒险。顾诵芬把扰动情况详细记录下来，飞行后又认真检查毛线条的受损情况，最终提出对机尾罩进行更有针对性的更改，彻底消除了问题。

1985年11月，歼-8获国家级科技进步奖特等奖。获奖名单上，顾诵芬的名字排在第一位。后来，顾诵芬又主持了歼-8Ⅱ的设计工作，2000年获国家科技进步奖一等奖。

为国家发展大飞机的决策提供建议

2001年6月，在王大珩、师昌绪、顾诵芬的倡导下，中国科学院技术科学部和中国工程院机械运载学部成立了以院士为主，吸收行业内外专家的我国大型运输机发展战略咨询课题组。顾诵芬不顾年事已高，亲自走访空军，赴上海、西安两地调研。

2002年6月，一份题为《我国民机产业的发展思路》咨询课题报告完成了。2007年2月26日，国务院常务会议原则批准大型飞机研制重大科技专项立项，同意组建大型客机股份公司。国家决策中吸收了顾诵芬建议的核心内容。

在顾诵芬的指导下，中国航空工业第一集团公司完成了国家重大项目ARJ21飞机的多项重大技术决策。他带领专家组对研制工作及设计方案进行了评估，提出了重要的咨询建议。

离开科研设计一线岗位后，顾诵芬仍然对航空科学和前沿技术进行跟踪研究，"我现在能做的也就是看一点书，推荐给有关的同志，有时也翻译一些资料，尽可能给年轻人一点帮助"。

1999年以来，顾诵芬开展的研究涉及通用航空、大飞机、轰炸机、高超声速飞行器、无人机、教练机、轻型多用途战斗机、外贸机，形成了数十份研究报告、咨询报告和建议书。在他的建议和主持下，"2020年航空科技发展战略研究""2030年航空科技发展战略研究"为长远规划提供了技术支撑。

"首先要想着国家"——他的初心简单而质朴；"走新路、不空想、多看书"——他的"诀窍"也不高深；顾诵芬用行动诠释了"航空报国"的责任与担当。

《人民日报》（2017年5月7日，记者：谷业凯）

伴随战鹰，飞越时光之海

11月3日，歼-8、歼-8 II 飞机总设计师顾诵芬，作为2020年度国家最高科学技术奖获得者，在人民大会堂接过沉甸甸的奖章。世人目光再次聚焦到这位享有盛誉的新中国飞机设计总师身上。

顾诵芬的一生与我国航空事业结下不解之缘：从无到有，他主持建立我国飞机设计体系，推动我国航空科技体系建设；无私忘我，作为我国飞机空气动力设计奠基人，他始终致力于推动中国航空科技事业的发展……

看着镜头前这位老人，记者陷入深思：新中国航空事业起步阶段，顾诵芬不畏艰险三上云霄，是一股什么样的力量支撑着他勇攀高峰、敢为人先？答案是科学家精神。如今，英雄迟暮，但这种精神依然熠熠生辉，让人们感受到祖国的功勋科学家百折不挠的英雄气概和永不褪色的党员初心。

三上云霄探"病症"

这是结婚50多年来，顾诵芬和妻子江泽菲为数不多的一张合影——

国家科学技术奖励大会现场，91岁的顾诵芬坐着轮椅登台领奖，85岁的妻子江泽菲在台下含泪鼓掌。会后，她穿过人群来到丈夫身边，紧紧地握住他的手。

有媒体记者记录下这一温情画面，将视频发布到互联网。一时间，无数网友为之动容。有网友评论："伉俪情深、白头偕老，这才是真正的爱情。"

人们看到的是顾诵芬院士的高光时刻，而江泽菲看到的是丈夫为我国航空事业一次次舍生忘死的付出。

年轻时，顾诵芬和江泽菲曾有一个约定：不乘坐飞机。

1965年5月20日，歼-8飞机首任总设计师、顾诵芬的老师黄志千，在带队前往欧洲考察时，因乘坐的飞机失事不幸遇难。为了丈夫安全着想，江泽菲向顾诵芬提出"不乘坐飞机"的要求。

没想到的是，一向言出必行的顾诵芬却爽约了。

当时，作为歼-8飞机副总设计师，顾诵芬负责气动方面的科研攻关。飞行试验中，歼-8突然出现强烈抖振，问题解决与否关系到飞机能否实现超音速飞行。技术人员多方求解，却一直未找到答案。顾诵芬提出一个想法：通过观察贴在机尾罩上毛线条的扰动情况，搞清楚机身后侧的气流在哪里分离。

主意是好，但怎么进行近距离观察？当时，我国没有先进的摄像器材可用于航空拍摄，无法近距离观察毛线条扰动情况。

于是，顾诵芬做出一个决定：乘坐歼教-6飞机上天，直接跟在试验飞机后面观察毛线条扰动情况。

风险不言而喻：两架飞机必须保持近距离等速飞行、间距在10米左右甚至更近，稍有不慎，后果不堪设想。

"这是拿命干事业。"为了将问题研究清楚，从未接受过飞行训练的顾诵芬说服领导、瞒着家人，乘飞机三上云霄，在万米高空拿着望远镜、照相机，把毛线条的扰动情况详细地记录下来。

歼-8试飞的前一天晚上，顾诵芬压力太大，从噩梦中惊醒。"我肩上的责任太大，担心飞机摔了。"在《我的飞机设计生涯》一书中，顾诵芬回忆那段往事说："歼-8是'连滚带爬'搞出来的。"

一项项难题、一次次试验……时光在顾诵芬身上仿佛是静止的，无论什么困难，他都能坦然面对；但时光在他这里又是沸腾的，为了心中的理想和信念，无畏前行。

经过3次空中近距离观察，顾诵芬和团队终于查明问题根源，通过后期技术改进，成功攻克了歼-8超音速飞行时的抖振问题。

试飞成功后，顾诵芬对身边同事说："这件事我不敢告诉江泽菲。"

"你守望着祖国的蓝天，我守望着你。"了解情况后，江泽菲并没有责怪丈夫。她知道，这是祖国和人民的需要。

一生钟情翼冲天

阳光透过茂密树叶，映射在一座外观极为普通的楼房上。这里，曾是顾诵芬科研攻关的"战场"。有关他的传奇故事，要从这座办公楼讲起。

90岁前，顾诵芬几乎每个工作日上午，都会按时出现在办公楼里。从家到办公楼距离约500米，他要走上10多分钟。这段路，他走了很多年，过去总是步履匆匆。

在家人眼中，顾诵芬是一位"工作狂"；在同事们眼中，他又是那个总能济困解危的"大先生"。

年轻时，顾诵芬精力充沛，常常连续工作几十个小时。身边的同事都知道，顾诵芬有几个"戒不掉"的习惯：上午进办公室前，一定要走到楼道尽头把廊灯关掉；各种发言稿从不打印，而是亲手在稿纸上誊写修改；审阅资料和文件时，有想法随时用铅笔在空白处批注……细微之处，透露出他骨子里的认真与严谨。

办公室的书柜上，整齐摆放着5架飞机模型，最右边的是一架歼-8Ⅱ型战机。这些飞机模型，顾诵芬视若珍宝。自1956年起，顾诵芬先后参与、主持我国歼教-1、歼-8和歼-8Ⅱ等机型的设计研发工作。1991年，他当选中国科学院院士，3年后又当选中国工程院院士，成为我国航空领域唯一一位"双院士"。

时光可以带走他强健的体魄，但他为国造飞机的初心从未褪色。如今的他，身体患有疾病，经过两次手术的折磨，仍思考着中国航空工业的未来，他依然觉得"还有一些精力，可以多作些贡献"。顾诵芬与人交流时需要借助助听器，只要一提到和飞机制造有关的话题，他依旧思维敏捷。

2017年5月5日，上海浦东机场，我国自主研制的新一代大型喷气式客机C919，在万众期待的目光中，御风而起、扶摇直上，现场见证首飞的人群发出阵阵欢呼。

北京五环外，北苑航空家属院内，顾诵芬守在家中电视机前，激动地说："等了你这么多年，终于飞上了天！"

从2006年国务院成立大飞机论证委员会，到2007年C919正式立项，再到成功首飞，作为我国大飞机项目的课题建议人和论证委员会主任委员，顾诵芬为我国大飞机事业倾注了太多心血。

奋斗70年，顾诵芬坚持干好研制飞机这一件事。

"从成立第一个飞机设计室开始，中国航空工业就注定要走自主创新这条路。"中国航空工业集团有限公司沈阳飞机设计研究所首席专家、多型飞机总设计师王永庆，这样评价顾诵芬指明的方向。

"顾老教会我们的，不仅是飞机的设计和创新，更让我们学会了无论何时都不要在意质疑，要始终坚持真理，做好自己的本职工作，金子终究会发光。"作为顾诵芬的学生，歼-15舰载机总设计师孙聪深情回忆起和顾诵芬的过往，心中满是感激。

"顾老是我们年轻人心中'永远的偶像'。"中国航空工业集团有限公司科技委一位领导说，顾老很少有社会任职，与专业和本职工作不相关的，基本都会婉拒。

"回想我这一生，谈不上什么丰功伟绩，只能说没有虚度光阴，为国家做了些事情。"顾诵芬说，因有所为而有所成，因有所未为而有所失，但是总结起来，得大于失，无怨无悔。

花开无声亦芬芳

2021年9月1日，顾诵芬看到即将创刊的《问天少年》刊样后十分赞赏，并为杂志题词："愿《问天少年》普及航空航天知识，为国家培养更多空天人才做出很大成绩。"

"中国航空事业发展需要年轻人才，他们是祖国的明天。"虽然退居二线，顾诵芬仍在思考如何建设新时代航空强国，中国航空工业未来如何发展，如何培养堪当重任的年轻专业人才队伍。

如今，顾诵芬每天要定时吃药。8年前他被诊断出直肠癌，手术住院期间还叮嘱资料室的工作人员给他送书刊，看到有用的文章会嘱咐同事推荐给一线设计人员。"我现在能做的也就是看一点书，翻译一点资料，尽可能给年轻人一点帮助。"顾诵芬说。

在顾诵芬家的客厅里，摆放着一个近2米长的书桌，他常用的航空科研书籍、放大镜等全放在上面，书桌后面的书柜里装满各种专业书籍。屋子里每一个细节，都在无声地告诉每一名到访者：这里的主人是一位科研老兵。

喜欢学习，是多年养成的习惯。"活到老，学到老。"这是顾诵芬对自己的要求。他熟练掌握英、日、俄、德四门外语，更练出了过目不忘的本领：办公室像一座"书的森林"，他能记清楚每本书的位置和内容；引用数据常常只凭记忆，他被同事们称为"活图书馆"。

在同事们眼中，顾诵芬是一位天赋超群的学者——黑板上一串串复杂的气动力数学公式，他不用教材就可以为大家讲解。

顾诵芬的保障医生、中国航空工业集团有限公司医疗保障中心路盈，在与顾诵芬相处的日子里，听的最多的话就是"谢谢你们对我的照顾"，谈起在航空领域获得的荣誉，他说的最多的是"惭愧，我也没做什么事……"

当这些碎片化的记忆整合起来，我们感受到一位科研老兵的大师风骨，他影响的不是某个人，而是这个时代的航空人。

90多岁的人生，70年的科研生涯，顾诵芬的经历，见证着新中国航空工业从创立到强大的70载春秋。

"顾诵芬参加工作之时，恰逢新中国航空工业创立，他是我国航空工业近70年进程的亲历者、参与者、见证者。他始终践行着新时代科学家精神，践行着航空报国精神，担当着航空强国使命，他把一切都献给了祖国的蓝天，献给了党。"中国航空工业集团有限公司新闻发言人周国强说。

《解放军报》（2021年11月26日，作者：陈韵宇、陈赓，特约记者：邢哲）

王大中

国际著名核能科学家、教育家

主持研究、设计、建造、运行成功世界上第一座5兆瓦壳式一体化低温核供热堆；主持研发建成了世界第一座具有固有安全特征的10兆瓦模块式球床高温气冷实验堆。领导研究团队走出了我国以固有安全为主要特征的先进核能技术从跟跑、并跑到领跑世界的成功之路。

倾情一生为核能

2021年9月12日，山东荣成石岛湾，天高云淡、海风轻拂。86岁的王大中，在这里见证全球首座模块式球床高温气冷堆核电站的历史性时刻——9时35分，石岛湾高温气冷堆核电站示范工程1号反应堆首次达到临界状态，机组正式进入"持续核反应"状态。这是被业界公认的第四代核能技术的优选堆型之一，标志着我国在以固有安全为主要特征的先进核能技术领域，达到了世界先进水平。

60多年来，王大中带领团队走出了我国以固有安全为主要特征的先进核能技术从跟跑、并跑到领跑的成功之路。

从零起步建造反应堆

中国核能发展史上，清华"200号"是个特别存在。1958年，王大中从清华大学工程物理系毕业，留校工作。这一年，清华大学向上级提出建议，自行设计和建造一座功率为2000千瓦的屏蔽试验反应堆。方案得到国家批准，王大中成为反应堆的设计建造者之一。

燕山脚下的虎峪村，是新中国第一座自行设计建造的反应堆选址之处，工程编号"200号"。从此，"200号"成为清华大学核能与新能源技术研究院（以下简称"核研院"）的代号。

一穷二白，从零起步。建造屏蔽试验反应堆，需要17个供应系统，数千个机器零部件，20万米管线……平均年龄只有23岁半的队伍中，没人有出国留学经历，也没人见过真正的反应堆，他们从做工程模型开始，用几十台手摇计算机设计、计算……

科研条件艰苦，生活设施落后。在北京远郊荒山下，师生们只能搭帐篷，动手拉电盖房。当时的"200号"流传着"二两坡"的说法：从清华园到虎峪村要先坐火车，再走十里山路。师生们笑称那段山路为"二两坡"——爬一次坡能消化二两馒头。王大中的女儿王奕，就是在"200号"长大的。王奕回忆说："爸爸工作很忙，生活简朴，但很开心。"

历经6年，我国第一座自行设计建造的核反应堆——清华大学屏蔽试验反应堆建成。王大中逐渐成长为具有工程实践经验的团队领头人。

奋力攻克系列技术难题

"王院士是战略科学家。"清华大学核研院院长张作义说。20世纪80年代初，世界各国研究反应堆还没有聚焦在安全性上。但王大中瞄准固有安全，将重点放在模块式高温气冷堆研究上。

当时，世界核能发展陷入低潮，但并没有动摇王大中的决心。他做出3个选择：一是模块式球床高温气冷堆堆型；二是从小规模实验堆到全尺寸工业示范电站的发展路线；三是坚持自主创新。这对中国乃至世界高温气冷堆技术发展方向产生了重要影响。

在"863"计划支持下，王大中带领团队开始10兆瓦模块式球床高温气冷堆研发。

又是"从0到1"的突破。张作义介绍，10兆瓦高温气冷实验堆采用球形核燃料元件，全堆要装2万多个球。产品要经过严格检验，可耐受1600摄氏度高温。制备时，每炉一次制备500万个颗粒，不合格率要小于十万分之二！

"攻克关键技术不可能一蹴而就。"王大中说。研究团队从基础研究做起，最终批量生产出2万多个燃料球，质量达到国际先进水平。

2000年，世界首座固有安全特性的第四代先进核能系统——10兆瓦高温气冷实验堆在清华大学建成。此时，距开始这项研究已过去14年。"许多同志，几乎把毕生精力贡献给了高温堆事业。"王大中说。倾情一生为核能，这又何尝不是他自己的写照？

推动成果走向社会

王大中还带领团队推动高温气冷堆从"200号"走向社会。多年以前，他就意识到核能在中国未来能源供给和环境保护中的重要意义，他提出要实现实验反应堆向工业规模原型堆的跨越。

2006年，"高温气冷堆核电站示范工程"被列入国家科技重大专项，其核心工程目标是建设一座电功率为200兆瓦的高温气冷堆核电站示范工程，为发展第四代核电技术奠定基础。

这个工程，就是石岛湾高温气冷堆核电站示范工程。从立项到1号反应堆首次达到临界状态，又是十几年奋斗。"第四代核电技术，中国是世界上首个实际建造电站的。"张作义说。

"中国在第四代核电技术方面的探索，将为中国乃至世界能源结构优化升级、生态环境保护治理贡献更多'绿色力量'。"王大中的老同事、中国国家气候变化专家委员会主任何建坤说。

1994年1月，被任命为清华大学校长，王大中开启了另一段精彩人生。

在清华园，很多师生都亲切地称他为"大中校长"。他归纳出清华创建世界一流大学的三个要素：大师、大楼和大学精神。其中，大师体现办学水准，大楼代表办学基础设施，大学精神则是"大学的灵魂和动力"。

在王大中校长任上，清华恢复了"自强不息、厚德载物"的校训，凝练出"爱国奉献、追求卓越"的优良传统，倡导"严谨为学、诚信为人"。

回首来路，王大中自己评价道："科研如登山，过程往往充满着困难、挫折和风险。克服这种困难，需要有悟性、勇气和韧性。"

面向未来，86岁的他初心不变："科技事业是一项崇高的事业，值得一辈子去追求和奋斗。"

《人民日报》（2021年11月4日，记者：冯华）

见险峰而越　固强国之基

在先进核能技术研发的征程中，王大中一干就是几十年。

在2020年度国家科学技术奖励大会上，国际著名核能科学家、教育家王大中被授予国家最高科学技术奖。

王大中带领研究团队走出了我国以固有安全为主要特征的先进核能技术的成功之路。同时，王大中也是该领域的学术带头人、清华大学原校长，对我国人才培养作出突出贡献。

一生为核　一生为国

20世纪60年代，北京昌平南口燕山脚下聚集了一批年轻人。

在当时起点低、基础薄弱的困难条件下，这支青年团队满怀报国热情地喊出"用我们的双手开创祖国原子能事业的春天"的豪迈口号。就在1964年，这支年轻的科研队伍，建成了我国第一座自行研究、设计、建造、运行的屏蔽试验反应堆。

这其中就有王大中的身影。

当时从北京市区到科研场地要一天的时间，王大中和同事们都把家安在了山脚下。作为我国第一批核反应堆专业的学生，王大中从反应堆物理设计，到反应堆热工水力学设计与实验，再到零功率反应堆物理实验，在理论与实践结合的奋斗中，逐渐成长为具有工程实践经验和战略思维的领头人。

科研如登山，永远有过不完的坎儿，也有必须迈过的深渊。

1979年，世界核能事业陷入低谷。王大中意识到，安全性是核能发展的生命线，如何破解这个难题？

王大中带领团队瞄准这一重大难题，坚持发展固有安全的核反应堆。从关键技术攻关、到实验堆、再到示范工程建设，坚持不懈，一步一个脚印，破解了世界难题，走出从跟跑、并跑到领先世界的自主创新之路。

王大中说："克服困难需要有悟性、勇气和韧性。悟性，指的是一种分析问题的能力。勇气，就是要敢于尝试，敢于选择科技领域的无人区。韧性，就是在遇到挫折的时候，有百折不挠的劲头。"

认识王大中的人都深深感到，他瘦弱的身躯充满了非凡的智慧，谦和的外表蕴含着坚定的意志。在国家需要核能时，他毅然选择了核反应堆专业；在核能发展陷入低谷时，他坚持初心不言放弃；在认定了固有安全的学术目标后，他持之以恒直至登上反应堆安全的高峰……

核安全从"学世界"到"看中国"

清华大学核能与新能源技术研究院院长张作义现在的办公室正是当年王大中工作过的地方，房间里还陈列着当年王大中去国外调研的照片。

"对于一些关键技术，当时有人建议从其他国家购买相关技术文档，王大中团队经过科学调研，下定决心要在充分了解世界最前沿的基础上，进行自主研发。"张作义说，这个决定影响深远，从此开放条件下的自主创新成为团队的研发主线。

翻阅王大中密密麻麻的笔记本，不仅记录着对课题的思考，而且把视野放远到10年、20年、30年。核安全如何做？这一问题深深烙印在王大中心中。

20世纪80年代初，世界能源危机的阴霾仍未散去，国内社会发展迫切需要充足的能源供应。王大中敏锐地认识到核能的重要意义，积极投身到低温核供热堆的研究工作中。

从1985年开始，王大中主持低温核供热堆研究。他带领团队花费了近一年时间进行论证，其间专程带队去欧洲考察，最后确定壳式一体化自然循环水冷堆方案，并计划先建设一座5兆瓦低温核供热实验堆。

有国际核专家评价此工程：这不仅是世界核供热反应堆的一个重要的里程碑，同时在解决污染问题方面也是一个重要的里程碑。

"在目标定位上要'跳起来摘果子'，如果目标过高或过低，只能无功而返或达不到预期成果；'跳起来摘得着'才是适度的高标准。设法使自己跳得高一些，这样才能实现勇于创新与务实求真的结合。"王大中这样总结项目经验。

这只是第一"跳"，王大中还要继续"跳"，还要继续"摘更大更好的果子"。

切尔诺贝利核事故使世界核能发展转入低谷，核安全问题更加凸显。但此时，王大中并没有动摇。他坚信，只要解决了安全性问题，核能还是有广阔前景的，而全新的、具有固有安全性的模块式高温气冷堆将会成为核能重要发展方向之一。

清华大学原常务副校长何建坤这样评价："王大中先生几十年坚持一个方向冲锋，从未动摇，这种坚韧也是其科学家精神的体现。"

在国家"863计划"支持下，他带领团队开始了10兆瓦模块式高温气冷堆研发。该项目于2003年并网发电，在国际上引起强烈反响。

从实验室到工程化，王大中团队继续将中国自主创新成果推向世界前沿。

10兆瓦高温堆成功之后，王大中提出要实现实验反应堆向工业规模原型堆的跨越。他多方奔走，指导团队积极探索产学研合作之路，使多项先进核能创新成果获得了重大应用。

甘为人梯　百年树人

核工程是一门交叉学科，需要融会贯通，且不能纸上谈兵，要沉下心、耐得住。

几十年来，王大中带出了一个能打硬仗的团队，也为中国高等教育改革发展作出了重要贡献。

1985年，王大中从老所长吕应中手里接过清华大学核能技术研究所（清华大学核能与新能源技术研究院的前身）所长的担子，继续坚持团队攻关道路。

他的目标是解决国家重大需求，必须组织大团队集体作战。他与同事们一起克服重重困难，即使在核能事业陷入低谷的形势下也坚持了下来，带出了一支在国内外有广泛影响、能够承担从理论研究到重大工程项目、充满活力的创新团队。

在团队建设的同时，王大中也悉心培养能够传承团队精神的接班人。在老一代科学家言传身教下，年轻一代科学家已经成长起来。多名中青年科技人员相继成为国家重大科技工程相关负责人。

如果说从事核反应堆专业是青年时期王大中的主动选择，那么1994年他被任命为清华大学校长，则是他开启的另一段精彩的人生历程。

"王大中老师不仅是我的学术导师，更是我的人生导师。"清华大学核能与新能源技术研究院教授石磊说。

在石磊撰写博士论文期间，王大中几乎对每章、每节、每段都有详细的指导。"几乎细节到每个表述与标点，王老师治学严谨、一丝不苟的学风让我终身受益。"

面向21世纪，王大中带领学校领导班子提出"综合性、研究型、开放式"的办学思路，制定"三个九年，分三步走"的总体发展战略，确立了"高素质、高层次、多样化、创造性"的人才培养目标，完成了综合性学科布局，为清华大学跻身世界一流大学行列和中国高等教育改革发展作出了重要贡献。

新华社（2021年11月3日，记者：盖博铭、王琳琳、马晓冬）

黄旭华

我国第一代核潜艇总设计师

　　毕生致力于我国核潜艇事业的开拓与发展，是我国核潜艇事业的先驱者和奠基人之一，先后担任我国第一代核潜艇工程副总设计师和总设计师，成功研制了我国第一代核潜艇，为我国海基核力量实现从无到有的历史性跨越作出了卓越的贡献。

终生报国不言悔

花白的头发、和蔼的笑容、温和的言语……93岁的中国工程院院士黄旭华外表看起来朴实无华。

作为第一代攻击型核潜艇和战略导弹核潜艇总设计师，黄旭华仿佛将"惊涛骇浪"的功勋"深潜"在了人生的大海之中。

隐"功"埋名三十年

"从一开始参与研制核潜艇，我就知道这将是一辈子的事业。"黄旭华说。

1926年，黄旭华出生在广东汕尾。上小学时，正值抗战时期，家乡饱受日本飞机的轰炸。海边少年就此立下报国之愿。

高中毕业后，黄旭华同时收到中央大学航空系和上海交通大学造船系录取通知。在海边长大的黄旭华选择了造船。

中华人民共和国成立初期，掌握核垄断地位的超级大国不断施加核威慑。

20世纪50年代后期，中央决定组织力量自主研制核潜艇。黄旭华有幸成为这一研制团队人员之一。

执行任务前，黄旭华于1957年元旦回到阔别许久的老家。63岁的母亲再三嘱咐道："工作稳定了，要常回家看看。"

但是，此后30年时间，他的家人都不知道他在做什么，父亲直到去世也未能再见他一面。

1986年底，两鬓斑白的黄旭华再次回到广东老家，见到93岁的老母。他眼含泪花说："人们常说忠孝不能双全，我说对国家的忠，就是对父母最大的孝。"

直到1987年，母亲收到他寄来的一本《文汇月刊》，看到报告文学《赫赫而无名的人生》里有"他的爱人李世英"等字眼，黄旭华的9个兄弟姊妹及家人才了解他的工作性质。

与对家人隐姓埋名相比，黄旭华的爱人李世英承担了更大压力。忙时，黄旭华一年中有10个月不在家。结婚8年后结束两地分居，李世英才知道丈夫是做什么的。

"他生活简单随性，出去理发都嫌麻烦。后来，我买了理发工具学会理发，给他剪了几十年。"李世英说。

攻坚克难铸重器

核潜艇，是集海底核电站、海底导弹发射场和海底城市于一体的尖端工程。

"当时，我们只搞过几年苏式仿制潜艇，核潜艇和潜艇有着根本区别，核潜艇什么模样，大家都没见过，对内部结构更是一无所知。"黄旭华回忆说。

在开始探索核潜艇艇体线型方案时，黄旭华碰到的第一个难题就是艇型。最终他选择了最先进、也是难度最大的水滴线型艇体。

美国为建造同类型核潜艇，先是建了一艘常规动力水滴型潜艇，后把核动力装到水滴型潜艇上。

黄旭华通过大量的水池拖曳和风洞试验，取得了丰富的试验数据，为论证艇体方案的可行性奠定了坚实基础。"计算数据，当时还没有手摇计算机，我们初期只能依靠算盘。每一组数字由两组人计算，答案相同才能通过。常常为了一个数据会日夜不停地计算。"黄旭华回忆说。

核潜艇技术复杂，配套系统和设备成千上万。为了在艇内合理布置数以万计的设备、仪表、附件，黄旭华不断调整、修改、完善，让艇内100多公里长的电缆、管道各就其位，为缩短建造工期打下坚实基础。

用最"土"的办法来解决最尖端的技术问题，是黄旭华和他的团队克难攻坚的法宝。

除了用算盘计算数据，他们还采取用秤称重的方法：要求所有上艇设备都要过秤，安装中的边角余料也要一一过秤。几年的建造过程，天天如此，使核潜艇下水后的数值和设计值几乎吻合……

正是这种精神，激励黄旭华团队一步到位，将核动力和水滴艇体相结合，研制出我国水滴型核动力潜艇。

克己奉献乐其中

核潜艇战斗力的关键在于极限深潜。然而，极限深潜试验的风险性非常高。美国曾有一艘核潜艇在深潜试验中沉没，这场灾难悲剧被写进了人类历史。

在核潜艇极限深潜试验中，黄旭华亲自上艇参与试验，成为当时世界上核潜艇总设计师亲自下水做深潜试验的第一人。

"所有的设备材料没有一个是进口的，都是我们自己造的。开展极限深潜试验，并没有绝对的安全保证。我总担心还有哪些疏忽的地方。为了稳定大家情绪，我决定和大家一起深潜。"黄旭华说。

核潜艇载着黄旭华和100多名参试人员，一米一米地下潜。

"在极限深度，一块扑克牌大小的钢板承受的压力是一吨多，100多米的艇体，任何一块钢板不合格、一条焊缝有问题、一个阀门封闭不足，都可能导致艇毁人亡。"巨大的海水压力压迫艇体发出"咔嗒"的声音，惊心动魄。

黄旭华镇定自若，了解数据后，指挥继续下潜，直至突破此前纪录。在此深度，核潜艇的耐压性和系统安全可靠，全艇设备运转正常。

新纪录诞生，全艇沸腾了！黄旭华抑制不住内心的欣喜和激动，即兴赋诗一首："花甲痴翁，志探龙宫。惊涛骇浪，乐在其中！"

正是凭着这样的奉献精神，黄旭华和团队于1970年研制出我国第一艘核潜艇，各项性能均超过美国1954年的第一艘核潜艇。建造周期之短，在世界核潜艇发展史上是罕见的。

1970年12月26日，当凝结了成千上万研制人员心血的庞然大物顺利下水，黄旭华禁不住热泪长流。核潜艇一万年也要搞出来的伟大誓言，新中国用了不到一代人的时间就实现了……

几十年来，黄旭华言传身教，培养和选拔出了一批又一批技术人才。他常用"三面镜子"来勉励年轻人：一是放大镜——跟踪追寻有效线索；二是显微镜——看清内容和实质性；三是照妖镜——去伪存真，为我所用。

作为中船重工第七一九研究所名誉所长，直到今天，93岁的黄旭华仍然会准时出现在办公室，为年轻一代答疑解惑、助威鼓劲……

（新华社武汉9月23日电，记者：熊金超、冯国栋）

《人民日报》（2019年10月4日）

不称职的丈夫，称职的父亲

——家人眼中的黄旭华

"他这辈子，我印象里就买过一次菜，连双袜子都没自己买过。去理发嫌排队浪费时间，我在家给他理了几十年了……""由于我的大包大揽，他在家里就成了'甩手掌柜'，绝对是个不称职的丈夫！"面对前来采访黄旭华事迹的记者，黄旭华老伴李世英直率的言语、"生气"的表情引得满场欢声笑语。

1956年，黄旭华与同在一个单位的李世英结婚，第二年他们便迎来了大女儿黄燕妮的诞生。然而，就在大女儿尚在襁褓之中时，黄旭华却"消失"了。

1958年8月，34岁的黄旭华赴京出差后，直接留下开始参与核潜艇研制。由于项目要高度保密，黄旭华并未告诉李世英他的去向，有着天然默契的李世英也没多问，只是托人捎了些衣物给千里之外的丈夫。直至4年之后，当李世英也被调到北京参与核潜艇项目后，她才知道丈夫从事的是这么伟大的事业。再后来，他们举家迁到了辽宁葫芦岛，可由于工作繁忙、经常出差，家里的事情依然完全靠李世英打理。

"这么多年来，我都习惯了。"李世英嘴上说得轻松，可在生活中却背负了多少压力！到了冬天，每月供应300斤煤，别家都是男人拿麻袋扛上楼，他们家却要由弱女子用簸箕一趟趟搬回家。1975年辽宁海城发生地震，李世英抱着刚出生的三女儿，大女儿提着紧需的家当一起住进了安置帐篷，而黄旭华则出差在外、难觅踪影。

还有一年冬天，大雪纷飞。黄燕妮上学途中跌入雪坑，大雪没过胸口。李世英找到女儿时，她已双颊青紫。到家后，黄燕妮昏迷了九天九夜。又是李世英独自一人日夜守候，把女儿从死神手中夺了回来。即便如此，这位倔强的女子也没把事情告诉丈夫，以免让他分心……

"我的父亲绝对是个称职的父亲，他是我们的偶像，也是最好的榜样！"面对记者提问，黄燕妮却给出了和母亲完全相反的回答。在她眼里，父亲永远是事业第一、工作第一，总会把认准的事情"一条道走到黑""这种认真执着的性格、坚韧不拔的精神、无私奉献的理念会深深影响着我们。"在黄燕妮眼中，父亲的事业是第一位的，"我们很长时间都不知道父亲是做什么的，但大家都相信，他做的是利国利民的大事"。

"在家里，我肯定是不称职的。现在看来，我可以做得更好一些。"当着老伴，含蓄的黄旭华从未直抒胸臆表达过谢意，可是当着外人，他总是噙着泪水说欠了老伴一辈子，感谢她一辈子无怨无悔地付出。

"那如果可以再选择一次，您还会嫁给黄老吗？"有记者问李世英。

"考虑考虑！"李世英的话又引来大家会心一笑。紧接着，她又补充道，"弱水三千，我取一瓢饮之，研制核潜艇是我们共同的任务，也是至高无上的荣誉，再怎么我都会绝对支持他的工作！"

嗬，您瞧这一家子！

《人民日报》（2017年12月29日，记者：刘志强）

曾庆存

国际著名大气科学家、国际数值天气预报奠基人之一

首创半隐式差分法，提出计算地球流体力学、大气运动适应过程和演变过程理论，建立大气遥感的"最佳信息层"理论和"自然控制论"。为现代大气科学和气象事业的两大标志——数值天气预报和气象卫星遥感作出了开创性贡献。

初心未变热血犹存

7月19日，中国科学院大气物理研究所研究员曾庆存院士10点准时出现在科研楼。他先召集研究生们开了个短会，让大家简单汇报一下最近工作的进展，他不时作出点评和指导。

回到办公室，这位84岁的大气物理学家接受了记者的采访。一张办公桌、三把椅子、一排书架、靠墙一张长沙发配茶几，十几平方米的办公室显得有些拥挤。在过去的60多年中，只要身体条件允许，曾庆存从没离开过科研一线。"我的主要研究方向是大气科学和地球流体力学，大多是理论研究，属于基础研究和应用基础研究范畴，但也有一些实际应用的具体问题的研究。"

无论是理论研究，还是具体问题的研究，曾庆存都取得了突出成就。1961年，留学苏联的他在国际上最先成功将原始方程组模式用于短期数值天气预报，这一理论突破开启了数值天气预报应用的开端，他所创立的半隐式差分法至今仍被国际上广泛使用。学成回国，几年后曾庆存被抽调参加气象卫星的研制和卫星大气遥感理论和方案的制定。虽然这项任务和他的专业有很大距离，但曾庆存边学边用边教团队。领导同志语重心长地对他说，要将这些研究成果系统总结，让大家专心学习，于是他带病边工作边写作，终于成书出版《大气红外遥测原理》（"遥测"今称"遥感"），其中提出的遥感方程和"最佳信息层"理论至今仍是监测暴雨和台风等灾害性天气的重要手段。

曾庆存研究生毕业时，曾以诗明志："温室栽培二十年，雄心初立智驱前。男儿若个真英俊，攀上珠峰踏北边。"几十年来，曾庆存一直在科研道路上不停攀登——他不仅是国际气象力学理论化的先驱者之一，而且在短中长期天气数值预报和建立全球气候系统模型中起到重要作用。近年来，他还带领学生和研究团队积极参与全球气候变化研究、发起生态和环境系统动力学模式及地球系统模式研究，并提出自然控制论等新理论。2016年，国际气象组织授予曾庆存"国际气象组织奖"。

然而，回顾科研历程，曾庆存也有遗憾："我本来是做基础研究的，但国家急需的一些应用研究往往要立刻展开、限时结束。人的时间和精力总是有限的，这对基础研究的稳定性是有影响的，同时，我们的研究队伍尚不够强大、人手不足，致使不少研究工作结果至今尚来不及系统总结、整理出版，比如我在1993年至1995年提出的自然控制论，就未整理过专著出版；我们这10余年在做的地球系统动力学模式也还不完善。"

虽然遗憾，却从不后悔——因为国家需求一直排在曾庆存学术清单上的最优先级。

"我出生于广东农家，家里特别穷，我很小的时候就要像成人一样劳动，全靠我父母和姐姐们承担繁重的劳动，我才能读到中学。我当时的梦想就是中学毕业当个乡村教师，赚钱贴补家用。"曾庆存说："如果不是新中国成立，上大学是想也不敢想的事。我衷心感激党和国家的恩情，党和国家的需要，就是我的第一选择。"

1952年考上北京大学物理系的曾庆存因为国家需要气象人才，就服从分配学习了气象专业。大学毕业时，因为国家需要，曾庆存放弃了尽快参加工作挣钱养家的要求，被选派到苏联留学，并立志要攀上科学高峰。毕业归国后，一直从事理论研究的曾庆存还是因为国家需要，暂时中止了自己的研究，以最快速度、最饱满的热情投入到气象卫星的相关研究中。

1956年，即将大学毕业的曾庆存提交入党申请书。他回忆说："我入党的初心非常简单，响应党中央向科学进军的号召，为祖国建设贡献力量。我决心把一切献给党、献给祖国和人民。"如今，一甲子岁月荏苒，曾庆存说自己"初心未变，热血犹存。回顾过往，我虽时有缺点错误，但从来问心无愧。现在，看到党的伟大、祖国强盛，我心情非常兴奋！"

如今，曾庆存唯愿时间能再多一点、能有更多的青年人走上科研道路。"寄语中华好儿女，要攻科技更精尖。"曾庆存说："中国要成为世界科技强国，必须有原创性成果，必须有更多能耐得住寂寞、坐得住冷板凳的青年人投身科研事业。而我，一个气象科研领域的'老战士'，愿意为真理、为人民、为国家、为党奉献一切。"

《光明日报》（2019年7月24日，记者：齐芳）

勇攀气象科学之巅，他让天气预报越来越精准

在科学界，曾庆存成名很早。

25 岁破解世界级气象难题，为如今的天气预报技术奠定基础；44 岁"够格"领取国家津贴，与著名数学家陈景润"同在第一档"；45 岁当选中国科学院学部委员（院士）。

出了科学界，听说过曾庆存的人不多。一次到北京友谊宾馆参加国际会议，车门打开，先出来一顶破草帽。门童悄声向同车者打听，听到"国际著名科学家"时，大吃一惊：没瞧出来！

一辈子，他把"国家需要"挂在嘴边、放在心上。

10 日，著名大气科学家、中国科学院大气物理研究所研究员曾庆存站上了2019 年度国家最高科学技术奖的领奖台。

让天气预报越来越准

点开手机，随时查看几天后的天气，如此便利精准的科技，离不开曾庆存创造的算法。

古人看云识天。到了 20 世纪，人们发明气象仪器测量大气状态，绘成"天气图"，但还要依赖预报员的经验，误差较大。预报能不能准点、再准点？科学家想办法把千变万化的天气变成一组方程式，输进数据，计算机就能得出结果——现在通行的"数值天气预报"由此而来。

这组方程式被称为"原始方程"，它囊括了太多的变量，极其复杂，对计算能力要求很高。计算速度如何"追上"天气变化速度？难题一时困住了世界气象学界。

20 世纪 50 年代末至 60 年代初，曾庆存从北京大学被选派到苏联留学。他的导师、国际著名气象学家基别尔把这道难题抛给年仅 25 岁的曾庆存，作为他的博士论文题目。

苦读冥思，反复试验，几经失败，曾庆存从分析大气运动规律的本质入手，想出了用不同的计算方法分别计算不同过程的方法，提出了"半隐式差分法"，是世界上首个用原始方程直接进行实际天气预报的方法，并随即被用于天气预报业务。

他的算法至今仍是世界数值天气预报核心技术的基础。现今，数值预报越来越准确，3天预报准确度可达70%至80%，在我国华南地区，可提前3至4天对台风路径做出较为准确的预报。

在数值天气预报的基础上，曾庆存又在卫星大气红外遥感、跨季度气候预测、气象灾害监测预报、地球系统模式等领域都相继形成了开创性的理论研究成果，并得到了广泛应用。

2016年，81岁的曾庆存荣获全球气象界最高荣誉——国际气象组织奖。

走出一条中国式科研道路

曾庆存与气象的缘分，并非一开始就注定。

1935年，曾庆存生于广东省阳江市一个贫苦农家，全家老小力耕垄亩，也只勉强喝上"月照有影的稀粥"。穷困没能阻止这个家庭对知识的渴求，曾庆存和哥哥打着赤脚，一边劳作、一边读书。

1952年，曾庆存考上北京大学物理系。中华人民共和国成立之初，无论是抗美援朝，还是国民经济建设，我国都急需气象科学人才。曾庆存二话不说，服从国家需要学习气象学。

那个年代，一场晚霜就把河南40%的小麦冻死，严重影响粮食产量。"如果能提前预判天气，做好防范，肯定能减不少损失。"田地里长大、经历过饥饿的曾庆存深知气象学的重要。

1961年，曾庆存在苏联科学院获副博士学位后回国，写下一首《自励》诗："温室栽培二十年，雄心初立志驱前。男儿若个真英俊，攀上珠峰踏北边。"珠峰是世界最高峰，象征着科学之巅；北边在我国境内，昭示了一条"中国道路"。26岁的曾庆存立下誓言，从此矢志不渝。

1970年，国家决定研制自己的气象卫星，曾庆存又一次服从国家需要，离开原来的研究领域，被紧急调任作为卫星气象总体组技术负责人。他克服重重困难，解决了卫星大气红外遥感的基础理论问题，并用一年时间写出了当时国际上第一本系统讲述卫星大气红外遥感定量理论的专著，为监测暴雨、台风等及相应灾害提供了重要手段。

20世纪80年代初，曾庆存挑起中科院大气所所长的大梁。当时，我国基础研究经费短缺，虽然大气科学在理论上不比国外差，但中国科学家缺少一个重要工具：高速计算机。"我们的计算机每秒百万次，人家是亿次，要追赶他们就好比毛驴追汽车。"曾庆存在大气所的老同事回忆。

曾庆存就要追！一时没有"汽车"，那就先换"自行车"，总得咬着牙自己往前赶。"哪怕当掉裤子也要买计算机！"曾庆存撂下话。

担任所长的9年间，在曾庆存的带领下，大气所建设了2个国家重点实验室，成为国际知名的大气科学研究中心。

天气能预报，气候也能吗？预测未来一年甚至几十年的气候，事关夏季洪涝、冬季雾霾、农业规划、能源布局等，涉及国计民生方方面面。曾庆存回答：能。2009年，曾庆存与其他科学家萌生了建立"地球模拟器"的想法。

在数百位科学家的共同努力下，国家重大科技基础设施"地球系统数值模拟装置"于2018年在北京市怀柔科学城破土动工，预计2022年完工。该装置将为国家防灾减灾、应对气候变化、生态环境治理、可持续发展等重大问题提供科学支撑。

"黄牛风格，赛马精神"

初识曾庆存的人，可能觉得他不苟言笑，深入了解了，就发现他才情横溢、总能冒出些"金句"。

他做学问，也写诗。"不追求华丽，平淡有意境。"有人评价，人如其诗。

他时常用一句话勉励和要求自己：为人民服务，为真理献身，凭黄牛风格，具赛马精神。"平常像老黄牛一样踏实科研、好好积累，当国家和人民用你的时候，就像赛马一样向前冲。"

曾庆存把自己当成一块砖，国家哪里有需要，他就去哪里，研究就做到哪里。1979年，他不顾身体伤病，躬在仅有几平方米、摆上两张床就站不下两个人的蜗居里，不分昼夜写作，完成了《数值天气预报的数学物理基础》第一卷。

这部长达80万字的大气动力学和数值天气预报理论专著，将数学、力学和气象学有机地结合起来。国际同行评价：是"气象学理论化极重要的篇章"和"构筑气象力学必不可少的学术基础"。

一箪食，一瓢饮，居陋巷。多年前，曾庆存就有一句"名言"：饿着肚子推公式，越推越新鲜。同事评价他，脑袋是尖的，屁股是方的。专心研究时饿着肚子都不怕，任谁也干扰不了他。

学术认真、工作拼命，是学生们对他的一致印象。论文经过曾庆存的手，总会密密麻麻布满他亲笔修改的意见，甚至还有加页；出差时，一回酒店，曾庆存就躲进房间写稿子，同行的学生等他吃饭，饿到了晚上九十点钟。

2017年春节，别人欢度假期，年过八旬的曾庆存窝在家里埋头推导大气污染优化控制理论。从大年初一到初七，撰写了数十页手稿，为中央要求环保执法禁止"一刀切"提供了理论基础。

做学问勇登高峰，生活上却满不在乎。同事赵思雄笑称曾庆存总是"鞋儿破，帽儿破"。"夏天在中关村，如果见到一个戴破草帽的老头，十有八九就是他。"赵思雄说。

回顾自己的科研成绩，曾庆存一如既往谦逊："我曾立志攀登科学的'珠峰'，但我并没有到山顶，大概在海拔8600米的地方建了个营地，供后来者继续攀登。"

"长江后浪推前浪，一代一代往前走，科学哪有到顶的时候呢？"曾庆存说。

新华社（2020年1月10日，记者：温竞华、董瑞丰）

刘永坦

著名雷达与信号处理技术专家

我国对海探测新体制雷达理论奠基人，对海远程探测技术跨越发展的引领者。他率领团队全面自主创新，实现对海新体制探测理论、技术的重大突破，在工程应用中发挥重要作用。

"我这一辈子，就做一件事"

"我这一辈子，就做一件事，能把童年时期的梦想付诸现实，是很幸福的。"1936年出生的刘永坦，比世界第一台实用雷达晚"出生"一年，他却用一生追赶乃至领跑世界雷达技术的发展脚步。

奠定理论基础、组建"雷达铁军"、筑造"海防长城"……刘永坦是哈尔滨工业大学教授、中国科学院院士、中国工程院院士，在他的不懈努力下，我国对海探测能力实现跨越式发展。

从无到有，奠定新体制雷达理论基础

生逢战乱年代，刘永坦从小对国家兴亡感受深刻。"国家贫弱，你长大要努力改变这种局面。"父亲的这句话，在刘永坦心中留下深深的烙印。

1953年高考后，刘永坦来到哈尔滨工业大学，在班级里年龄最小，却因懂得多被称作"小老师"。1958年在清华大学进修后，他又回校走上三尺讲台，参与组建无线电工程系，成为相关科研的中坚力量。

改革开放后，刘永坦作为首批公派留学生前往英国。毕业时，面对导师的多次挽留，刘永坦毅然决定回国，他坚信中国人有能力研制出自己的新体制雷达。

刘永坦说，雷达能看多远，国防安全就可以保障多远，而新体制雷达可让我国海域可监控预警范围大幅提升。

对于新体制雷达的研制，刘永坦也面临着一些质疑，但他初心不改，努力坚持。当时没有中文打字机，刘永坦组建的六人团队就在几个月的时间里，手写出20多万字的《新体制雷达的总体方案论证报告》。

在之后的800多个日夜里，刘永坦率队每天工作十几个小时，进行了几千次实验分析、数万次数据获取。终于，他主持的预研项目系统突破了海杂波背景目标检测、远距离探测信号及系统模型设计等基础理论，创建了完备的新体制雷达理论体系。

1989年，团队建起了中国第一个新体制雷达站。多部门联合举行的鉴定会宣布："新体制雷达研究成果居国际领先水平。"1991年，该项目荣获国家科技进步奖一等奖。

步履不停，为祖国海疆装上千里眼

虽然科研成果和荣誉足以结题报奖，但刘永坦不愿就此停步。

"一定要把实验成果真正应用起来。"面对合作方对新工程提出的"全方位监测远距离目标"新要求，刘永坦知道，把实验项目转化成完整的雷达系统，是一项更艰巨的挑战。

1997年，刘永坦团队正式开始新体制雷达工程化的研制。

设计、试验、失败、总结、再试验……刘永坦率领以哈工大为主体单位，中国航天科工集团、中国电子科技集团等单位联合攻关的"雷达铁军"，扎根在海防前线的试验场，每天工作十几个小时，饿了就吃面包充饥，困了就睡在板凳上……

"箭在弦上，不得不发。"刘永坦和成员们住在漏雨的旧屋中，经受蚊虫叮咬和台风袭击，即便面对系统方案被全盘推翻，也从不言弃。

历经上千次试验和数次重大改进，2011年秋天，刘永坦团队终于成功完成我国首部"新体制远距离实装雷达"的研制任务，其总体性能达到国际先进水平，核心技术处于国际领先地位，使我国成为极少数掌握远距离实装雷达研制技术的国家之一。

2015年，刘永坦凭借该成果再获国家科技进步奖一等奖。

如今，这些雷达矗立在我国的海岸线上，对航天、航海、渔业、沿海石油开发、海洋气候预报、海岸经济区发展等都发挥着重要作用。

教书育人，培养更多杰出人才

"在党的领导下，为我们的事业奋斗终身！"1983年的入党申请书上，刘永坦这样写道。30多年来，他也是这样做的。耄耋之年，他仍奔波在教学、科研一线。2021年，哈工大开设"永坦班"，刘永坦担任班主任，激励青年学子投身雷达科研事业。

"未来还得靠年轻人。"无论获得什么荣誉和头衔，刘永坦最看重的身份始终是"教师"，"学生读我的研究生，是对我的最大信任，要是教不好，岂不是误人子弟？"

刘永坦的学生们都说，做"坦先生"的学生，功底不扎实是不行的。故弄玄虚、华而不实的东西逃不过"坦先生"的"火眼金睛"。有没有仔细查阅文献资料、做足功课，"坦先生"只要和你一讨论，立刻就会"原形毕露"。

60多年来，刘永坦一直奔走在"科学家"和"教师"这两种角色之间。他认为，科研和教书育人相辅相成，重大科研课题为培养高层次科技人才提供了丰富生动的课堂，思想活跃的青年学生，是科研中的生力军，也是创新思想的重要源泉。

从最初的6人发展到30多人，刘永坦团队形成了新体制雷达领域老中青齐全的人才梯队，是一支作风过硬、能攻克国际前沿课题的"雷达铁军"。

2020年8月3日，刘永坦将国家最高科技奖的800万元奖金全部捐给哈尔滨工业大学，设立永瑞基金。

"这份殊荣不单属于我个人，更属于我们团队，属于这个伟大时代所有爱国奉献的知识分子。"刘永坦说，设立这个基金就是要助力学校培养更多的杰出人才、打造更多的"国之重器"。

迄今，刘永坦已培养研究生80多名，其中获博士学位40多人，将军、院士、大学校长、国防院所总师、高科技技术公司创始人……他的学生中，正涌现出一批批国之栋梁。

《人民日报》（2021年9月29日，记者：张艺开）

为祖国海防装上"千里眼"

静谧的海岸线上，一排排整齐的新体制雷达天线迎风矗立，成为我国海防线上不可替代的"千里眼"。

这些雷达的背后，是一支初心不改、使命必达的"雷达铁军"。这支"雷达铁军"的组建者，是一位85岁高龄的共产党员。他便是哈尔滨工业大学教授、中国科学院院士、中国工程院院士刘永坦。

数十年的科研生涯中，刘永坦带领团队坚持自主研发新体制雷达，为祖国筑造出一条坚不可摧的海防长城。

"没有退路可言，唯有咬住牙向前走"

刘永坦1936年生于南京，少时跟随父母辗转几个城市，在颠沛流离中度过。"永坦"这个名字，不仅是家人对他人生平安顺遂的祝愿，也是对国家命运最深切的企盼。

中华人民共和国成立后，满怀欣喜的刘永坦一路北上，1953年考入哈尔滨工业大学（简称哈工大）。当时，哈工大800多名青年师生响应国家号召，把青春挥洒在北疆大地上，刘永坦便是其中光荣的一员。

1958年，刘永坦在清华大学进修后，回到哈工大参与组建无线电工程系。同年夏天，他走上了三尺讲台，率领一支治学严谨的"雷达铁军"，开始了一段和时间赛跑的峥嵘岁月。

1978年开始，刘永坦对雷达有了新的认识。传统雷达虽然有"千里眼"之称，但也有"看"不到的地方。"雷达能看多远，国防安全就可以保多远。别的国家已经在研制新体制雷达，中国也决不能落下。"刘永坦立下宏愿——开创中国的新体制雷达之路。

1983年，刘永坦历经10个月终于完成20多万字的《新体制雷达的总体方案论证报告》，在理论上充分论证了新体制雷达的可能性。"当时，国内技术一片空白，一切都要靠我们自己，没有退路可言，唯有咬住牙向前走。"刘永坦回忆道。

把科研成果应用到海防一线

从提出设想，到研制出新式海防重器，刘永坦带领团队扎根边疆干了近40年。

刘永坦要做的新体制雷达，摒弃直线传播的微波，选择一种可以绕着走、可以拐弯的表面波，这种波沿着海平面传播，但带来一个新问题——杂波干扰太厉害。这些来自海浪、无线电、电离层的干扰，其信号强度比要探测的目标强100万倍以上。"这要求我们发射出去的信号必须非常单纯，还要有很好的信号处理技术，能把微弱的反射信号从杂波中提取出来，形成我们需要的参数，比如速度、距离等。"刘永坦说。

砥砺奋进，排除万难，1989年，他和团队终于建成了我国第一个新体制雷达站，对海探测的距离达到了令人振奋的量级，创建了新体制雷达探测理论体系，实现了海防预警技术的重大原始创新。

刘永坦曾讲："成果倘若不能变成真正的应用，那就像一把没有开刃的宝剑，中看不中用。"他和团队研制出了我国首部新体制远距离实装雷达。

"不能给科研留死角。"这是刘永坦经常说的一句话。在荒无人烟的试验场，他和团队一待就是几个月。通过无数次的调整，2011年，刘永坦的团队终于成功研制出具有全天时、全天候、远距离探测能力的新体制雷达，这标志着我国对海远距离探测技术的一项重大突破。2015年，这项成果获得国家科技进步一等奖。

如今，刘永坦院士带队研发的新体制雷达，已经广泛部署于我国的海岸线上，为海防事业贡献"火眼金睛"。

"未来还得靠年轻人"

2019年1月8日，刘永坦获得2018年度国家最高科学技术奖。2020年8月，一场特别的捐赠仪式在哈工大校园举行。刘永坦院士和夫人冯秉瑞教授决定，将国家最高科学技术奖800万元奖金全部捐出，设立永瑞基金，助力哈工大电子与信息学科人才培养。

"作为一名普通教师和科技工作者，荣获国家最高科学技术奖，这份殊荣不单属于我个人，更属于我们团队，属于这个伟大时代所有爱国奉献的知识分子。"刘永坦说，"我们这个岁数，所求不多。未来还得靠年轻人。"刘永坦爱才惜才。这些年来，他的团队从6人发展到现在的30余人，团队骨干许荣庆说："刘老师不仅具有顶尖的科研水平，还善于团结大家一起协力攻关，我们跟着刘老师干有信心。"

为了保障攻关，团队把党支部建在项目一线。饭桌上、开会前、散步时，刘永坦总是抓住机会激励支部的年轻人，"党员要做表率，要带头冲""干科研，要静下心来，坐住冷板凳"……

如今，耄耋之年的刘永坦院士仍然奋战在科研第一线，诠释着一名科学家的初心和坚守。

《人民日报》（2021年8月10日，记者：刘梦丹）

钱七虎

著名防护工程学家

　　60余载从事防护工程研究和人才培养工作，他建立了我国现代防护工程理论体系，解决了核武器空中、触地、钻地爆炸以及新型钻地弹侵彻爆炸等若干工程防护关键技术难题，对我国防护工程各个时期的建设发展作出了突出贡献。

铸就坚不可摧的"地下钢铁长城"

盛夏的北京，百花齐放、生机勃勃。庆祝中国人民解放军建军95周年之际，中央军委在京隆重举行颁授"八一勋章"和荣誉称号仪式。荣获"八一勋章"的英模行列中，一位满头白发的老院士格外引人注目。

他就是陆军工程大学教授钱七虎——我国现代防护工程理论的奠基人、防护工程学科的创立者、防护工程科技创新的引领者，防护工程和岩石力学专家，中国工程院首届院士。

"一个人活着是为了什么？"这是60多年前钱七虎在哈尔滨军事工程学院就读时，接受的第一堂革命人生观教育课的主题。

60多年里，钱七虎始终战斗在大山深处、戈壁荒漠、边防海岛等工程一线，为我国防护工程发展作出了巨大贡献，用实际行动交出了自己的人生答卷——国之需要，我之理想。

初心，便是时代镌刻在钱七虎心中永恒的烙印。

20世纪70年代初，戈壁深处一声巨响，荒漠升起一片蘑菇云……当人们欢呼庆贺时，一群身着防护服的科研人员迅速冲进了核爆中心勘察爆炸现场，钱七虎便是其中一员。

世间万物，相生相克，有矛必有盾。在钱七虎看来，如果说核武器是对付敌对军事力量锐利的"矛"，那么防护工程则是一面坚固的"盾"。

那一年，钱七虎受命为空军设计飞机洞库防护门。为了找准原有设计方案存在的问题，他专门到核爆试验现场调查研究。

经过深入调查思考，钱七虎决定大胆采用刚刚兴起的有限单元法，但这涉及大量的工程结构计算。

当时，国内大型计算机设备紧缺，为了求取最科学的方案，他来回奔波于北京、上海，利用节假日和别人吃饭、睡觉的空隙打"时间差"蹭设备用。

两年后，当他负责设计的当时我国跨度最大、抗力最高的地下飞机洞库防护门通过成果鉴定时，他却患上了严重的十二指肠溃疡和胃溃疡。

勇于攀登的人脚步从不停歇。紧接着，他不顾病痛又趁热打铁开始"有限单元法在工程结构计算中的应用"的研究攻关。长期的劳累又诱发了严重的痔疮，但他还是坚持每天工作12小时以上。疼得不敢坐，他就趴在床上写专著。

近年来，军事侦察手段不断更新，高技术武器与精确制导武器相继涌现，防护工程常常是"藏不了、抗不住"，特别是精确制导钻地弹的出现，更是给防护工程造成了巨大威胁。

"'矛'升级了，我们的'盾'就要及时升级。"面对一项项世界级国防工程的防护难题，钱七虎带领团队勇攀科技高峰，建立了从浅埋工程到深埋工程防护、从单体工程到工程体系防护、从常规抗力到超高抗力防护等学术理论与技术体系，制定了我国首部人防工程防护标准，解决了核武器和常规武器工程防护一系列关键技术难题。

2019年，钱七虎获得了国家最高科学技术奖。

按说，钱七虎早已退休，功成名就，可以坐下来好好享受一下生活了，可他却还像"空中飞人"一般奔波，精力不减当年。作为多个国家重大工程的专家组成员，钱七虎在港珠澳大桥、雄安新区、南水北调工程、西气东输工程、能源地下储备等方面都提出了切实可行的决策建议。

采访中，已经85岁的他坦言，"感觉活得很充实，很有成就感，也有幸福感"。

"一个人，只有把个人的理想与党和国家的需要、民族的前途命运紧密联系在一起，才能有所成就、彰显价值。"谈及自己的人生历程，钱七虎目光坚定，"为祖国铸就坚不可摧的'地下钢铁长城'，是我的毕生追求，也是我的事业所在、幸福所在！"

《科技日报》（2021年8月1日，记者：张强，通讯员：王含丰、云利孝）

铸盾一生

采访钱老是在一个冬日的下午，缕缕阳光透过窗户洒在我们身上，让人倍感温暖。

那时，他刚刚获得2018年度国家最高科学技术奖。采访时，荧幕上那位满头白发的老人走上领奖台，从习近平主席手中接过获奖证书的画面还一直萦绕在我的脑海中。而此刻，他正和我们一起聊生活、聊理想、聊经历过的苦难，神采奕奕，和蔼可亲，就像一位邻家老爷爷。在他的娓娓讲述中，我们仿佛触摸到了那段激情燃烧的岁月……

他就是钱七虎，我国现代防护工程理论的奠基人、防护工程学科的创立者，中国工程院院士，原解放军理工大学教授。

1

1937年10月，在江南水乡的乌篷船上，一个小生命呱呱坠地。

那一年，淞沪会战爆发，日本侵略者占领上海。血腥的战争逼得邻近的江苏昆山的老百姓流离失所。在那个风雨飘摇的年代，这个刚出生的小生命给逃难中的母亲带来了希望。家人期望他长得虎背熊腰、力大无比，又希望他有颗英雄虎胆、驱寇降魔，且因他在家中排行老七，故取名"七虎"。

在抗日战争的枪炮声中，钱七虎度过了穷苦的童年时期。社会动荡，7岁丧父，家里子女全靠母亲摆小摊维持生计。中华人民共和国成立后，依靠政府的助学金，钱七虎完成了中学学业。强烈的新旧社会对比，在他心中深深埋下了矢志报党报国的种子。

1954年8月，作为优秀中学毕业生，钱七虎高兴地迈进了哈尔滨军事工程学院（简称哈军工）的大门，成为哈军工组建后招收的第3期学生。

有人问钱七虎为什么会做出这样的选择，他深情地回答说："我这个乡下的穷孩子，能受到良好的教育，所有的一切都源于党的培养，唯有献身党的事业，方能报答党的恩情。"

"一个人活着为了什么？"军校的第一堂革命人生观课让钱七虎至今记忆犹新。学校的预科主任教育他们说：是为了保护人民的生命财产安全，是为了保家卫国、建设钢铁长城。

"那是我第一次感受到军队的这种博大情怀，听了很振奋，记得很牢。"说话时，钱七虎的眼神中饱含激动与振奋，仿佛他又回到了那个熟悉的校园、那个青春的时代。

从哈军工毕业后不久，钱七虎又被选拔到苏联留学深造。

"我非常尊敬周总理，他一生严格要求自己，鞠躬尽瘁为人民，毫无私心。周总理一生为党为国的高贵品质一直深深地影响着我。"1961年，周恩来总理赴苏联参加苏共二十二大会议，其间周总理接见了中国留学生，并合影留念，勉励大家努力学习，回国后更好地建设新中国。钱七虎就是其中的一位。至今，在钱七虎的办公室里，仍然摆放着周恩来总理的照片。看到电视剧《海棠依旧》里的场景，钱七虎常常禁不住潸然泪下。

1965年，钱七虎学成回国。根据组织安排，钱七虎在原西安工程兵工程学院担任教员。从那时起，为国家铸就坚不可摧的"地下钢铁长城"，就成了他毕生的事业追求。

2

"世间万物，相生相克，有矛必有盾。"那个年代，我国面临严峻的核威胁环境。在钱七虎看来，如果说核武器是锐利的"矛"，那么防护工程则是一面坚固的"盾"。

那是20世纪70年代初的一次核试验，随着戈壁深处的一声巨响，荒漠升起一片蘑菇云……当人们欢呼庆贺之时，一群身着防护服的科研人员迅速冲进了核爆中心勘察爆炸现场，钱七虎便是其中一员。

"我有任务，走了。"在那些不分昼夜、紧锣密鼓工作的日子里，钱七虎和很多从事绝密工程的科学家一样，临走时只能给家人留下这句话。

离家那一年，钱七虎受命进行空军飞机洞库门的设计。为了准确找出原有设计方案存在的问题和原因，他专门请求到核爆试验现场调查研究。

在核爆现场，他发现飞机洞库的防护门虽然没有被炸坏，里面的飞机也没有受损，但是防护门发生了严重变形，导致无法开启。

"门打不开、飞机出不去，就无法反击敌人。必须找出问题，进一步优化设计方案。"钱七虎首先想到的是改良传统手算模式，使用先进计算理论和设备。那个时候，有限单元法作为一种工程结构问题的数值分析方法刚刚兴起，他决定用这种方法解决飞机洞库门的计算问题，这在当时属国内首创。

当时先进的计算设备是晶体管计算机，自己单位还没有。辗转多方协调，钱七虎联系到国内少数几个拥有大型晶体管计算机的科研单位借用。刚开始，面对从未接触过的巨型计算设备和天书似的上机手册，整个团队一时间有些束手无策。此前，钱七虎自学了计算机基础理论，但从没有上机操作过。于是，他把自己关在房间里啃这本"天书"。两天后，当他再次站在团队成员面前，说的第一句话却是："可以上机操作了！"两天时间，他不仅看懂了，而且准备着手编写大型防护结构的计算程序。

"当年，大型的计算机只有航天部门有，因为工作时间人家也要排算，我们的使用时间就是他们的吃饭时间、休息时间，就是在这样的工作条件下取得了一些科研成果。"采访中，钱七虎说起当年的艰难攻关，感慨万千。

终于，钱七虎利用有限单元法进行工程结构的计算，解决了大型防护门变形控制等设计难题。为了缩短防护门的启闭时间，他创新提出使用气动式升降门方案。钱七虎说："气动试验做了几十次，用了整整一年时间。失败了总结一下，就接着准备下一次试验，每一次试验过程都是学习提高的过程。不知道的东西经过总结学习变成知道的，那真是十分愉快的事情。"

那段时间，他经常睡在办公室。历时两年多，钱七虎成功设计出当时国内跨度最大、抗力最高的飞机洞库防护门。那年，他38岁。

"矛"与"盾"总是在攻防对抗的进程中不断碰撞出新的"火花"。随着侦察手段的不断更新、高技术武器与精确制导武器的相继涌现，防护工程在高度透明化的战场中，常常是"藏不了、抗不住"，特别是世界军事强国开始研制精确制导钻地弹，给防护工程造成了巨大威胁和挑战。

"防护工程是我们国家的地下钢铁长城，'矛'升级了，我们的'盾'就要及时升级。"钱七虎说。

功夫不负有心人。经过多年的研究，他攻克一个个难关，建立了从浅埋工程到深埋工程防护、从单体工程到工程体系防护、从常规抗力到超高抗力防护等学术理论与技术体系，制定我国首部人防工程防护标准，解决核武器和常规武器工程防护一系列关键技术难题，为我国防护工程发展作出巨大贡献。

3

"眼睛永远要向利国利民的方向聚焦。"回忆自己的人生经历时，钱七虎这句话掷地有声。

1992年，珠海机场开工动土。雄踞三灶岛南端的炮台山成为机场建设的天然障碍，炮台山爆破工程被列为重中之重。

1992年12月28日，珠海三灶岛。

那一天，在距炮台山3公里处的主席台上，坐着许多军地领导和媒体记者，现场的气氛宁静，又紧迫。作为这场爆破的主持者，他既充满信心，也有些许忐忑。他深知，这场爆破工程的难度是前所未有的：爆破总方量1085万立方米，50%的土石方要一次性定向抛至大海，50%的土石方要松动破碎；让半座山进入大海，需要上万吨炸药，还要确保山外600米和1000米两处村庄安全，房屋不得倒塌……

"是挑战，更是机遇！"在这之前一年，时任原解放军工程兵工程学院院长的钱七虎立下了军令状，"我们有最好的爆破工程专家和最过硬的团队，我胸有成竹！"

时针，指向13时50分。随着爆破工程现场总指挥一声令下，霎时间，1.2万吨炸药和数万支雷管在程控起爆器精确控制下，分成33批，在38秒内逐一起爆。

远远望去，炮台山在抖动中先后被切成3段，每段山体又一片一片被削抛向天空，掷入大海，宛如天女散花，又似蛟龙入海，蔚为壮观。

爆破成功，达到预期效果！一时间，这在我国爆破领域引起了轰动，军地领导、科研单位纷纷发来贺电。

炮台山的成功爆破，被媒体称为"亚洲第一爆"。这一爆不仅吹响了珠海特区改革前进的新号角，同时也开辟了我国爆破技术新的应用领域，为城市的快速建设发展增添了新动力。

"前进，就要走前人没有走过的路！"钱七虎从军60多年，为军事防护工程作出了杰出贡献。同时，他的科研触角还不止于此。他始终认为，作为中国工程院院士，有责任、有义务关心研究国家的建设发展，这也是一名科学家必须具备的情怀和担当。

时光进入21世纪。2002年，党和国家领导人召见了钱七虎等50位科学家。当时，钱七虎提出在长江上修建越江隧道。两年多后，南京长江隧道纳入南京"五桥一隧"总体规划。这让钱七虎兴奋不已。作为专家委员会主任，他也深知肩上责任之重。

南京长江隧道是当时已建的隧道中所经地质条件最复杂、技术难题最多、施工风险也最大的工程，被称为"万里长江第一隧"。如何进行隧道掘进，确定工程建设方案，是钱七虎首先要解决的问题。一开始，设计单位提出了用"沉管法"。钱七虎认为用"沉管法"存在安全隐患。

"由于三峡水电站的修建，泥沙含量将大为减少，长江中下游冲将大于淤。经过几十年、上百年江水冲刷，冲淤平衡被破坏，下游的管道就会露出江底，'沉管法'隐患太大！"钱七虎说道。

为此，他建议采用盾构机开掘隧道。盾构机在如此复杂的地质环境下施工，这在世界上尚属首次。

2008年8月，最担心的事还是发生了。当盾构机掘进到第659环时，因刀具、刀盘磨损严重，盾构机突然停止工作。

盾构机罢工，隧道施工搁浅。一夜之间，街头巷尾议论纷纷，远在某电站的钱七虎当即表示："工程绝不能报废，更不会'烂尾'，我们一定能解决。"

对已经从事科研数十年的钱七虎来说，继续隧道工程，除了积累多年的经验，还要有一种偏向虎山行的魄力。这种精神是撕开乌云的一道强光。

后来，在钱七虎建议下，磨损刀具更换，刀盘修复，国内厂家对刀具进行自主改良。改良后的刀具性能大幅增加，南京长江隧道掘进历经磨难，再次启程。

2010年5月28日，南京长江隧道在历经5年的建设之后全线通车运营。

作为多个国家重大工程的专家组成员，他在港珠澳大桥、南水北调、西气东输等工程中提出了切实可行的决策建议，并多次赴现场提出关键性难题的解决方案。当然，这其中也包括雄安的建设。

"雄安，这座中国未来之城的建设是国家的千年大计。建设之初就要考虑解决传统城市建设中交通拥堵、内涝等城市病问题，要多管齐下，既要'面子'，也要'里子'。"在一次雄安建设规划的相关会议上，钱七虎用全局长远的眼光审视这座即将崛起的新兴城市。

老骥伏枥，志在千里。耄耋之年的钱七虎仍以满腔热情履行着自己作为中国工程院院士的职责。

"居里夫人曾说，把安逸和享乐当作人生唯一目标，那不过是猪圈里的理想。如果一个人是追求个人名利，那你的关注点始终是在个人幸福的方向；如果你树立的是一个基于国家的价值观，你关注的就是国家、民族和人民。"钱七虎说。

4

走在校园的林荫道上，老院士总是一副和颜悦色的模样，教职员工见到他都主动打招呼，就连一些家属认识他的也能聊几句。这是钱七虎留给很多人的印象。

然而，很多学生提起师从钱七虎的经历，却觉得是"痛苦而有收获的煎熬"，因为他们经常会受到导师的批评。对学生的论文，钱七虎总是不厌其烦，逐字逐句地推敲，提出修改意见。

"科学是老老实实的学问，来不得半点马虎。"钱七虎常常对他的学生们说。

陆军工程大学某实验室教授赵跃堂是钱七虎的得意弟子，他多次谈起自己博士论文修改答辩的故事。

"不能仅仅是为了拿到学位，你的科研成果是要运用到实践中的，理论和技术都要能立得住、经得起实践检验。"在导师的严格要求下，赵跃堂的论文先后做了4次较大调整。

1996年，当赵跃堂把自己的博士论文第7次修改稿交给导师钱七虎时，钱七虎正好动身去北京参加一个重要会议。半个月后，钱七虎开完会返回南京，赵跃堂拿到了自己的论文，发现上面写满了蝇头小字，从观点、公式到表格、数据，200多页的论文几乎每页都有增减和修改。

原来，答辩日期临近，钱七虎带着学生论文去开会。会议活动繁忙，直到晚上10点夜深人静以后，钱七虎才坐在台灯下，逐字逐句地修改推敲学生的论文，有几天一直改到凌晨。

教学科研生涯中，钱七虎始终把倾心育人、提携学生作为自己的责任。"把更好的机会留给年轻人！"科研学术中，钱七虎从不争名争利。在他的启发、指导和设计下，很多科研工作结出了累累硕果，但在获奖排名的时候，他总是推让。

熟悉钱七虎的人都知道，他有一项不成文的"规矩"：每年都要举办几场特殊的"学术民主生活会"。会上，老中青科研人员"三代同堂"，围绕学术前沿或科研难点展开研讨。在他带领的团队中，许多科研项目由年轻人担纲完成，许多专家已经成为该领域学科带头人和国家重点科研项目负责人。

就是靠这些一点一滴的努力，钱七虎创建了我国防护工程学人才培养体系。

钱七虎用自己的奖金和工资设立"瑾晖慈善基金"，长期资助烈士子女和成绩优异的贫困学生，帮助不少贫困学生圆了上学梦。2019年，钱七虎将国家最高科学技术奖奖励的800万元奖金全部捐出，重点资助西部和少数民族的贫困学子。

"黄卷青灯伏书案，披繁星，戴骄阳。三尺讲台八千日，传师道，育儒将……"这是学生吕亚茹为导师钱七虎写的一首词，也是对他的一个评价。他说，自己很庆幸遇到了钱老师，让他找到了人生前进的方向。而钱老对自己的评价却是："我一生做了很多课题、搞了很多研究，但培养人才始终是我最大的课题。"

《解放军报》（2022年7月8日，作者：王含丰、云利孝）

王泽山

——我国火炸药领域军民融合道路的开拓者

　　60多年来专注于研究火炸药，带领团队发展了火炸药的理论与技术，突破了多项世界性的瓶颈技术，一系列重大发明应用于武器装备和生产实践，书写了我国火炸药实力进入世界前列的传奇。

一辈子做好一件事

黑火药是现代火炸药的始祖，是中国古代的四大发明之一。火炸药既是火力打击武器的能源，也广泛地应用于建筑、探测、民用烟花等行业，其技术进步在带动世界军事变革的同时，也推进了人类文明的进程。

然而，在世界近代几百年的时间里，我国的火炸药技术却一直落后。

2017年1月9日，在2016年度国家科学技术奖励大会上，有一位年逾八旬的学者，凭借着在火炸药领域的杰出贡献，将2016年度国家技术发明奖一等奖收入囊中。这是他1993年获得国家科学技术进步奖一等奖、1996年摘得国家技术发明奖一等奖之后，第三次成为国家科技大奖一等奖的获得者。这位名副其实的"三冠王"，就是带领我国火炸药整体技术实力进入世界前列的中国工程院院士、南京理工大学教授王泽山。

甘坐"冷"板凳，研究"热"学问

1935年，王泽山出生于白山黑水间的吉林省吉林市，当时的东北正处于日本侵略者的统治之下，家园沦陷让小小年纪的王泽山第一次懂得了"有国才能有家"的道理。1954年，19岁的王泽山高中毕业。中华人民共和国成立初期，战争硝烟刚刚散去，王泽山怀着"强我国防"的理想，报考了哈尔滨军事工程学院（简称哈军工）。

在当时的哈军工，火炸药专业却不像研究对象本身那么"热"，因为这个专业实在是太基础、太枯燥、太危险，很多人都说搞火炸药的人"一辈子也出不了名"。但是王泽山却坚信研究火炸药"是有战略意义的领域，也是国家的需要"，这个信念伴随着王泽山求学、为学、任教，从未中断过。

火炸药在几乎所有战略、战术武器中都不可或缺，其性能发生哪怕微小的改进，都会深刻地影响武器系统的发展，有效提升从传统兵器到尖端武器的战斗效能。但是在国防领域，国家间的技术封锁和保密非常明显。许多国家对武器关键技术实行保密，有的国家甚至断言，某项技术瓶颈不可能被突破。而王泽山从不被这些意见左右。作为领军人物，王泽山带领着他的火炸药团队，发展了火炸药技术，使我国火炸药整体技术实力进入世界强国的行列，也为我国火炮等身管武器能够在战争中占据优势、获得战争的主动权奠定了重要的技术基础。

"作为从事科学工作的人，我更加明白科学技术的力量，也深深懂得重要科技领域的优势是维护国家安全的重要筹码。中华民族的伟大复兴是每个中国人渴求的，也是人人有责的。正是它在始终支撑着我。"王泽山说。

三次摘得国家科技大奖一等奖

王泽山科学研究的突破是从"废弃火炸药再利用"开始的。和平年代，硝烟渐远，储备超期的火炸药对环境和社会构成了重大危害。露天焚烧、海洋倾泻、深井注入等国外常用的销毁方法，不仅浪费，还造成环境污染和爆炸事故，因而受到国际法的禁止。当时，国际上尚缺少系统的、行之有效的再利用技术。

在老师肖学忠教授、赵子立教授等的影响下，王泽山特别注重研究与实践的相结合，率先攻克了废弃火炸药再利用的多项关键技术，为消除废弃含能材料公害提供了技术条件。该技术获1993年国家科学技术进步奖一等奖。

几乎与此同时，王泽山对另一世界性难题"低温度感度技术"发起冲击——希望通过控制火药燃烧的方式，解决火炸药温度变化带来的影响。众所周知，火药燃烧是一种化学反应，自然会受到环境温度变化的影响，要想打破这样的自然规律，谈何容易！

然而王泽山认准了这个方向。他认为如果在这个问题上取得进展，就能够将含能材料的技术向前推进一步。在随后的十多年里，他和团队不断尝试，构建了火药燃速与燃面的等效关系，并发现了能够弥补温度影响的新材料，解决了长贮稳定性问题，显著提高了发射药的能量利用率。该技术获1996年唯一一项国家技术发明奖一等奖。

现代战争中，远射程与模块发射装药是火炮实现高效毁伤、精确打击、快速反应、火力压制的关键技术，也是火炮系统现代化重要的发展方向。美、英等北约五国曾经联合研究155火炮等模块装药，历时多年、耗费巨资，终因无法突破技术瓶颈，被迫中断。

王泽山经过20多年的潜心钻研，发明了等模块装药和远程、低膛压发射装药技术，解决了国际军械领域长期悬而未决的难题，并建立和发展了相关理论体系。该技术获2015年国防技术发明奖特等奖，2016年国家技术发明奖一等奖。

"创新就是要做别人没解决的问题"

"创新就是要做别人没解决的问题，模仿做得再好，也只能比别人做得稍微好一点。"在60多年的科研生涯中，王泽山始终高度重视创新，在他看来，"凡是从事工程技术研究的人员，不能一味地跟踪国外的研究、简单地仿制研究，一定要有超越意识，要做出真正有水平的研究成果。"

而在创新的过程中，他又特别看重"求本"（追求本质）的思维方法。他认为，在学习和工作中，遇到问题要多问几个"为什么"，问过和思考之后，认识的范围扩大了，对问题的理解也会愈加集中和深入。而问了"为什么"之后，还要追问"还存在什么问题""能不能更好""怎样才能更好"，进而上升到"怎么做"。王泽山曾说："我20多项发明专利，多数是在这样的思考中形成的。"

虽然已经80多岁了，王泽山仍然奋战在科研一线。一年之中，他有一半的时间待在条件艰苦的试验场地。有一次，团队去内蒙古的阿拉善靶场做实验，当时室外温度降至零下26摄氏度，连做实验用的高速摄像机都"罢了工"，王泽山还是和大家一样，在外面一待就是一整天。一天的实验做下来，不少年轻人都感觉吃不住，可王泽山晚上还要核对和验证白天取得的各类实验数据，反复查找实验过程有无疏漏之处。他常说，火炸药性能参数的验证中有很多的不确定因素，实验过程也颇具危险性。因此，为了能准确收集到一手数据，同时也为了确保整个实验过程的安全有效，"只有亲临现场指导实验，我才能够放心。"

王泽山认为自己能力有限，"是个一辈子只能做好一件事情的人"，他说，"我除了能做火炸药研究这一件事，别的都不擅长。我的生活已经跟科研分不开了。一旦离开，就会感觉自己好像失去了生活的重心。"

《人民日报》（2017年6月6日，记者：谷业凯）

只在意能否以所学壮大国防

　　"我们任何人都不希望有战争，愿世界充满和平，但中国的近代史告诉我们，落后就要挨打，没有自己强大的国防，就相当于没有自己的国门。"

——王泽山

　　1050万元，捐赠！

　　2021年12月，王泽山将所获得的国家最高科学技术奖奖金等共计1050万元，捐赠给南京理工大学，希望能"长期稳定地支持在科学研究领域取得突出成绩且具有明显创新潜力的青年人才"。

　　捐赠巨款的王泽山，生活却极为简朴——不用秘书、不要专车，不想为任何琐事浪费时间，甚至觉得"到理发店受人摆布也浪费时间"。在他的生活中，没有节假日的概念、没有固定的一日三餐。

　　对王泽山而言，其他种种，皆不重要。

　　只有一件事会让他"一旦离开，就会感觉失去了生活的重心"。那就是，能否以所从事的火炸药研究壮大国防，守好国门。

　　出生于1935年的王泽山，幼时住在吉林市远郊的桦皮厂镇。那时，日本占据了东北三省，还扶植了"伪满洲国"。

　　王泽山被迫接受"伪满"教育，他的父亲却冒着生命危险，悄悄严肃地告诉王泽山："你是中国人，你的国家是中国。"父亲的话深深地镌刻在他幼小的心里，驱散了蛮横的入侵者所带来的困惑。从此，他暗下决心："绝不做亡国奴。"

　　1954年，19岁的王泽山高中毕业了，这时，抗美援朝的硝烟刚刚散尽。

　　"我们任何人都不希望有战争，愿世界充满和平，但中国的近代史告诉我们，落后就要挨打，没有自己强大的国防，就相当于没有自己的国门。"年轻的王泽山带着建设国防的理想，报考了哈尔滨军事工程学院。当时，海军、空军是热门专业，可王泽山却选择了最冷门的火炸药专业。这是一个研究领域狭

77

窄、危险性高，被人们视作"一辈子也出不了名"的专业，然而它同时也有着非常重要的作用，几乎在所有战略、战术武器系统中都不可或缺，在很大程度上决定了一个国家武器装备的水平。

王泽山成为同届中唯一自愿选择这个专业的学生。"大家都不去考虑这些比较边角的专业，但我想既然是设立的重要专业，国家需要的就要有人去做。"从此，让中国的火炸药研究"世界领先""在军事领域实现有国际影响力的大成果"成了王泽山科研生涯的终极目标。

他凭借着在"废弃火炸药再利用""低温度感度发射装药与工艺技术""等模块装药和远程、低膛压发射装药技术"等方面的杰出贡献，三次获得国家科技大奖的一等奖，其中两次是国家技术发明奖一等奖，一次是国家科学技术进步奖一等奖。

他推进我国火炸药整体技术实力进入世界前列，让中国的火炸药事业"复兴"。用中国工程院院士刘怡昕的话说，"王泽山的研究成果不是国内领先、国际先进，而是真正意义上的国际领先"。

2018年1月8日，他第四次登上了国家科学技术奖励大会的领奖台，这一次，迎接他的是国家最高科学技术奖的荣誉。

王泽山曾告诫年轻学子："做人做事都要有自己的道德底线，爱党、爱国、爱人民。"他心中的使命感，一如60年多前站在哈尔滨军事工程学院门前时的那般强烈与炽热。他说："我确实有这个精力，感觉必须要做，对咱们整个国防有贡献为什么不做？我接受这个任务就一定要把它搞好，这是国家给我的使命。"

光明网（2022年4月6日，记者：詹媛）

侯云德

我国分子病毒学和基因工程药物的开拓者

开创了我国基因工程创新药物研发的先河。主导建立了举国体制协同创新的传染病防控技术体系，全面提升了我国新发突发传染病的防控能力。

60年织就防病健康网

侯云德是谁？

2017年度国家最高科学技术奖名单公布后，对这位鲜少在媒体上露面的科学家，不少人都发出了好奇的一问。

同样的问题，60年前也被人问过。当时，苏联《病毒学杂志》的编辑特意询问："侯云德是谁？他是什么样的人物？他的论文怎么会发表这么多？"不怪编辑好奇，这位中国留学生在苏联学习的3年半时间，发表了17篇学术论文，并在仙台病毒等研究上取得了一系列重大突破，最终直接越过副博士，被苏联高等教育部破格授予医学科学博士学位。

一辈子与病毒打交道，作为我国分子病毒学和基因工程药物的开拓者，侯云德说："认识世界的目的应当是要改变世界，学习病毒学、研究病毒学，目的应当是预防和控制病毒，为人类做出更加切身的贡献。"

"道固远，笃行可至；事虽巨，坚为必成"，集毕生精力编织传染病防控网络

2008年，侯云德79岁。这一年，他被国务院任命为"艾滋病和病毒性肝炎等重大传染病防治"科技重大专项技术总师。

这时，距离2003年的"非典"疫情已经过去5年。公众或许已淡忘了当时的恐慌，侯云德却不敢忘。"'非典'来得太突然，我们没有准备，病毒研究不充分，防控体系太薄弱了。传染病在历史上是可以让一个国家亡国的，老的控制了，还会不断出现新的，传染病防控绝对不能轻视！"这位少时立志学医、并且要当名医的科学家，一生都在为祖国的防病事业而奋斗。

本该颐养天年的年龄，侯云德又忙碌起来，担负起我国现代传染病防控体系顶层设计的重任。他带领专家组，设计了2008—2020年降低"三病两率"和应对重大突发疫情的总体规划，主导建立了举国体制协同创新的传染病防控技

术体系，全面提升了我国新发突发传染病的防控能力。

第一次挑战很快来临！

2009年，全球突发甲流疫情，国外死亡人数上万名。在国务院领导下，我国成立了由卫生部牵头、38个部门组织的联防联控机制，侯云德作为专家组组长，针对防控中的关键科技问题，开展多学科协同攻关研究。"这个组长可不好当，相当于坐在火山口上，责任重大。一旦判断失误，防控不当，疫情就有可能蔓延。"中国疾病预防中心病毒病预防控制所副所长董小平研究员回忆说。

当时，我国仅用87天就率先研制成功新甲流疫苗，成为全球第一个批准甲流疫苗上市的国家。世界卫生组织建议注射两剂，侯云德则提出不同观点："新甲流疫苗，打一针就够了！"

在疫情随时有可能爆发的情况下，提出这一建议的侯云德，承担的压力可想而知。打两针是国际共识，只打一针，万一达不到免疫效果呢？

"科学家要敢讲真话，为国家和人民着想，不能只计较个人得失。"侯云德是有底气的。依据长期积累的经验，结合新疫苗的抗体反应曲线和我国当时的疫苗生产能力和注射能力，侯云德坚定地提出了一次接种的免疫策略。最终，这一方案大获成功，世界卫生组织也根据中国经验修改了"打两针"的建议，认为一次接种预防甲流是可行的。

2009年的甲流疫情，我国取得了"8项世界第一"的研究成果，实现了人类历史上首次对流感大流行的成功干预。据来自清华大学第三方的系统评估，我国甲流的应对措施大幅度降低了我国发病率与病死率，减少2.5亿发病和7万人住院；病死率比国际低5倍以上。这一重大研究成果获得世界卫生组织和国际一流科学家高度赞赏和一致认同，获得2014年国家科技进步一等奖。

侯云德提出了应对突发急性传染病的"集成"防控体系的思想，重点布置了病原体快速鉴定、五大症候群监测、网络实验室体系建立的任务，全面提升了我国新发突发传染病的防控能力，使我国成功应对了近十年来国内和国际数次的重大传染病疫情。"MERS、寨卡、H1N1等病毒在我国都没有流行起来，N7N9也得到了有效控制，我国在传染病防控方面的能力大幅提升，进入世界一流行列。侯院士作为这一体系的总师，功不可没。"卫计委科教司监察专员、"艾滋病和病毒性肝炎等重大传染病防治"科技重大专项实施管理办公室主任刘登峰表示。

是"中国干扰素"之父，更是杰出的战略科学家

侯云德是一位科学家，更是一名战略科学家。他的很多科研成果和举措，在当时都是具有前瞻性和开创性的，并且影响深远。

"中国干扰素"之父，是业内不少人对侯云德的尊称。20世纪七八十年代，美国、瑞士等国的科学家以基因工程的方式，把干扰素制备成治疗药物，很快成为国际公认的治疗肝炎、肿瘤等疾病的首选药，但价格极为昂贵。

侯云德敏锐地捕捉到基因工程这一新技术，1977年，美国应用基因工程技术生产生长激素释放因子获得成功，这一突破使侯云德深受启发：如果将干扰素基因导入到细菌中去，使用这种繁衍极快的细菌作为"工厂"来生产干扰素，将会大幅度提高产量并降低价格。他带领团队历经困难，终于在1982年首次克隆出具有我国自主知识产权的人 α 1b 型干扰素基因，并成功研制我国首个基因工程创新药物——重组人 α 1b 型干扰素，这是国际上独创的国家 I 类新药产品，开创了我国基因工程创新药物研发的先河。α 1b 型干扰素对乙型肝炎、丙型肝炎、毛细胞性白血病等有明显的疗效，并且与国外同类产品相比，副作用小，治疗病种多。这项研究成果获得了1993年国家科技进步一等奖。此后，侯云德带领团队又相继研制出1个国家 I 类新药（重组人 γ 干扰素）和6个国家 II 类新药。

侯云德更具前瞻性的，是他没有固守书斋，不仅主导了我国第一个基因工程新药的产业化，更是推动了我国现代医药生物技术的产业发展。

"我现在还记得，26年前在侯云德先生的办公室里，他打开抽屉给我看，一抽屉都是各种各样的论文。侯先生说，这些科研成果如果都能转化成规模化生产，变成传染病防控药品，该有多好啊！"北京三元基因药业股份有限公司总经理程永庆回忆，那时缺医少药，很多药都需要进口，而且价格高昂。

一年后，在一间地下室里，当时60多岁的侯云德创立了我国第一家基因工程药物公司——北京三元基因药物股份有限公司。

侯云德主导了我国第一个基因工程新药的产业化，将研制的8种基因工程药物转让十余家国内企业，上千万患者已得到救治，产生了数十亿人民币的经济效益，对我国改革开放初期的科技成果转化具有重要的指导意义。

"那时的干扰素药品100%进口，300元一支，一个疗程要花两三万元。现在的干扰素90%是国产的，价格下降了10倍，30元一支。但是侯先生还给我

们提出了要求，希望价格能再降到20元钱、10元钱，让普通百姓都能用得起！"程永庆感慨地说。

侯云德的战略性，还体现在他对国家整个生物医药技术发展的顶层设计。

"侯云德院士是当之无愧的科学大家，在生物医药技术领域，做什么、不做什么，都是侯院士在把握方向。"中国疾病预防控制中心主任高福钦佩地说。在对我国科技发展产生重要影响的"863"计划中，侯云德连续担任了三届863计划生物技术领域首席科学家，他联合全国生物技术领域的专家，出色完成了多项前沿高技术研究任务。顶层指导了我国医药生物技术的布局和发展。在此期间，我国基因工程疫苗、基因工程药物等5大领域取得了巨大成就，生物技术研发机构成十数倍增加，18种基因工程药物上市，生物技术产品销售额增加了100倍。

"双鬓添白发，我心情切切，愿将此一生，贡献四化业"

"侯老师能够做出方向性的判断，靠的不是拍脑门，而是长期以来扎实的积累。"侯云德的学生、中国医科院病原所所长金奇研究员告诉记者，尽管已是89岁高龄，但侯老师的勤奋，很多年轻人都比不上。

"侯老师每天都会关注国内外病毒学的最新动态，并且亲自翻译、撰写，送给相关部门领导和同事参阅。每期都有上万字，两周一期，已经写了200多期。"金奇说，他读研究生时，侯老师工作非常忙碌，但仍然会在下班后到实验室找学生聊天。"聊什么？聊的就是他掌握的最新技术和动态，通过侃大山的方式实时输送给我们。侯老师对我们这些学生，对年轻人，在培养提携上总是不遗余力。"

在学生和同事眼中，侯云德是无私的，愿意将自己的知识与技术传授给他人。在做干扰素研究的初期，试剂紧缺，都是他自己从国外背回来的，但其他同事有需要，他二话不说就分享给大家使用；20世纪80年代初他的实验室建立了一系列基因工程技术后，不少人到他的实验室取经，侯云德乐于分享，从不留一手，常常还要赔上昂贵的试剂。有人认为他这么做不利于保持本室的技术优势，他却不以为然。"我国科学家应当团结起来，不能把持技术不外流，技术优势要靠不断创新，只有不断创新才能使自己处于优势地位。"

中国疾病预防控制中心病毒病预防控制所党委书记、研究员武桂珍告诉记者，尽管创造的经济效益数以亿计，但侯先生对生活的要求非常低。"他的汽车超期服役要淘汰了，我们问他想换辆什么车？侯先生说，带轱辘的就行。生病住院，也从来不跟组织提任何要求。有时输完液晚上8点了，还要自己回家做饭吃。"武桂珍说，侯先生所思所想所求，都是我国的防病事业。在他身上，深深映刻着老一辈科学家的家国情怀。

采访时，谈及自己的科研成果与成就，侯云德院士谦虚地笑了："我做的都是分内之事，只是认真做了，并没有很特别。而且很多事也不是我一个人做的，我是领头人而已。"

今年89岁的侯云德，仍然每天7点就开始工作，并且不吃早饭。据说，这是年轻时养成的习惯，因为要抓紧一切时间做实验。尽管动过两次大手术，但老人看起来仍然精神抖擞。耄耋之年，他曾赋诗一首以明其志："双鬓添白发，我心情切切，愿将此一生，贡献四化业。"

人民网科技频道（2018年1月8日，作者：冯华）

与病毒"斗"一辈子

SARS、甲流、寨卡、埃博拉……百姓对病毒"谈虎色变"。"猛虎"侵入人体细胞后，大肆破坏人体"化学工厂"，让人体细胞无法正常生长，甚至取人性命。

侯云德痛恨曾夺去长兄生命的传染病，从小立志学医，不让"猛虎"伤人。

道固远，笃行可至；事虽巨，坚为必成。

与病毒"斗"了一辈子的防疫英雄侯云德，2018年1月8日在人民大会堂站上了中国科学技术最高领奖台。这位中国工程院院士、中国疾病预防控制中心病毒病预防控制所研究员年近九十还在上班。

今天，我们一同走近他。

一举"拿下"仙台病毒　破格直升博士

侯云德1929年生于江苏常州，小时候半工半读，养过鸡摆过摊，仍成绩优异。

1958年至1962年，他在苏联医学科学院伊凡诺夫斯基病毒学研究所攻读副博士学位。一到所里，侯云德就遇上"大事"，动物房小白鼠大量死亡，专家束手无策。他决心找出"真凶"。

通过仔细调查和反复试验，侯云德判断"罪魁祸首"是仙台病毒。采纳他"清理动物房所有动物，彻底消毒环境，切断传播链"的建议后，实验室恢复运转。

"小鼠可能感染几百种病毒，不同病毒分离手段也不一样。如果没有扎实的科学功底，盲人摸象去试，猴年马月才能出结果。"侯老的学生、中国医学科学院病原生物学研究所所长金奇说，"很多东西看似偶然实则必然。"

留苏三年半，侯云德发表了17篇学术论文。苏联高等教育部破例越过副博士学位，直接授予他苏联医学科学博士学位。

侯老不惧挑战。我国科学家20世纪30年代就选育出痘苗病毒天坛株，用它生产的疫苗曾为我国消灭天花作出过巨大贡献，但基因背景仍未研究清楚。侯老十年磨一剑，完成了痘苗病毒全基因组测序与分析。这是当时国内完成的最大基因组全序列。

"侯老的勤奋让人叹服。他独立编著的《分子病毒学》多达105万字，被奉为病毒学'圣经'。"中国疾病预防控制中心病毒病预防控制所党委书记兼法人代表武桂珍说，老先生毅力惊人，至今坚持编译学术前沿信息，累计编译超过500册。

地下室里搞"双创" 满抽屉论文"变"新药

26年前，侯云德开风气之先当"创客"——在地下室里建起中试生产线，创立我国第一家基因工程药物公司。

"我去侯老办公室。他打开抽屉，指着里面的论文说，希望它们变成药，让中国百姓能用得上。"和侯先生一起创业的北京三元基因药业股份有限公司董事长程永庆说。

侯院士曾连任三届"863计划"生物技术领域专家委员会首席科学家，率领团队相继研制出2个国家Ⅰ类新药和6个国家Ⅱ类新药。其中具有自主知识产权国家Ⅰ类新药——重组人干扰素α1b，开创了我国基因工程创新药物研发和产业化先河。

干扰素，是病毒"克星"，有广泛的抗病毒活性。20世纪80年代，我国干扰素全部依赖进口，20多年过去了，现在干扰素大部分实现进口替代。

"是非经过不知难。从论文到新药，商品化产品化国际化9个字谈何容易！有时连基本试剂都没有，侯老从国外带回各种宝贵试剂，谁需要他都给。"侯老学生段招军说。

"干扰素α1b副作用低，不会引起高烧，我预计若干年后将在国际市场上取代国外同类产品。"侯云德信心满满。战略科学家的目光总是投向未来。他说，生物技术产业将像IT产业一样，深刻改变人类生活。

保卫人民健康 努力编织传染病防控网

2008年，79岁的侯云德被任命为"艾滋病和病毒性肝炎等重大传染病防治"科技重大专项技术总师，他领导全体专家组，顶层设计了我国降低"三病两率"和应对重大突发疫情的传染病预防控制的总体科技规划。

"三病两率"指艾滋病、病毒性肝炎和结核病的发病率和病死率。专项设立之初，我国传染病发病人数和种类均居全球首位。

"侯老在战略上抓住防控链条关键环节——检测、筛查和鉴定病原体；战术上提出传统技术与前沿基因组学、生物信息、蛋白质组学交叉整合。"金奇说。

在侯老等众多专家、医务人员多年努力下，我国建立起72小时内鉴定和筛查约300种已知病原体和筛查未知病原体的检测技术体系，在突发疫情处置中"一锤定音"。

这张人民健康防御网牢不牢？实战，是检验标准。

——2009年，全球突发甲流疫情，我国87天率先研发出甲流疫苗；

——2013年，我国在全球首次确认并成功应对人感染的H7N9禽流感疫情，4天内成功分离并锁定病毒；

——2014年，西非埃博拉疫情掠去数以万计生命。我国派出传染病防控队伍前往塞拉利昂，确保零感染零输入，实现传染病防控的关口前移；

——2015年，一名中东呼吸综合征的韩国患者进入我国，被监测网络快速发现、确诊、隔离。"疫情不会在中国蔓延。"中国疾病预防控制中心主任高福院士给出"定心丸"……

跟病毒搏击了一辈子，侯云德从不懈怠。"如果让我对年轻人说点什么，就是要学点哲学。哲学是规律的规律，在更高层次指导科研。认识实践再认识，直到无穷。"

新华社（2018年1月8日，记者：余晓洁）

赵忠贤

——我国高温超导研究的奠基人之一

我国高温超导研究主要的倡导者、推动者和践行者，为高温超导研究在中国扎根并跻身国际前列作出了重要贡献。

半世纪研磨超导体

1月9日，75岁的赵忠贤走上国家最高科学技术奖的领奖台……

走上领奖台，靠的是他近半个世纪持之以恒的高温超导研究和在这一领域取得的卓越功勋。40多年前，我国的高温超导研究刚刚起步；而今，已组建起一支高水平的研究队伍，走在世界前列。他，则是我国高温超导研究的领军人。

"赵忠贤胆子实在是太大了"

超导，是20世纪最伟大的科学发现之一。超导体在信息通信、生物医学、航空航天等领域有着巨大应用潜力。百余年来，已有5次诺贝尔奖颁发给了10位研究超导的科学家。

所谓"高温超导体"，是指临界温度在40K（约零下233摄氏度）以上的超导体。1968年，物理学家麦克米兰根据传统理论计算推断，超导体的转变温度一般不能超过40K，这一温度也被称为麦克米兰极限。

40K麦克米兰极限能否被突破？ 1974年，赵忠贤到英国剑桥大学进修，接触到了世界超导研究最前沿。一年后回国，他立志要做高临界温度超导体。

"初生牛犊不怕虎。"经过缜密思考和实验，1977年，他在《物理》杂志上撰文，指出结构不稳定性又不产生结构相变可以使临界温度达到40～55K，并提出复杂结构和新机制在某些情况下甚至可以达到80K。挑战由经典理论推导出的麦克米兰极限，以至于当时不少人认为"赵忠贤胆子实在是太大了"。

十年磨一剑。虽然当时科研条件艰苦，好多设备是赵忠贤团队自己现造的，买设备都买二手的。好在研究不需要特别精密的仪器，1986年底，赵忠贤团队和国际上少数几个小组几乎同时在镧—钡—铜—氧体系中获得了40K以上的高温超导体。麦克米兰极限被突破，一时国际物理学界为之震动，"北京的赵"成为国际著名科学刊物上的新星。

再接再厉，1987年2月，赵忠贤带领团队又在钡—钇—铜—氧中发现了临界温度93K的液氮温区超导体，并在世界上首次公布了元素组成，刮起了一阵研究液氮温区超导体的旋风。赵忠贤成为国际超导研究领域代表中国的符号。他和团队也因此荣获1989年度国家自然科学集体一等奖。

赵忠贤及其团队的工作极大提升了中国物理学界的国际地位。1987年，他受邀参加美国物理学会三月会议，是五位特邀报告人之一。这宣告了中国物理学家走上世界高温超导研究舞台。

"我们必须坚守超导这块阵地"

超导国家重点实验室研究员孙力玲，跟随赵忠贤从事超导研究。谈起赵老师科研的秘诀，她认为是扎得深、扎得住，根深才能叶茂。

赵忠贤40余年的高温超导研究历程并非一帆风顺。国际上第一次高温超导热潮中的主角——铜氧化物，是一种易脆材料，难以大范围普及应用。20世纪90年代，铜氧化物高温超导体热潮过后，全世界科学家对超导材料的探索一度陷入迷茫，一些团队甚至解散或转而研究其他领域。

困难面前，赵忠贤矢志不移："我坚信，高温超导研究有潜力，未来有可能有重大突破。我们必须坚守这块阵地。"赵忠贤带领团队一干就是近20年。

2008年2月，日本科学家在四方层状的铁砷化合物中发现存在转变温度为26K的超导电性，但因为没有突破麦克米兰极限温度，还不能确定铁基材料是高温超导体。赵忠贤提出了高温高压合成结合轻稀土元素替代的方案，并组织团队全力以赴，很快将铁基超导体的临界温度提高到50K以上，创造了大块铁基超导体55K的纪录并保持至今。

赵忠贤团队为确认铁基超导体为第二个高温超导家族提供了重要依据，引领了国际高温超导研究领域的第二次突破。我国科学家还对铁基超导体若干基本物理性质进行了深入研究，确认了它的非常规性。赵忠贤小组的成果作为"40K以上铁基高温超导体的发现及若干基本物理性质研究"的重要部分，荣获2013年度国家自然科学一等奖。

如今，已过古稀之年的赵忠贤仍然在奇妙的超导世界中探索……他希望找到新的组合，寻找到临界温度更高、能广泛应用于实际生活的超导体；同时搞清楚超导机理，关注新材料、新现象，为超导研究的第三次突破提供信息。

"选择了科研道路，就要安下心来，不能心猿意马"

赵忠贤的团队成员、超导国家重点实验室研究员董晓莉对赵忠贤充满了由衷的敬佩：赵老师对超导历史很熟悉，不仅记得像元素组成、超导温度这些重要参数，对很多超导体也可以随口报出发现年代、发现者的名字，可谓如数家珍。

专注，也是赵忠贤总结自己研究工作时最喜欢用的一个词。他常说，选择了科研道路，就要安下心来，不能心猿意马。

由于超导机理仍然是个谜，发现超导材料，多数时候凭的是直觉。40多年的钻研和积累，让赵忠贤培养出超出常人的直觉。

21世纪初，MgB_2、$NaCoO_2$ 等超导体被发现，但这两个体系都不是四方结构，和赵忠贤探索高温超导的想法不一致，就没安排团队全部投入。看到日本团队报道了四方结构的铁基超导体，他很快提出高温高压合成结合轻稀土替代的实验方案，组织团队全力以赴。

"搞研究，长期积累到一定节点后，在认识上就会有一个升华。发现超导材料并没有理论规律可循，只可意会不可言传。"赵忠贤说。

荣誉等身，赵忠贤从未自满。他常说，自己就是个普通人。荣誉归于国家，成绩属于集体，自己只是其中的一分子。他还常常提醒前来采访的记者："别光报道我，多看看我身后那些没露面的人。"面对媒体的聚焦，老先生坦率而诚挚……他说，自己做研究从来没想过要得什么奖，能为人类文明添砖加瓦、满足国家重大需求，这辈子很值。

《人民日报》（2017年1月10日，记者：喻思娈）

四十年专注一件事

1989年，赵忠贤院士第一次为公众所熟知，是因为他带领的中科院物理所团队凭借"液氮温区氧化物超导体的发现及研究"斩获国家自然科学一等奖。

时隔25年，赵忠贤领衔的研究团队因"40K以上铁基高温超导体的发现及若干基本物理性质研究"方面的突出贡献，再次荣获国家自然科学一等奖。

自1964年从中国科学技术大学技术物理系毕业后，除了中途有五年搞国防任务，赵忠贤一直在中国科学院物理研究所从事超导研究，算算已有40余年。

克难攻坚充满信心，跻身世界先进

谈及成功，赵忠贤说，靠的是坚持、有好的合作者和运气。

超导现象指在一定的低温状态下，某些材料中的电子可以无阻地流动，表现出零电阻现象。在世界各国科学家的努力下，超导体的相关研究不断取得突破，不仅表现在基础研究方面，还开拓了技术应用领域。

赵忠贤从1976年开始从事高临界温度超导体的研究。10年以后，他与合作者发现了液氮温度超导体并率先在国际上公布其化学组成。

"1986年4月，瑞士科学家穆勒和柏诺兹发现Ba-La-Cu-O材料在35K（开尔文，热力学温度单位）时开始出现超导现象。9月底，我看到他们的论文后，马上找到陈立泉等同事开始铜氧化物超导体研究工作。"赵忠贤回忆说。

1986年底到1987年初，赵忠贤和同事们夜以继日地奋战在实验室中。饿了，就煮面条；累了，轮流在椅子上打个盹。在最困难的时候，他们充满信心，相互鼓励："别看现在这个样品不超导，新的超导体很可能就诞生在下一个样品中。"

辛勤的工作与执着的探索终于换来了令人期待的成果——Ba-La-Cu-O系列材料中有70K的超导迹象。紧接着，1987年初，他们获得了起始转变温度在100K以上的超导体。1988年春，他们又率先获得转变温度在120K的铋系和铊系氧化物超导体。

就这样，以赵忠贤为代表的中国科学家跻身于世界超导研究的先进行列。

热的时候坚持，冷的时候也要坚持

在讲述自己40余年的超导研究历程时，赵忠贤反复提到一个词——坚持。

20世纪90年代中后期，国际物理学界在通过铜氧化物超导体探索高温超导机理的研究上遇到了瓶颈，相关研究进入低谷。国内的研究也受了影响，很多团队解散。

"热的时候坚持，冷的时候也坚持。"赵忠贤带领超导团队却坚守这块阵地，持之以恒地进行实验。无数次的制备、观察、放弃、重新开始……经费有限，项目组使用的基础设备还是赵忠贤趁着"大减价"时淘换下来的老装备。"虽然很土，但是很管用。"赵忠贤说。

幸而，在这样的坚持下，一个个崭新的成果接踵而来。

2008年，日本科学家发现在掺氟的镧氧铁砷材料中存在26K的超导性。随即，中国科学家把超导临界温度提到高于传统超导体的40K的理论极限。此后，赵忠贤又提出高压合成结合轻稀土替代的方案，并率领团队很快将超导临界温度又提高到50K以上，也创造了55K的铁基超导体转变温度的世界纪录，并保持至今。

选择科研道路，就不心猿意马

"人活着要吃饭，将个人的兴趣与生计结合起来是最理想的选择，而我恰巧很幸运。"赵忠贤说，"快乐在于每天都面对解决新问题的挑战。"

科研之路艰难漫长，正因这些挑战的快乐，他从不灰心、不放弃，总是满怀希望。

"打个不一定恰当的比喻：我们口袋里装着许多把钥匙，同时还在不断地制造出新的钥匙，而只有其中一把能够开启科学之门。我们要做的，就是不懈努力，制造、修改每一把钥匙，直到打开这扇大门。也许，此前试验过的那么多钥匙都失败了，于是有人选择了放弃——但谁又能肯定，接下来这把钥匙不会解开未知之谜呢？"赵忠贤说。

在赵忠贤看来，搞科研最重要的一点是能够迅速抓住问题的本质，并驾驭自己的知识和能力去解决它。赵忠贤时常勉励后辈，要有远大的目标，更要脚踏实地去工作。"现在社会上各种诱惑很多，但既然选择了科研这条道路，就要安下心来，不要心猿意马。"

如今已过70岁的赵忠贤把更多的精力投入为年轻人把握科研方向和营造好的科研环境上。他说："虽然超导研究的两次热潮我都赶上了，而且也都做出了成绩，但仔细分析我也错过了好多机会。我希望将自己的这些经验教训分享给年轻科研工作者，让他们能少走些弯路，取得更大的成绩。"

《人民日报》(2014 年 8 月 12 日，记者：吴月辉)

屠呦呦

——抗疟药青蒿素和双氢青蒿素的发现者

　　创建的低温提取青蒿抗疟有效部位的方法，成为青蒿素发现的关键性突破。青蒿素的发现标志着人类抗疟药物发展的新方向，她也因此获2015年诺贝尔生理学或医学奖。

"青蒿素——中医药献给世界的一份礼物"

屠呦呦，1930年12月生，浙江省宁波市人，中国中医科学院终身研究员、青蒿素研究中心主任。50多年来，她带领团队攻坚克难，让青蒿举世闻名；2015年，荣获诺贝尔生理学或医学奖；2017年，荣获2016年度国家最高科学技术奖；2019年，荣获"共和国勋章"。

2020年12月30日，是屠呦呦90岁生日。她收到一份特别的生日礼物：屠呦呦研究员工作室在中国中医科学院中药研究所揭牌。她毕生只致力于一件事——青蒿素及其衍生物的研发，如今依然潜心于此……

"我学了医，不仅可以远离病痛，还能救治更多人"

"呦呦鹿鸣，食野之蒿"。屠呦呦的名字，注定她与青蒿一生结缘。

1930年12月，屠呦呦出生于浙江宁波。"女诗经，男楚辞"是中国人古已有之的取名习惯，屠呦呦父亲从《诗经·小雅》中撷取"呦呦"二字。父亲又对了一句"蒿草青青，报之春晖"。他未曾料到，这株"小草"，改变了她的命运。

屠呦呦的求学之路曾被一次疾病中断。16岁时，她不幸染上肺结核，经过两年多的治疗调理才康复。这次经历，让她对医药学产生了兴趣。"我学了医，不仅可以远离病痛，还能救治更多人，何乐而不为呢？"从此，屠呦呦决定向医而行……

1951年，屠呦呦考入北京大学医学院药学系（现北京大学医学部药学院），选择了冷门专业——生药学。多年以后，屠呦呦说，这是她最明智的选择。

1955年大学毕业后，屠呦呦被分配至原卫生部中医研究院（现中国中医科学院）中药研究所，工作至今。参加工作4年后，屠呦呦成为原卫生部组织的"中医研究院西医离职学习中医班第三期"学员，系统学习中医药知识，发现青蒿素的灵感也由此孕育。

培训之余，她常到药材公司去，向老药工学习中药鉴别和炮制技术。药材真伪、质量鉴别、炮制方法等，她都认真学、跟着做。这些平日的积累，为她日后从事抗疟项目打下了扎实基础。

"我是组长，我有责任第一个试药"

1972年7月，北京东直门医院住进了一批特殊的"病人"，包括屠呦呦在内的科研人员，要当"小白鼠"试药。屠呦呦毫不犹豫地说，"我是组长，我有责任第一个试药！"这段故事，还要从"523"项目说起。

1969年1月，39岁的屠呦呦突然接到紧急任务：以课题组组长的身份，与全国60家科研单位、500余名科研人员一起，研发抗疟新药。项目就以1967年5月23日开会日期命名，遂为"523"项目。

最初阶段，研究院安排屠呦呦一个人工作。她仅用了3个月时间，就收集整理了2000多个方药，并以此为基础编撰了包含640种药物的《疟疾单秘验方集》，送交"523"办公室。经过两年时间，她的团队逐渐壮大，历经数百次失败，屠呦呦的目光锁定中药青蒿：她们发现青蒿对小鼠疟疾的抑制率曾达到68%，但效果不稳定……

说起研究的艰辛，屠呦呦老伴李廷钊记忆犹新：为了寻找效果不稳定的原因，屠呦呦再次重温古代医书。东晋葛洪的《肘后备急方》中几句话引起她注意："青蒿一握，以水二升渍，绞取汁，尽服之。"

"其一是青蒿有品种问题。中药有很多品种，青蒿到底是蒿属中的哪一种？其二，青蒿的药用部分，《肘后备急方》提到的绞汁到底绞的是哪部分？其三，青蒿采收季节对药效有什么影响？其四，最有效的提取方法是什么？"屠呦呦说。

屠呦呦反复考虑这些问题，最终选取了低沸点的乙醚提取。经历多次失败后，终于在1971年10月4日，编号191号的乙醚中性提取样品，对鼠疟和猴疟的抑制率都达到了100%。

尽管有了乙醚中性提取物，但在个别动物的病理切片中，却发现疑似的副作用。只有确证安全后才能用于临床。疟疾有季节性，一旦错过当年的临床观察期，就要再等一年。于是，屠呦呦向领导提交了志愿试药报告，也带动同事参与。

"虽然发现青蒿素快半个世纪了，但其深层机制还需要继续研究"

然而，青蒿素的首次临床观察出师不利。

1973年9月，在海南的第一次青蒿素片剂临床观察中，首批实验的5例恶性疟疾只有1例有效，2例有一些效果，但是疟原虫并没有被完全杀灭，另2例无效。

一连串疑问困扰着屠呦呦：不是青蒿素纯度的问题，也不是动物实验和数据的问题，难道是剂型？海南临床试验人员把片剂寄回北京，大家感觉片剂太硬，用乳钵都难以碾碎，显然崩解度问题会影响药物的吸收。于是，屠呦呦决定将青蒿素药物单体原粉直接装入胶囊，再一次临床试验。这次，患者在用药后平均31个小时内体温恢复正常，表明青蒿素胶囊疗效与实验室疗效是一致的。

从化学物质到药物的转变，青蒿素研究永无止境。1982年，屠呦呦以抗疟新药——青蒿素第一发明单位第一发明人身份，在全国科学技术奖励大会上领取了发明证书及奖章。青蒿素的研制成功，为全世界饱受疟疾困扰的患者带来福音。据世界卫生组织统计，现在全球每年有2亿多疟疾患者受益于青蒿素联合疗法，疟疾死亡人数从2000年的73.6万人稳步下降到2019年的40.9万人。青蒿素的发现挽救了全球数百万人的生命。

屠呦呦获得2015年诺贝尔生理学或医学奖。在瑞典卡罗林斯卡医学院的诺奖演讲台上，第一次响起清正柔婉的中国声音；屠呦呦的学术报告的标题是"青蒿素——中医药献给世界的一份礼物"。

面对荣誉，屠呦呦一如既往地淡定。"共和国勋章"颁发人选公示前，评选组曾经联系过屠呦呦。当时，她一遍遍确认着一系列问题：这么重要的荣誉，我够格吗？组织上有没有征求大家的意见？……直到对方一再确认保证，她才同意接受。

居住在北京市朝阳区一栋普通居民楼里，屠呦呦依然没有习惯成为一位"明星"科学家，她的精力依然在科研。在屠呦呦的不断努力下，2019年8月，中国中医科学院在北京大兴举行了青蒿素研究中心奠基仪式；愿景中的研究中心白色的主楼就像一棵生机勃勃的青蒿。

"虽然发现青蒿素快半个世纪了，但其深层机制还需要继续研究。"屠呦呦盼望后辈有所突破。

2019年4月25日是第十二个世界疟疾日，中国中医科学院青蒿素研究中心和中药研究所的科学家在《新英格兰医学杂志》（NEJM）上提出了"青蒿素抗药性"的合理应对方案。由特聘专家王继刚研究员为第一作者，屠呦呦指导团队完成。未来青蒿素的抗疟机理将是她和科研团队的攻关重点。

一株济世草，一颗报国心。应对新冠肺炎疫情，屠呦呦呼吁：全球科研和医务工作者，要以开放态度和合作精神，投入到重大传染病防治中去……

《人民日报》（2021年2月4日，记者：王君平）

与青蒿结缘　用中医药造福世界

疟疾，世界上最主要的高死亡率传染病。青蒿素的发现，为世界带来了一种全新的抗疟药。以青蒿素为基础的联合疗法已经成为疟疾的标准治疗方法，在过去的20多年间，青蒿素联合疗法在全球疟疾流行地区广泛使用。据世卫组织不完全统计，青蒿素在全世界已挽救了数百万人的生命，每年治疗患者数亿人。

"中医药人撸起袖子加油干，一定能把中医药这一祖先留给我们的宝贵财富继承好、发展好、利用好。"中国中医科学院终身研究员、国家最高科学技术奖获得者、诺贝尔生理学或医学奖获得者屠呦呦的声音铿锵有力。60多年来，她从未停止中医药研究实践。

"没有行不行，只有肯不肯坚持"

2015年10月5日，瑞典卡罗林斯卡医学院诺贝尔奖委员会宣布将诺贝尔生理学或医学奖授予屠呦呦以及另外两名科学家，以表彰他们在寄生虫疾病治疗研究方面取得的成就。

这是中国医学界迄今为止获得的最高奖项，也是中医药成果获得的最高奖项。屠呦呦说："青蒿素是人类征服疟疾进程中的一小步，是中国传统医药献给世界的一份礼物。"

20世纪60年代，在氯喹抗疟失效、人类饱受疟疾之害的情况下，在中医研究院中药研究所任研究实习员的屠呦呦于1969年接受了国家疟疾防治项目"523"办公室艰巨的抗疟研究任务。屠呦呦担任中药抗疟组组长，从此与中药抗疟结下了不解之缘。

由于当时的科研设备比较陈旧，科研水平也无法达到国际一流水平，不少人认为这个任务难以完成。只有屠呦呦坚定地说："没有行不行，只有肯不肯坚持。"

通过整理中医药典籍、走访名老中医，她汇集了640余种治疗疟疾的中药单秘验方。在青蒿提取物实验药效不稳定的情况下，出自东晋葛洪《肘后备急方》中对青蒿截疟的记载——"青蒿一握，以水二升渍，绞取汁，尽服之"——给了屠呦呦新的灵感。

通过改用低沸点溶剂的提取方法，富集了青蒿的抗疟组分，屠呦呦团队最终于1972年发现了青蒿素。据世卫组织不完全统计，在过去的20年里，青蒿素作为一线抗疟药物，在全世界已挽救数百万人生命，每年治疗患者数亿人。

"研究成功是当年团队集体攻关的结果"

每当谈起青蒿素的研究成果，屠呦呦总是会说："研究成功是当年团队集体攻关的结果。"而鲜为人知的是，起步时的屠呦呦团队只有屠呦呦和两名从事化学工作的科研人员，后来才逐步成为化学、药理、生药和制剂的多学科团队。

中国中医科学院首席研究员、青蒿素研究中心学术委员会主任姜廷良说："对青蒿素作用机理的研究，需要'大协作'思维。"在这样的思路下，屠呦呦的团队结构发生了变化。

目前，屠呦呦团队共30多人，这些研究人员并不局限于化学领域，而拓展到药理、生物医药研究等多个学科，形成多学科协作的研究模式。屠呦呦介绍，未来青蒿素的抗疟机理将是她和科研团队的攻关重点。

"在对青蒿素抗疟机理研究方面，我们目前正在深入探讨'多靶点学说'，并已取得一定研究进展。"中国中医科学院研究员、青蒿素研究中心学术委员会副主任廖福龙说，"青蒿中除青蒿素以外的某些成分虽然没有抗疟作用，但却能促进青蒿素的抗疟效果。"

不仅如此，科研人员在对双氢青蒿素的深入研究中，发现了该物质针对红斑狼疮的独特效果。屠呦呦介绍，根据现有临床探索，青蒿素对盘状红斑狼疮和系统性红斑狼疮有明显疗效。

据中国中医科学院中药研究所透露，"双氢青蒿素治疗红斑狼疮"已获国家食品药品监督管理总局批复同意开展临床试验。这也是双氢青蒿素被批准为一类新药后，首次申请增加新适应症。

"未来我们要把青蒿素研发做透"

世界卫生组织发布的《2018年世界疟疾报告》显示，全球疟疾防治进展陷入停滞。多项研究表明，在大湄公河次区域等地区，出现不同程度的对青蒿素联合疗法的抗药现象。

2019年4月25日，第十二个世界疟疾日，中国中医科学院青蒿素研究中心和中药研究所的科学家们在国际权威期刊《新英格兰医学杂志》（NEJM）提出了"青蒿素抗药性"的合理应对方案。

屠呦呦团队提出，面对"青蒿素抗药性"现象，延长用药时间，疟疾患者还是能够被治愈。除此之外，现有的"青蒿素抗药性"现象在不少情况下其实是青蒿素联合疗法中的辅助药物发生了抗药性。针对这种情况，更换联用疗法中的辅助药物，就会取得更好的效果。

屠呦呦说，青蒿素价格低廉，每个疗程仅需几美元，适用于疫区集中的非洲广大贫困地区人群。因此研发廉价青蒿素联合疗法对实现全球消灭疟疾的目标意义非凡。

"中国医药学是一个伟大宝库，青蒿素正是从这一宝库中发掘出来的。未来我们要把青蒿素研发做透，把论文变成药，让药治得了病，让青蒿素更好地造福人类。"屠呦呦说。

（据新华社北京9月24日电，记者：侠克）

《人民日报》（2019年10月5日）

于敏

我国核武器研究和国防高技术发展的领军人物之一

　　20世纪60年代起，他投身于我国核武器事业，长期领导并参加核武器的理论研究和设计。隐姓埋名28年，他填补了中国原子核理论的空白，为氢弹突破作出卓越贡献。

他的名字曾绝密二十八年

在1988年被媒体报道以前，很少有人知道于敏是谁，更少有人了解他在做什么，连他的妻子孙玉芹都说："没想到老于搞这么高级的秘密工作。"

于敏从事的"高级的秘密工作"是研究氢弹和核武器。

于敏的科研生涯始于著名物理学家钱三强任所长的近代物理所。在原子核理论研究领域钻研多年后，1961年，钱三强找他谈话，将氢弹理论探索的任务交给了他。从那时起，于敏转向研究氢弹原理，开始了隐姓埋名的28年。

当时的核大国对氢弹研究绝对保密，造氢弹，我国完全从一张白纸起步。

由于大型计算机机时非常紧张，为了加快研究，于敏和团队几乎时刻沉浸在堆积如山的数据计算中。1965年9月，上海的"百日会战"最终打破僵局：于敏以超乎寻常的直觉，从大量密密麻麻、杂乱无章的数据中理出头绪，抽丝剥茧，带领团队形成了基本完整的氢弹理论设计方案。

然而，设计方案还需经过核试验的检验。西北核武器研制基地地处青海高原，在那里，科研人员吃的是夹杂沙子的馒头，喝的是苦碱水，茫茫戈壁飞沙走石，大风如刀削一般，冬天气温低至零下30摄氏度，道路冻得像搓板。于敏的高原反应非常强烈，食无味、觉无眠，从宿舍到办公室只有百米路，有时要歇好几次、吐好几次。即便如此，他仍坚持解决完问题才离开基地。

1967年6月，我国第一颗氢弹空投爆炸试验成功，中国成为世界上第四个拥有氢弹的国家。从第一颗原子弹爆炸到第一颗氢弹试验成功，美国用了7年多，中国仅仅用了两年零八个月。

1969年，于敏带领团队来到了四川绵阳的深山里，研究核武器。他判断，"核武器已进入了一个新的阶段，如果丧失威慑能力，我们就要重新受到核讹诈。"

他不敢停止脚步。但长期在艰苦环境里工作，他的身体变得越来越虚弱，曾多次与死神擦肩而过。

1969年初，在首次地下核试验和大型空爆热试验时，于敏上台阶都要用手抬着腿才能慢慢上去，同事都劝他休息，他坚持要到小山冈上观测火球。由于操劳过度，在工作现场，他几近休克。1971年10月的一天深夜，于敏再次因为过度劳累休克……

2015年1月，89岁的于敏荣获2014年度国家最高科学技术奖。他坐在轮椅上，华发稀疏，满脸谦逊祥和。上一次像这般"抛头露面"，还是1999年，在表彰为研制"两弹一星"作出突出贡献的科技专家大会上，他被授予"两弹一星"功勋奖章，并代表23位获奖科学家发言。对于敏而言，他并不习惯这样的场合，在隐姓埋名的那些年里，默默耕耘的他"沉"在深处很自在。2019年1月16日，于敏溘然长逝，享年93岁。

《人民日报》（2021年1月6日，记者：喻思南）

惊天事业，沉默人生

离乱中寻觅一张安静的书桌，未曾向洋已砺就锋锷。受命之日，寝不安席，当年吴钩，申城淬火，十月出塞，大器初成。一句嘱托，许下一生；一声巨响，惊诧世界；一个名字，隐形近30载。

不为物欲所惑，不为权势所屈，不为利害所移，宁静致远，淡泊明志，终成一番大业。他是中国科学院学部委员（院士）、国家最高科技奖获得者、"共和国勋章"获得者于敏。

"两弹一星"功勋奖章、国家最高科学技术奖获得者，国防科技事业改革发展的重要推动者，9月17日，于敏的荣誉簿上又添重要一笔——"共和国勋章"获得者。

生前面对荣誉，于敏始终淡然处之，他说："一个人的名字，早晚是要没有的，能把微薄的力量融进祖国的强盛之中，便足以自慰了。"

他，半个世纪与核共舞，干着惊天的事业，名字却"隐形"长达28年。

肩负重任，祖国的需要高于一切

"55年前，我从莫斯科留学回来后进入核武器研究院理论部接触到于敏，从核武器到激光研究，我和他一直密切配合，并在他的指导下工作。"中国工程院院士杜祥琬告诉记者，于敏比自己大12岁，理论部有一个传统，都不称官衔，当时大家叫于敏"老于"。

杜祥琬说，非宁静无以致远，是老于生前特别喜欢的格言，也是他事业和人生的写照。

1961年1月，于敏迎来人生中一次重要转型——作为副组长领导和参加氢弹理论的预先研究工作。

在杜祥琬看来，对一个刚刚崭露头角的青年科学家来说，这次转型意味着巨大牺牲，核武器研制集体性强，需要隐姓埋名常年奔波。

尽管如此，于敏不假思索接受了任务，从此名字"隐形"长达28年。

在研制核武器的权威物理学家中，只有于敏未曾留过学。一个日本代表团访华时，称他是"土专家一号"。于敏对此颇多感触。"在我国自己培养的专家中，我是比较早成熟起来的，但'土'字并不好，有局限性。"于敏说，科学研究需要各种思想碰撞，在大的学术气氛中，更有利于成长。

由于保密和历史的原因，于敏直接带的学生不多。

培养的唯一博士蓝可毕业时，于敏亲自写推荐信，让她出国工作两年，开阔眼界，同时不忘嘱咐："不要等老了才回来，落叶归根只能起点肥料作用，应该开花结果的时候回来。"

百日会战，形成氢弹设计方案

在国际上，氢弹是真正意义上的战略核武器，氢弹研究被核大国列为涉及国家安全的最高机密。

没有任何经验可以借鉴。于敏虽然基础理论雄厚、知识面宽，但对系统复杂的氢弹仍然陌生。

1965年9月底，于敏带领理论部几十位同志一起去上海华东计算技术研究所做计算物理实验，计算哪一个氢弹原理是可行的，创造历史的"百日会战"开始了。

当时计算机性能不稳定，机时又很宝贵，不到40岁的于敏在计算机房值大夜班（连续12小时），一摞摞黑色的纸带出来后，他趴在地上看，仔细分析结果。

核武器的结构有很多层，各种材料爆炸以后，每一个时间点、空间点上，都有它的温度、速度、压力、加速度等物理量。于敏突然发现，某个量从某个点开始突然不正常了。大家马上去查原因。杜祥琬去查方程、参数，没有发现错误；做计算数学、编程序的人去查原因，也没发现错误。最后检查发现，原来一个加法器的原件坏了，换掉这个晶体管，物理量马上就正常了。"这件事给我留下了非常深刻的印象。于敏高人一筹的地方，就是对物理规律理解得非常透彻。他总是那个能踢出临门一脚的人。"杜祥琬说，"尽管老于不愿称呼自己为'氢弹之父'，但在氢弹研制过程中，他的确起到了关键作用。"

最终，于敏挑出了3个用不同核材料设计的模型，并且剥茧抽丝，让氢弹构型方向越来越清晰，和团队形成了从原理、材料到构型完整的氢弹物理设计方案。

爆炸成功，创下最短研究周期纪录

于敏从事的是武器理论设计，但他对实验相当重视。为了研制第一代核武器，于敏八上高原，六到戈壁，拖着疲弱的身子来回奔波。

1966年12月28日，我国首次氢弹原理试验，为确保能拿到测试结果，试验前于敏顶着戈壁滩零下三四十摄氏度的刺骨严寒，半夜爬上102米的铁塔顶端，检查和校正测试项目屏蔽体的摆置。

西北核武器研制基地地处青海高原，于敏高原反应非常强烈。他每餐只能吃下一二两米饭。食无味、觉无眠，从宿舍到办公室只有百米，有时要歇好几次，吐好几次。即便如此，他仍坚持到技术问题解决后才离开基地。

1967年6月17日，罗布泊沙漠腹地，一朵巨大无比的蘑菇状紫色烟云产生的强烈冲击波卷起沙尘，以雷霆万钧之势横扫戈壁滩。

我国第一颗氢弹爆炸成功了。那一刻，于敏并没有在现场，而是在2500多公里外的北京。一直守在电话机旁的他得知爆炸的威力和自己计算的结果完全一致，长长地舒了口气。

从第一颗原子弹成功爆炸到氢弹爆炸成功，我国仅用时26个月，创下了全世界最短的研究周期纪录。这对超级大国的核讹诈、核威胁是一记漂亮的反击。

敏锐严谨，让核武器科研少走弯路

20世纪60年代以来，于敏承担的全是体现国家意志的科研任务，不能有丝毫的疏漏和马虎。

"他多次说，要防止'落入悬崖（指风险区）'，防止功亏一篑。"杜祥琬说，老于的治学作风极为严谨，这不仅是科学家的一个基本素质，也源于他对事业的高度负责精神。

第一颗氢弹只是试验装置，尺寸重量较大，还不能用作导弹运载的核弹头，属于第一代核武器。要与运载装置导弹适配，核装置还必须提高威力并小型化，发展第二代核武器，难度大大增加。

20世纪70年代末80年代初，因为种种原因，一大批优秀的科学家和科技骨干相继调离，于敏被任命为核武器研究院副院长兼核武器理论研究所所长，全面负责领导突破二代核武器初级和次级原理，发挥两个至关重要的作用：决策、把关。

干着第一代，看着第二代，想着第三代甚至第四代，于敏对核武器发展有着独到的眼光和敏锐的判断。

相比美苏上千次、法国200多次的核试验次数，我国的核试验次数仅为45次，不及美国的1/25。

"我国仅用45次试验就达到国际先进水平，很大功劳应归于老于。"与于敏共事过的郑绍唐老人说，核试验用的材料比金子还贵，每次核试验耗资巨大，万一失败，团队要好几年才能缓过劲来。老于选择的是既有发展前途，又踏实稳妥的途径，大多时间是在计算机上做模拟试验，集思广益，保证了技术路线几乎没有走过弯路。

杜祥琬至今保留着1992年的一份谈话记录。"当时我起草了一份事关重大的'决策建议'初稿，送老于阅改，他对其中几个不确切的提法，一一作了修改，并说明了修改的道理。"在杜祥琬看来，对这种科学性很强、责任又很重的工作，严格和谨慎是绝对必要的。"近年来，我国学术界越来越意识到抑制学术浮躁的重要性，我没有问过于敏，但我想，他也许根本不知道'学术浮躁'为何物。搞学术怎么可以浮躁呢，浮躁怎么可能做出真正的学术成果呢？"

《科技日报》（2019年9月24日，记者：陈瑜）

张存浩

我国高能化学激光、分子反应动力学奠基人之一

他接手的第一份工作，是解决中国石油资源匮乏和朝鲜战争对燃料供给的双重压力。20世纪60年代，中国急需独立自主发展国防技术，他迅速转向火箭推进剂和燃速理论研究。70年代，他又转入化学激光的基础和应用研究。

风度翩翩铸伟业

——记国家最高科学技术奖获得者张存浩

张存浩，山东无棣人，1928年2月出生，1947年毕业于南京大学的前身中央大学化工系，1950年获美国密西根大学硕士学位。1950年回国后，曾担任中国科学院大连化学物理研究所所长，国家自然科学基金委员会主任，中国科学院学部主席团成员及化学部主任，中国科协副主席，国务院学位委员会委员，国际纯粹与应用化学联合会执行局成员等职。现任中国科学院大连化学物理研究所研究员，北京分子科学国家实验室（筹）理事长。1980年当选中国科学院化学部学部委员（院士），1992年当选第三世界科学院院士。

"真正优秀的科学家应该既是充满自信的，又是高度谦逊的。"

——张存浩

眼前这位老人满头银发，多数时候安然静坐。听到他的老伙伴、中国科学院院士何国钟和博士石文波对他的溢美之词，他微笑着注视对方，不断谦逊地欠身点头回礼。

他就是张存浩——今年国家最高科学技术奖的获得者，中国科学院院士、我国著名物理化学家，我国化学激光的奠基人、分子反应动力学的奠基人之一，也曾是国家自然科学基金委员会第二届和第三届的主任、党组书记。

"请让我讲讲我们的故事"

张存浩给人的印象，可以用他曾经的秘书郑永和不断提到的一个词——"风度"来概括。

张存浩的目测身量约1米80，尽管背已略显佝偻，但举步之间，仍有儒雅的外交家风范，他也的确是个出色的"外交家"。

张存浩1948年赴美留学，先入爱阿华州大学化学系，后转到密西根大学化工系读研究生，1950年8月获密西根大学化学工程硕士学位，那时他刚年满22岁。早年的留学经历，赋予他熟稔的语言技能，加上他良好的个人修养，让他与外国人打交道时，能游刃有余。在担任国家自然科学基金委员会主任期间，他曾数次出国访问。每每在被外国科学家以封闭会议、不对外开放的理由拒之门外时，张存浩总是彬彬有礼地吐出一句："请让我为你讲讲我们的故事。"然后他就会将中国科学家所做的研究娓娓道来。当他用娴熟的英语讲完故事后，会议的大门往往也随之向他敞开。

张存浩谦逊、宽和的性格，不仅能博得外国人的好感，也同样让他身边的人如沐春风。

"真正优秀的科学家应该既是充满自信的，又是高度谦逊的。"在《我和科学基金——十五年回眸》一文中，张存浩写道，"对同行、同事和下级的尊重就是一种应有的谦逊，它能够引导出更高的凝聚力。"

作为张存浩在大连化物所工作期间的老下属和搭档，何国钟深刻体会到了这种尊重。20世纪60年代，张存浩在水煤气合成液体燃料方面的研究已达国际领先水平。为了国家需要，他转向一个全新的研究领域——火箭推进剂，何国钟成为他的搭档。他们提出了固体推进剂的多层火焰燃烧模型和理论，第一次揭示了侵蚀燃烧现象中临界流速存在的根源。这些成果，破解了当时我国亟待解决的火箭推进剂燃烧过程中的关键问题。然而，当这个项目在1968年申报国家自然科学奖时，作为项目的带头人，张存浩将自己列在第四位，而将何国钟的名字放在了第一位。如今已是中科院院士的何国钟，提起往事，仍对张存浩钦佩不已。

除了不争抢功劳，他也不计较研究成果的署名。1984年，在张存浩的力荐下，当时还在中科院青海盐湖所工作的朱清时被调到了中科院大连化物所。作为研究室主任和研究激光光谱学的同行搭档，张存浩还尽力为其争取来了傅立叶变换光谱仪和燃料激光机等仪器。在张存浩的直接关心和支持下，朱清时的研究工作进入了一个新阶段。然而，当年得知朱清时在将要发表的论文上署了他的名字时，张存浩拒绝了。

对于此次获得国家最高科技奖，张存浩的态度一以贯之地谦虚，他说："这个荣誉是属于集体的，既是属于大连化物所这个小集体，也是属于国家这个大集体。我也并不觉得很兴奋，眼前的路还很长，还要戒骄戒躁。"

在张存浩的夫人迟云霞眼里，丈夫是个绝对的好人。在两人59年的婚姻生活中，"从来不像别的夫妻还拌嘴"。在被问到获得了国家最高科技奖这项荣誉，最想对身边的夫人迟云霞说些什么时，张存浩侧身注视着夫人，双手团握住夫人的手，语气真诚："我万分感谢我的夫人，没有她的支持，我万万做不到这一点。"

"不入虎穴　焉得虎子"

这样一个风度翩翩、圆融通达的人，在面对自己的理想时，却有着旁人无法撼动的坚定抉择。

张存浩9岁时被送到在重庆大学任教的姑父家抚养，一直到他考入大学。他的姑父傅鹰是享誉中外的物理化学家；姑母张锦是中国有机化学领域较早的女博士、教授。当他在美国读完硕士时，正值朝鲜战争爆发，他料定美国将会阻止中国留学生归国，想放弃深造的机会，立即回国。但他的姑母张锦坚持要求他念完博士，他没有向姑母妥协，毅然回国。

在北京，他遇到了东北科研所大连分所（中国科学院大连化学物理研究所前身）所长张大煜，并应邀到大连参观。在大连分所，张存浩看到了很多当时在国际上都堪称精良的先进仪器设备，认定这里是做科研的好地方。再一次，他为自己的理想作出了抉择——谢绝北京大学等京区4所著名高校和科研单位的聘请，告别姑父、姑母，只身奔赴大连。

1973年，大连化物所组建激光化学实验室，任命张存浩为室主任。张存浩认为化学激光的能量来自化学反应，放大规律比较容易掌握，实用性很强，正是国家战略需要的前沿课题。然而，要开始这项研究，却"资料、仪器、设备样样都缺，什么都没有"。但愈是新的、难的前沿研究，张存浩就愈不惧怕。他常说，"在科研上，一样'不入虎穴，焉得虎子'"。

当时，超音速燃烧型氟化氢/氟化氘激光器的研制在国外也刚刚起步。他大胆选择不依靠国外文献的路子，自己独立摸索进行燃烧体系研究。在研制过程中，张存浩对科技创新有了全新的认识："有时我们要走与外国人不同的技术路线，并不是我们想要标新立异，而是因为外国人在关键技术的应用研究上常常是把走不通的路线发表了，而把走通了的路线严格封锁起来。所以在确定研究路线时，一定要解放思想，保持清醒的头脑。"

此后，他率领团队解决了化学激光关键技术，并成功研制出我国第一台连续波超音速化学激光器，其整体性能指标达到当时世界先进水平；1985年，他在国际上首次研制出放电引发的脉冲氧碘化学激光器；1992年，他领导的团队又研制出我国第一台连续波氧碘化学激光器。在他的带领下，我国激光器整体性能始终保持在国际先进水平。

张存浩还开创了我国分子反应动力学的研究，并在国际上率先提出了近红外化学激光的设想。而后，他又尝试利用拉曼介质与强激光相互作用，发展化学激光特定波长可变的技术。其成果被国际同行高度关注和肯定。

"昨天还为朋友即兴演唱呢"

一个人一生能在某个领域登峰造极，已极为不易，但张存浩的成就却不囿于物理化学领域。他不仅仅是一个科学家，更具有非凡的科研管理才能。在郑永和看来，曾经的老领导张存浩是一位"杰出的战略科学家"。

他在担任国家自然科学基金委员会主任期间，自然科学基金总经费增加了近8倍，先后与35个国家和地区的科技界建立了合作关系，增设管理科学学部，新增了13个资助类别。他两次上书国家领导人，最终申请设立了"国家杰出青年科学基金"。20年来，"杰青"项目共资助了3003名科研人员。这项在基础研究领域以发掘人才著称的资助项目，如今成为国家自然科学基金委员会的品牌。

在任期间，他还推动成立了我国科技管理部门中的第一个专业学风管理机构——国家自然科学基金委员会监督委员会。

在担任张存浩的秘书一职期间，郑永和常常为老领导目光之长远、视野之广阔、知识之渊博而感到震撼。在张存浩的儿子张融眼中，父亲不只在光学、动力学、热力学领域目光敏锐，他还热爱古典音乐，"会唱上千首歌"，还收藏着堪称古董的留声机和很多古典音乐唱片。"昨天还为拜访他的朋友即兴演唱呢。"

科学之真，张存浩在物理化学领域登峰造极；人性之善，他竭力发掘、提拔人才；艺术之美，他对美术和音乐多有涉猎。但张存浩说自己至今仍然"闻过则喜，胜无骄败无馁"。时光虽无情，却无损老人对"真、善、美"的不懈求索。

《光明日报》（2014年1月11日，记者：詹媛）

一生报国　矢志不渝

——记国家最高科学技术奖获得者张存浩

作为我国著名物理化学家、化学激光的奠基人和中国分子反应动力学的奠基人之一，他把一生都奉献给了祖国的科技事业。

面对科技界的不正之风和弄虚作假，他推动成立了国家自然科学基金委员会监督委员会，倡导实事求是的作风和严谨的科学态度，赢得社会赞誉。

他就是中国科学院大连化学物理研究所研究员、中国科学院院士张存浩。

2014年1月10日，这位86岁的老人赢得了他一生最重要的荣誉——

人民大会堂大礼堂的主席台中央，习近平总书记把大红的国家最高科学技术奖的获奖证书交到了张存浩的手中。

"我为自己树立的最大科研人生理想，就是报国"

1928年生于天津，1947年获得中央大学化学工程学士学位，1948年赴美，先入爱阿华州大学，后转入密西根大学，张存浩本应在获得博士学位后回国。然而，1950年，他刚刚获得化学工程硕士学位的时候，朝鲜战争打响了。

面对紧张的中美关系，张存浩不得不重新权衡自己的留学计划。在国家最需要的时候，毅然回到当时条件还十分艰苦的祖国。

1951年春天，张存浩谢绝包括北京大学在内的4所京区高校和研究所的邀请，辞别了家人，来到中国科学院大连化学物理研究所，正式开始了他报效祖国的科研人生。

60多年的科研经历，张存浩将它分为5个阶段：从20世纪80年代前，每10年为一个阶段。每个阶段，他的研究方向不尽相同，而其中有个共同目标，就是满足国家需求。

20世纪50年代，刚刚被分配到"燃料第一研究室"工作的张存浩，毅然接受了大连化学物理研究所所长张大煜院士交下的任务，投身于水煤气合成液体的研究中。

20世纪60年代，国际形势激化，迫使中国独立自主地发展国防技术。张存浩又迅速转向火箭推进剂的研究。

满头银发的张存浩回忆说："当时这方面资料少，我们几乎是从头做起，非常艰难。"然而这项工作受到了周恩来、陈毅的高度期许："这是对我们外交工作的支撑。"

从20世纪70年代至90年代的20多年中，张存浩的科研工作主要集中在激光领域的研究。

回首当年，张存浩说："搞激光比搞火箭推进剂还难，主要是一无所有。资料、仪器、设备样样都缺，光谱仪、示波器什么都没有。"这是一个全新的前沿高技术，以当时的中国科技水平和科研条件来搞这项研究，难度确实很大，而这项工作又需要集成多个学科的知识。对张存浩来说，意味着又一次"改行"。

在研制化学激光的同时，张存浩十分注重化学激光的机理和基础理论研究。

"回国后，做了这么多任务性科研，有没有关注过自己的科学兴趣？"面对记者的提问，张存浩坚定而从容："从青年时代起，为自己树立的最大科研人生理想，就是报国。国家的需要，就是我的研究方向。"

"科学是一个充满惊奇与惊喜的世界，我是一个有激情的人"

多年在大连化物所从事一线科研工作，张存浩认为科学是一个充满惊奇与惊喜的世界。他对自己的评价：一个有激情的人。

1986年到1990年，张存浩出任大连化物所所长，开始了"科研管理一肩挑"的学术生涯。

尽管他身为领导、又是项目负责人，但取得成果和获得的各种重大奖励时，他总是把最大的功劳归于工作在第一线的学生和合作者。学生解金春博士回忆说："获首届吴健雄物理奖的那篇论文，张先生排我为第一完成人，把自己排在最后。这件事让我印象很深。"

张存浩在1991到1999年出任国家自然科学基金委员会主任，在他的倡议下设立了"国家杰出青年基金"。这项基金的设立，一直受到科学界的交口称赞。在他担任基金委主任8年多的时间里，自然科学基金总经费增加了近8倍。

让许多同事念念不忘的是，他在我国科技管理部门中第一个倡议设立了专门从事学风管理的机构——国家自然科学基金委员会监督委员会，保障了国家自然科学基金事业的健康发展，同时也赢得科技界乃至整个社会的赞誉。

张存浩说："60多年的学术生涯，我常常想起那些共同工作的技术人员。他们得到的荣誉少、待遇低，但没有他们协助，也就无法取得科研的成功。一想起他们，我就觉得特别感激。我忘不了他们。"

"时代发展了，应在'国家需求'与'自由探索'间找到平衡"

一生都在围绕国家需求搞科研的张存浩，虽已年迈，仍不忘科研事业和指导年轻人。他说，时代发展了，应该在"国家需求"与"自由探索"间找到一个比例的平衡。

闲暇时间他喜欢唱歌、散步，更多的时间则还是在看书学习。

在他办公室里，有许多来自全国各地孩子或者家长写的感谢信。那稚嫩的文字和笔迹，表达了对这位老科学家默默无私帮助的感念。

在培养青年人才方面，张存浩倾注了大量心血。对真正优秀的青年人才，他是发自内心的爱惜。把获得的何梁何利奖金和在香港等地讲学所得的酬金全部捐赠给了大连化物所设立奖学金，以此激励更多的青年学者发奋学习、献身科研、报效祖国。上海交通大学校长张杰院士曾感激地说："张存浩先生对我们的支持，时时激励着我、温暖着我，使我在回国一年多时间内，与同事们一起用国产元件建成了TW级的飞秒激光装置，并利用这台装置取得了一系列的成果，得到了国际学术界的认可。"

如今，他不顾年事已高，仍活跃在科学研究最前沿，继续追寻着他那强国富民的科学报国梦。

新华网（2014年1月10日，记者：顾瑞珍、吴晶晶）

程开甲

——我国核武器发展的开拓者和奠基人——

　　我国核武器事业开创者、核试验科学技术体系创建者之一。20年隐姓埋名，他先后参与和主持了首次原子弹、氢弹试验等多次核试验，为我国核武器事业和国防高新技术发展作出了卓越贡献。

隐姓埋名的中国"核司令"

假如不是生在乱世，程开甲的人生之路可能会绕开"科学"，也可能与"核"无缘。

1918年，程开甲出生在江苏吴江的一个殷实家庭。年幼时，他调皮、叛逆、不爱学习。到了读书的年龄，他除了玩还是玩，根本不读书，着实让家人着急。

思想转折，出现在中学时期。13岁那年，他成为浙江嘉兴秀州中学的一名学生。入学才几天，日本就悍然发动"九一八"事变。侵略者烧杀抢掠的行径深深刺痛了这位热血少年。那6年间，他开始阅读名人传记，被牛顿、爱因斯坦等科学家追求真理的精神深深打动，渐渐萌发了长大了也当一名科学家的理想。

1937年，程开甲考上浙江大学。此时，战火已烧到了浙江，大学被迫内迁，师生们不得不开始流亡生活。颠沛流离中，他意识到，中国落后挨打的原因是科技落后。

从那时起，他立志"科学救国"。1946年，这个吴江青年远渡重洋，求学英国，师从著名物理学家波恩。

旧中国的孱弱，让身在异国他乡的他备受歧视。新中国的成立，让他看到了中华民族腾飞的希望。

1950年，程开甲婉拒导师挽留，毅然回到当时一穷二白的祖国，先后任教浙江大学、南京大学10年，其间撰写了我国第一部《固体物理学》；1960年，他被一纸命令抽调至北京，从此"消失"在公众视野之外。

3年后，程开甲第一次来到罗布泊。自此，他在这片"死亡之海"潜心开始中国核武器研究和核试验事业。

每次核试验任务，程开甲都会到最艰苦、最危险的一线去检查指导技术工作，多次进入地下核试验爆后现场，爬进测试廊道、测试间，甚至最危险的爆心。

一次，程开甲来到一个施工现场，因为洞内存在高温、高放射性和坍塌等危险，工作人员极力劝阻。他却说："我只有到实地看了，心里才会踏实。"于是，他穿上简陋的防护服，顶着昏暗的灯光进入了洞内。

1964年10月16日，东方一声巨响，罗布泊升起的蘑菇云震惊世界。

我国第一颗原子弹成功爆炸之后，程开甲还参与主持决策了包括氢弹、两弹结合以及地面、首次空投、首次地下平洞、首次竖井试验等多种试验方式的30多次核试验，被称为中国"核司令"。

虽然在参加核武器研究的20多年时间里隐姓埋名，没发表过论文，在学术界销声匿迹。但程开甲经常说，他这辈子最大的幸福，就是自己所做的一切，都和祖国紧紧地联系在一起。

2018年11月17日，101岁的程开甲走完最后的人生路。2019年，中华人民共和国成立70周年之际，这位"两弹一星"元勋被授予"人民科学家"国家荣誉称号。为祖国作出重大贡献的科学家，祖国和人民是不会忘记的。

（新华社电　记者：李国利、王建新）

《人民日报》（2019年12月2日）

我与祖国在一起

在空投核试验中，试验安全是一个非常重要的问题。周恩来总理在听取核试验准备工作时，关切地问空军司令员，安全问题如何？司令员说，这事程开甲同志考虑了，请他汇报。总理用询问的目光看着程开甲同志。程开甲很有信心地表示：安全是完全可靠的。

这位中低个儿、浓眉毛的教授，操着浓重的苏南口音，尽量简明扼要地向周总理谈了安全和试验方案。反复询问好几次，周总理听明白了，笑着让程开甲学点儿普通话，因为他的地方口音很重。

程开甲，当时是南京大学教授，西北核技术研究所的所长。几乎我国每一次核试验，他都在试验现场。鲜为人知的事业，造就了一批中华民族的无名英雄。程开甲就是其中的一个。

多年前的一个盛夏上午，笔者慕名拜访了程开甲教授。

话题依然从口音说起，程开甲笑道："我的讲话不知你们能否听懂。周总理生前交给我的事可以说都完成了。唯独这个口音，说起来很遗憾，恐怕难改了。"

校长高兴地对班上同学说："你们要学习程开甲的刻苦精神。"

程开甲，1918年生于江苏省吴江县盛泽镇一个商人的家庭里。祖父做生意，历尽坎坷，赚了些钱。祖父要父亲考举人、做官，结果他连个秀才也未考取。程开甲七岁时，父亲去世，母亲被逼迫离家。从此，他开始了没有亲生父母疼爱的少年生活。

读私塾，没有辅导，中文底子薄。因家境败落，小学毕业时，程开甲想考花钱少的嘉兴二中，结果不争气，两年未考取。最后，他进入秀州中学。

秀州中学也是嘉兴颇有名气的教会学校。从这里毕业的学生有李政道、陈省身、顾功叙这样的科学家，也有郑三生那样的革命军人。秀州中学的一本

《校庆专辑》中，对程开甲有这样的记载："刚上学时，程开甲同学成绩平平，第二学期开始，情况就变化了。初中毕业时他已名列前茅。"

程教授回忆说，学习虽然也有捷径，但最根本的还是靠刻苦、勤奋。至今他还记得爱因斯坦的话："1%是灵感""灵感还是经验的综合。"他说，在楼梯灯下看书，在厕所里看书，他都干过，夜里经常学习到十一二点。圆周率，他背得过60多位；乘方表，他背得滚瓜烂熟；立方表，他至今记忆犹新；地图，自己绘制；英语百词比赛，他获得第一。甚至《林雨堂英语》他从头到尾背得下来。有一次，英语教师病了，校长顾惠人代课，让程开甲回答问题，结果他对答如流，连以前讲过的都能复述如初。校长高兴地对班上同学说："你们要学习程开甲的刻苦精神。"

程开甲在初三时英语学习虽然成绩不错，但口语不好，参加讲演比赛刚上台讲两句，便卡壳了，红着脸下台。从此，他下决心要争这口气。读、写、背并举，特别要突破朗读、背诵、会话关。结果，高中时，英语演讲比赛在全校获第一名，而且在全省教会中学背诵比赛中出人意外地夺得冠军，为母校增光。

高中毕业，程开甲报考两所学校：一是上海交通大学，二是浙江大学。结果都录取了。刚考试完，程开甲从上海回到家乡，结果"八·一三"事件发生了，日本侵略上海。由于经济原因，因为考取了浙江大学公费生，他就去浙江大学报到。

上了浙大，抗战开始，程开甲跟随学校辗转流亡到大后方。大学一年级时，他们在西天目山一个大庙中上课。第一学期没完，上海失陷，日本人入侵南京。于是浙江大学从建德集中，迁到江西吉安。从此开始了长时期的"流动大学"生活。

在吉安上课两周，又迁到泰和上了七八个月课。到1939年初，又迁到广西柳州北部的宜山。1940年春，又离开宜山到遵义，在遵义蹲了一年半时间。1941年秋，又从遵义搬到贵州西北部的湄潭。就在这年秋天，程开甲毕业。

在一年级的第二学期，程开甲经济上遇到很大困难。

公费一度发不下钱来，已经山穷水尽，到泰和时，他甚至连蔬菜都吃不上。有些同学看程开甲的生活太苦了，在一个星期天，请他吃了一顿荤菜。结果，长期没有油水的程开甲，肚子承受不了，由肠炎转成了痢疾。

病中准备考试，程开甲瘦了，瘦得皮包骨头。但他依然支撑着，参加了学期考试，教师们十分关心爱护他。搬迁时，同学们嫌麻烦都扔掉一些书，而程开甲却不肯扔。他瘦小的个子，经常背一个大行李包，里面装有许多书。有一次搬迁，他和同学搭上了一个露天的货车，三天三夜不能坐，不能躺，基本上是蹲着睡觉。"别的可以扔掉，书可舍不得。"这就是老同学对当年程开甲的回忆。然而，最后迁移到宜山时，一把火把程开甲多年积累的书全部烧光了。程教授至今回忆起这件往事，还心疼地说："多少知识付之一炬，可惜啊！"然而，当时也是无可奈何！粤汉铁路以东不能再待下去，必须再往西撤。

陈建功当时在浙大任教，上函数论课。三年级时，程开甲听陈建功教授的函数论，到了入迷的程度。他向老师提出一些钻研很深的问题，老师很高兴，鼓励他写成论文。结果，他和陈建功教授合作写出一篇研究论文，寄给英国的数学教授Tisehmash发表。

到四年级，他开始写毕业论文，1941年秋毕业留校任助教。这时，他结婚了。夫人高耀珊女士是一位贤惠勤俭的传统女性。在长期的婚姻生活中，她无微不至地照顾着整个家庭和程开甲，使丈夫有足够的精力埋头科学技术事业。

站在码头上，他情不自禁地喊：祖国啊！我终于回来了！

抗日战争胜利前夕，英国著名科学家里约瑟先生来华访问。他在浙江大学作报告，讲生物物理学。竺可桢、王淦昌等请他向英国推荐留学生。

1945年，程开甲在里约瑟先生的帮助下，得到英国文化委员会的奖学金，可去英国艾丁堡大学留学。通过选拔之后，他告别爱人高耀珊和女儿，于1946年10月乘飞机到伦敦。

1946年10月，程开甲开始在艾丁堡大学数学物理系读书，成为波恩教授的一位研究生。程开甲在这里系统地学到了当代物理学的许多先进知识，特别是不同观点的争论。波恩教授当时与爱因斯坦是好友，二人经常通信。波恩教授在学术观点上与爱因斯坦经常争论，包括哲学思想，有时观点针锋相对。爱因斯坦对量子力学始终是不相信的。

波恩认为，量子力学之所以对，在于它揭示微观世界。当Planck揭示出"量子"学说时，许多物理学家都说他是"疯子"，说这绝不是物理"DasystKaimphgimk"。然而波恩对此坚信不疑，并写了一本名为《概率和因果论》的书，他相信自己的认识是对的。后来在20世纪50年代，波恩教授获诺贝尔物理学奖，就是为表彰他对量子力学概率论发展作出的贡献。

波恩教授的学生，有许多成为著名科学家：美国的奥本海默，中国的彭桓武、程开甲，德国的福克斯等。关于原子弹压缩内爆的理论，就是福克斯提出来的。

在留学期间，使程开甲最受刺激的还是被外国人歧视。最令人气愤的是，有一次，一位英国牧师问程开甲："你喜欢不喜欢猴子？"

聪明的程开甲一听这话里有话。因为英文中"喜欢不喜欢"和"像不像"是同一个词（Like），这话等于说"你像不像猴子"，于是程开甲回答说："无可奉告。"

房东老太太很欣赏程开甲这个巧妙的回答，对他连连称赞。

程开甲痛恨那些歧视中国的外国人，一心想多学点技术，将来报效祖国。于是，他忍辱负重，孜孜不倦，买了一些金属学方面的书来看，认为回国后可能有用，这就是回国后开展金属物理和固体物理研究工作的萌芽。

1949年，程开甲在艾丁堡大学毕业了，留校任研究员。工资700英镑，这在当时是一很可观的数字。第一次领这么多工资，程开甲高兴极了，首先想到了在中国的妻子、女儿。他来到商店，想用支票为夫人购买一件皮大衣，共花17英镑。然而，老板不相信这个黑头发黄皮肤的人会有这么多钱，打电话问银行：这个中国人能有那么多钱？怎么有700英镑支票？银行郑重告诉商店老板，这位先生是艾丁堡大学的中国籍研究员！程开甲取了皮大衣，大摇大摆地走出商店。

解放军渡长江南下的消息传到英国。南京解放时，英国船"紫金号"不听从解放军劝说和警告，受到中国人民解放军的炮火打击。这件事在英国引起轩然大波。英国人指着程开甲等人，如梦初醒地说："你们中国人还敢打我们呀！"

程开甲心中无限感慨："我们中国人也有这一天！"

把妻子、孩子接到英国来？并不是没有考虑过。波恩教授也曾建议他把妻子接来英国。有的同学已经把老婆孩子接来了，还有的连父母也接来了。但程开甲亲眼看到：寄人篱下的生活，被人瞧不起，心里非常难过。尽管当时他对共产党、共产主义陌生得很，但他还是相信回到家乡，报效祖国，是根本的出路。

为了回国，他进行了许多默默地准备。要多搜集一些适合于新中国工业建设的书籍。甚至连《金属物理学》这样的书，他都奉为至宝，带回国来，结果真的派上了用场：1952年院系调整后，程开甲在浙江大学、南京大学都用上了这本书。

英国，毕竟是程开甲获得大量科学技术知识的地方。

要离开它，离开艾丁堡大学，离开波恩教授等导师和同学，还真有点恋恋不舍。然而，为了祖国，他毅然踏上了回国的旅程。

"你了解问题了解得深。"这是波恩教授对程开甲临别前一句评价性的话。

这话不是一般的评价。波恩教授治学很严，从不轻易表扬人。他知道程开甲敢于向权威挑战，敢啃硬骨头。当时研究超导理论，程开甲曾经和海森堡争论，从爱丁堡大学到牛津，一直争论到苏黎世。

1950年8月的一天，程开甲乘坐的船开到香港码头。

他急不可待地从船上跳下来，站在码头上激动不已，深深地吸了一口新鲜空气，情不自禁地喊：祖国啊！我终于回来了！

他想乘船从香港去杭州，然而却没有买到去杭州的船票。那时东南沿海通航已有困难。无奈，他只好改乘火车，由香港经深圳、广州去杭州。在香港，他把所有的外币换成国币，带来的书籍物品又缴纳了不少关税。最后所剩无几，但他心里却很高兴，说是把钱交给了国家。

一路上，第一次坐着祖国畅通的火车（对比着抗战中流亡的途中生活），看到可爱的祖国大地，农村、城市多么熟悉，久别重逢分外亲热。一路上激动着、歌颂着。

来到杭州，他没有先回家看望妻子和女儿，而是径直来到母校——浙江大学。浙江大学安排他留校任教，并担任物理学副教授，直到安排好他才回家。

阔别四年多的妻子终于盼回了自己的丈夫。离别时孩子还不会走路，如今已能够快跑了，羞怯地喊这位陌生人"爸爸"。程开甲的眼眶湿润了，抑制不住泪水流了下来。

从长年战乱到和平的年代，妻子高耀珊带着孩子吃了不少苦啊！他思念妻子，疼爱孩子，如今终于来到她们身边……

从此，他开始了教学生涯。1952年院系调整他从浙江大学调到南京大学。

从此，他开始接触共产党，认识共产主义。程开甲教授不止一次地向笔者谈到，他是一个思想"保守"、不轻易接受新事物的人；然而，一旦认识到它的正确性，那就会坚定不移地去追求，无私地去为之奋斗。

我这辈子最大的幸福，就是自己所做的一切，都和祖国紧紧地联系在一起

1956年入党之后，程开甲对自己在各方面要求更高了。除了搞好教学、科研之外，他还尽量广泛涉猎各种知识。他精通英语，懂德语，又开始学习俄语。在此期间，他培养和辅导了许多优秀的学生。后来，这些学生不少都成为国家的栋梁之材。

1960年，程开甲接到命令，任第二机械工业部第九研究所（院）副所（院）长，参加原子弹的研制工作。在一份历史文献上有这样的记载："1959年7月，二机部把核物理专家朱光亚从原子能所调到核武器研究所任副所长，协助李觉、吴际霖抓科技组织与协调工作。1960年1月，中共中央总书记邓小平批准从全国选调陈能宽、龙文光、郭永怀、程开甲等105名高中级科技骨干参加原子弹的研制。接着王淦昌、彭桓武、程开甲等科学家先后调到核武器研究所任副所长。他们和先期从原子能所调来的邓稼先等会集在一起，壮大了核武器的研制队伍，从根本上保证了原子弹研制工作的顺利进行。"

程开甲遇到的第一个难题就是如何用化学炸药引爆原子弹。于是他开始学习《高压流体力学》。

程开甲在南京大学研究过费米·汤姆斯统计理论和固体物理关于高压方程的理论，他分析了如何运用到高压的原子弹实际，将设想变为可以理解和应用的科学计算法，为闯过原子弹引爆的第一关作出了贡献。

此后，程开甲又集中力量，研究冲击波聚心问题，利用微扰方法得到化爆聚心精度的要求和可行性，取得可喜成果。

1962年秋，程开甲被调到国防科委工作。他虽然还兼任核武器研究所副所长，但主要是去核试验基地组建核技术研究所，为爆炸第一颗原子弹做技术准备。

把一个研究所建立在渺无人烟的戈壁滩上，程开甲在这里一干就是20多年！

有一次程开甲从西安出发，陪张爱萍、张震寰去核试验场检查工作。乘坐的伊尔-14飞机刚起飞20分钟，一个发动机停车了。无奈只好冒险降落。西安正值大雨，雷电交加。用一个发动机，总算安全着陆了，机场人员为他们捏了一把汗。第二天另派一架飞机飞往兰州。

20世纪70年代初，从内地请来了一位地质专家协助分析核试验区的岩石

情况，程开甲多次搬着梯子爬数百米高的石头山。山上无草木、无水，全是风化的碎石。有一次，他蹬着梯子刚爬上去，一脚踏在流动的风化石上，摔了个大跟头，险些掉下山崖。

平洞式地下核试验爆炸成功两年后，他和王淦昌、邓稼先要进洞视察。有人把这洞称为"虎穴"，他们偏要去虎穴追踪；也有人把这洞称作"死亡之海"，他们偏要去这"死海"中游泳。科学家总是有科学家的眼光和胆识。这平洞等于是通向原子弹爆心的地下通道。洞口，凉风习习。他们穿上防护衣，戴上口罩、手套、安全帽、测量仪，便往爆心走去。没走几步，温度升高了，一看温度计已是摄氏40度。每个人都汗流浃背。他用手电指点着："这是花岗岩，瞧，烧成了黝黑的琉璃体；这是石灰岩，碎石还在往下落；这下面是'锅底'，是一个'空腔'，足有一个大礼堂那么大的洞。"

三位科学家在洞内考察爆炸冲击波在岩石内传播的规律和后果；考察"当量"的理论值与实际值的差距；考察测量仪的安放位置是否得当……好久好久，科学家们从洞里出来了。人们见到，他们个个汗水湿透了衣衫。但是，他们却泰然自若，谈笑风生，为第一次进洞探险，获取第一手材料而无比高兴。

核试验场流传着许多程开甲工作和生活中的故事。有些事听起来令人难以置信，然而讲述者却是亲眼所见。

一次核试验前，程开甲住在核试验场的一个帐篷里，经常工作到凌晨2点多。公务员任万德负责他的衣食住行。那天晚上，程开甲和别人在讨论一个重要参数的探测技术问题，任万德把饭热了4次，可程开甲一直没来得及吃饭。凌晨，他把被子摊开准备睡觉，突然滚出来两个苹果。"哪来的苹果？哎呀，我还没吃饭，怪不得肚子在叫。"于是，程开甲拿起苹果往嘴里放，还没吃完就睡着了。夜里风沙很大，清晨起来，程开甲被子上蒙了一层细沙，嘴里含着没吃完的苹果，沾满了沙尘。

那一次，试验准备工作一切就绪，周总理召集他和基地司令员一起去汇报准备工作情况。周总理询问得很细致，程开甲对答如流，从多大当量、多少探头、测多少数据，到多大风速、有多大危害，等等，他如数家珍，了解得一清二楚。临近汇报完毕，周总理问了一句："程开甲同志，你今年多大年龄？"程开甲突然愣住了，想了半天，居然很长时间没有回答出周总理的提问。一个能把圆周率记住60多位数的人，居然记不住自己的年龄，这不是令人难以置信吗？然而这却是真的。

1984年，组织上调程开甲到北京工作，任国防科技委常任委员。他和老伴搬到北京，他的孩子们都留在了新疆。其实，程开甲舍不得新疆，把保密柜、保密本及许多资料都留在研究所。他这样说道："我的科研基地还在新疆。"两年后，在研究所工作的儿子提出要调回北京工作，然而程开甲说："到北京有什么好处？咱那个研究所很好嘛！别调了！"他的儿子曾在吉林大学上学。毕业分配时，有人建议程开甲向吉林大学校长、他的老朋友唐敖庆教授说一声，把儿子分到北京来。然而，程开甲不肯。最后，还是把儿子分到戈壁滩工作。这大概也是程开甲所期许的"子承父业"。

笔者曾问程开甲：您现在主要在考虑什么？干什么呢？记得两年前您就说过，"靠科学家的良心制止不了核武器竞赛。除非经济力量与政治、军事、科技及其他力量结合起来，制止超级大国发动战争，否则无法消灭核战争的威胁"。

程开甲思考一下，回答说："我现在研究的项目，实际上是如何摸索探求世界持久和平的理论。""我在研究高压物理、大功率微波、中微子问题、重新研究超导理论及其应用问题……争取有朝一日能为祖国作出更多贡献。""我依然在探索。"

2017年7月28日，在人民军队迎来90岁生日之际，习近平主席亲自将"八一勋章"颁授给他。

在程开甲百岁生日的时候，他说："我这辈子最大的幸福，就是自己所做的一切，都和祖国紧紧地联系在一起。"

《解放军报》（2018年11月23日，作者：于庆田）

郑哲敏

　　他阐明了爆炸成形的机理和模型律，发展了一门新的力学分支学科——爆炸力学。他还与合作者一起提出了流体弹塑性模型，带领团队先后解决了穿甲和破甲相似律等一系列问题。

祖国的需要就是研究的方向

我从旧社会走过来，强国富民是梦想，总想为国家做点实实在在的事。

——郑哲敏

两院院士郑哲敏是我国爆炸力学的奠基人和开拓者之一、著名力学家、国家最高科学技术奖获得者。2021年8月25日，郑哲敏因病医治无效在北京逝世，享年97岁。

郑哲敏的一生与祖国命运紧紧联系在一起。

郑哲敏是钱学森在美国期间指导的学生。回国前夕，钱学森找他谈心说："新中国刚刚成立，国家需要什么，我们就做什么。"

数十载科研生涯，郑哲敏毕生践行这一教诲。

1960年的一天，在中国科学院力学研究所操场，郑哲敏主持了一个小型爆炸成形实验。科研人员屏息静气，只听"砰"的一声，一块5厘米长宽、几毫米厚的铁板被单发雷管炸成一个小碗。这是我国首次实现精确控制爆炸时能量释放的方向和力度。

当时，研制"两弹一星"到了关键时期，有些零件的成形难以控制，如何制造导弹和火箭急需的喷管亟待突破。当时国际科学界关于爆炸成形的研究一片空白，面对全新领域，郑哲敏迎难而上，基于大量实验积累，搞清楚了爆炸成形的主要规律，解决了制造高精度火箭部件的理论难题。一门新的力学分支学科——爆炸力学从此诞生。

为了研究核爆炸的威力有多大，郑哲敏和同事一起在山沟沟待了数年。1964年，他提出了一种新的力学模型——流体弹塑性体模型。1971年，郑哲敏返回中科院力学所，针对我国常规武器落后状况，历时10年解决了一系列科研难题，为武器设计提供了理论支撑。

20世纪80年代中期，江苏省连云港市在修建一个海堤时犯了难。由于海底淤泥太深，用挖泥船施工费用高、工期太长。郑哲敏利用爆炸的方法指导工程人员处理淤泥，节省了1/3项目成本。该方法随后推广到全国港口建设中。他多次到大西北调研如何应对泥石流等危害，在长期考察与思考后提出了力学应面向地学的观点，倡导组织我国建立和发展了灾害力学、环境力学等多个分支学科。

2013年1月，由于对爆炸的精准掌控和对力学学科的突出贡献，郑哲敏荣获2012年国家最高科学技术奖。他在接受采访时说："我就是一个普通的科研人员，获得这个奖，感到很惶恐，有了这份荣誉就有了份沉甸甸的责任。我这么大年纪了，还能尽到多少责任？所以总有点欠了什么完不成的感觉。"

郑哲敏生活中淡泊名利，他喜欢笑，朋友说他的笑容有孩童般的天真。郑哲敏总是说："我从旧社会走过来，强国富民是梦想，总想为国家做点实实在在的事。"斯人已去，风范长存。

《人民日报》（2021年9月2日，记者：喻思南、吴月辉）

"驯服"炸药的郑哲敏，走了

北京市北四环西路15号，中国科学院力学研究所。今天，这里的气氛有些压抑——2021年8月25日3时43分，中国科学院院士、中国工程院院士、国家最高科学技术奖获得者、中国科学院力学研究所研究员郑哲敏，与世长辞，享年97岁。

郑哲敏被人们称为"驯服"炸药的人。爆炸，是巨大能量在一瞬间的释放。这种方式很有用，却在很长一段时间里，无法被掌控——人们只能在爆炸后评估它的威力。郑哲敏迎难而上，用简洁优雅的数学语言概括出爆炸的规律。钱学森欣喜地将这个新学科命名为"爆炸力学"。

这个因"两弹一星"需求而诞生的学科，在很多方面得到了应用。从导弹、火箭所必需的喷管的制造，到地下核爆当量的预测；从潜艇钢板和铜板的焊接，到防波堤的构筑……几十年来，"爆炸力学"解决了很多工程难题。

讣告中这样总结郑哲敏的学术贡献：我国爆炸力学的奠基人和开拓者。他提出了流体弹塑性模型，促进形成完备的爆炸力学学科体系，被广泛应用于地下核爆炸、穿甲破甲及钻地核爆弹等重要国防应用。他建立了爆炸力学的基本研究方法，为武器设计与武器效应评估提供了力学基础。他开辟了爆炸成形、爆炸筑堤等关键技术领域，解决重大工程建设的核心难题。

回看郑哲敏的科研历程，人们不难总结出，他不仅是一位科学家，还是中国力学学科建设与发展的组织者和领导者，同时也是一位教育家，为我国力学学科的发展和人才的培养作出了重要贡献。

成就容易概括，但想在有限的篇幅内，完整、准确地呈现这样一位大家的为人处世和精神世界，文字就显得有些苍白和无力。记者在工作中曾采访过郑哲敏几次，有过数面之缘，只能将这些片段呈现出来，供读者参详。

郑哲敏很少接受采访，在生活和工作中都非常低调。获得国家最高科学技术奖后，采访多了起来，他也总会被问到诸如"为什么会选择爆炸为研究方向""为什么没选择'高大上'的理论研究，而是选择应用科学课题"之类的问题。郑哲敏总是这样回答："就是想为国家做点实实在在的事。"他曾写过这样一段话："一个人如果不是为群众的利益工作，那么生活便失去了意义。"

在科研中，有人评价郑哲敏是个有点"拧"的人，他从来不做容易的研究。郑哲敏曾说："我只对有缺陷的方面感兴趣。"这并不是他爱吹毛求疵，而是他认为，"搞应用科学就得能发现工程里不完美的地方，提炼出问题，然后解决关键问题、共性问题、规律性问题"。

郑哲敏也是个很率真的人。记者曾参加过一次有关科技人才培养的座谈会，大部分人的发言都是先说进步再谈问题，进步说得充分、问题点到即止。轮到郑哲敏发言时，他几乎没谈进步，直接"一二三四"说问题，还列举了翔实的例子。会议结束后，有人走过来对他说："郑先生，你这样可是会得罪人的。"时隔多年，记者已经无法准确回忆出郑哲敏的回答，但大意是：如果不说点真话，开会不是浪费时间嘛！

郑哲敏走了，带着人们的无限追思。但我们不能只沉浸在伤感和遗憾中，我们更要思索，从他身上，我们能学到些什么？

郑哲敏曾师从钱伟长、钱学森，也曾与钱学森、郭永怀共事。在郑哲敏自己的回忆中，这些科技大家都对他产生了深刻的影响。这是知识的传递，更是精神的传承！一代人有一代人的责任，回看郑哲敏的科研生涯，他出色地完成了他那一辈人的历史责任。今天，建设创新型国家的伟大实践正如火如荼。或许，我们对郑哲敏最好的怀念，就是像他那样，为了国家和人民努力奋斗，早日实现高水平科技自立自强！

《光明日报》（2021年8月26日，记者：齐芳）

王小谟

我国预警机事业的开拓者和奠基人

　　他先后主持研制了中国第一部三坐标雷达等一系列世界先进的雷达，在国内率先发展国产预警机装备，构建了预警机装备发展体系，主持研制我国第一代机载预警系统，引领国产预警机事业跨入国际先进水平行列。

为国家争口气

　　王小谟，男，1938年出生，中共党员。中国电子科技集团公司发展战略委员会副主任，中国工程院院士，2012年度国家最高科学技术奖获得者。为我国著名雷达专家、预警机事业的开拓者和奠基人，"自力更生、创新图强、协同作战、顽强拼搏"预警机精神的标志性代表人物。

　　不是第一次采访王小谟，也不是第一次握着他的手，这双手总是温暖而柔软。正是这双血肉之手，带头锤炼出钢铁雄鹰一般的中国预警机——一个可以和载人航天、探月工程相媲美的重大工程，但因为是国之重器需要保密，此前无人知晓。

　　他略略皱眉又有点为难地笑："故事都被你们'挖'完了，还能讲什么呢？"自从荣获2012年度国家最高科技奖后，媒体早已对他"狂轰滥炸"，跟老伴出门遛弯也被许多人"围观"。最近一次坐火车，有一帮军事迷瞬间就把他认了出来，居然"假扮"记者开始一板一眼地提问，他也有问必答。后来，这些军事迷们说破自己不是记者，他也不生气。

　　对于自己钟爱的预警机和雷达，对于那些年为了给国家争口气而一起奋斗甚至生死患难的"战友"们，王小谟很愿意说。如同当年国庆60周年阅兵式上，站在天安门城楼的他，看到国产预警机作为领头雁带着机群掠过天空，从来不掉泪的他，也终于忍不住在那一刻流下了泪水。

　　如果不去搞雷达，王小谟今天兴许就是一位唱青衣花旦的京剧名角。这不是胡诌的，高中时一块业余唱京剧拿大奖的同学里，有几位真的已是著名京剧演员。大学时王小谟当团长的学生京剧团里，也走出了几位名角。当然，假若这样就不会有后来的"中国预警机之父"。

　　中国国产预警机，有个外号叫"争气机"——原本和别国开展合作，但因第三国阻挠导致对方单方面毁约，最后中国人决定自己干了。

　　"你要问我搞预警机印象最深刻的是什么？我觉得还是'争口气'这个口

号。那时候非常非常受刺激，我们把这个口号放得很大，挂在试验场，每天都能看到。"王小谟说，预警机精神里，"自力更生、创新图强、协同作战、顽强拼搏"，头一个就是自力更生。

争口气，自己干，也不是盲目和莽撞，王小谟回忆，那时确实通过之前的合作学到了一些东西，加上自己的几十年积累，中国人搞预警机不仅仅停留在口号。

不过，当时对预警机怎么搞的各种争论十分激烈，自主研制并不是其中最响的声音。为此，王小谟找拍板此事的负责人汇报了不下几十次，拿出摞成半米高的电脑软盘、几万张图纸，拼命地去说服。

"不管是当时说服决策者，还是后来搞预警机，其实成功往往是再坚持一下。特别是最难的时候，如果你认为正确，不要丧失信心。"不过，王小谟还是立下了军令状——如果干不出来，愿意承担任何责任。

从此，一支国产预警机研制团队，开始了长达5年的"711"工作制——每周工作7天，每天工作11个小时以上。5年里，没有过一个春节。与之相伴的，还有试验中飞机上90多分贝的噪音和不可预料的飞行风险。有一次飞机失速，从高空一直掉到3000米高度才稳住，当时机上有的试验人员耳膜就被急速变化的压力给击穿了。

"搞科学、搞雷达、搞预警机，为什么要搞？是个人兴趣还是想升官发财？都不是。我们这代人，有一个信念根深蒂固，就是怎么报效国家。"王小谟说。

当年从大城市随研究所搬到贵州的山沟沟，一待就是19年，还要潜心搞出先进的雷达来，大概也是因为他有这种信念。

预警机被誉为"空中帅府"，是战场上的空中指挥所。王小谟自称从来不是帅才，只是将才——给一个目标就去攻城夺寨。或许是因为身先士卒这一点，让他看起来更像一个冲锋的将军，而在他手底下，也出了不少将才乃至帅才。他一向把人才当头等大事，在当年搬迁到三线的最困难时期，就敢咬咬牙拿出当时堪称巨资的40万元，从中国科技大学"买"了7个人回来。"现在看这7个人，都很有出息。"国产预警机总设计师陆军就是其中一位。

王小谟的博士生曹晨不到30岁，就当上系统副总设计师。"自己都没想到，王老师的魄力会这么大。按照他的总结，'不是不管，不能全管。'因为他心里有底，能够准确预见可能出现的问题并提前做好预案。"

对人才有信心，敢于给他们重任并再推一把。正是因为王小谟的信任与放手，由他培养的年轻人进步都很快。

用现在的流行词汇说，76岁的王小谟有点"潮"：他很早就把电脑玩得很溜，喜欢网购。身上穿的短袖，就是刚刚从网上花40块钱买的。其实，这也是他的个性使然。除了擅唱京剧、会拉京胡，他在20世纪50年代念中学时就喜欢开摩托车，还加入了一个摩托车队。

大学时担任学生京剧团团长的经历对他影响不小。舞台演出，往往是后台乱成一锅粥，前面是有条有理的一出戏。王小谟说，那时候灯光、美术、舞台、道具等，都需要团长来协调。包括找学生演员，也都从来不能强迫要求而是邀请和说服。"这些都对锻炼组织能力有好处，让我养成了'备几手'的习惯，也明白，要靠大家理解来做好事情。"

曹晨记得，2006年，他去医院探望因车祸住院的王小谟，意外听说老师又被检查出了淋巴癌。曹晨在病房外犹豫了半天，不知如何安慰老师。这时，病房里传出胡琴声。他推门进去，发现王小谟正拉着京胡，一脸陶醉。

《人民日报》（2014年8月5日，记者：余建斌）

"红色国防工程师"一辈子只为一件事

"我这一辈子，此时回头看，人生在世，无非是明白一些道理。比如，人吃过真正的苦后，才懂得什么是甜；比如，遇到挫折时，要坚持坚持再坚持；比如，能一辈子做自己喜欢的事，并把这件事和为党和国家作贡献相连，就是一种莫大的幸福。"

——王小谟获2012年度国家最高科学技术奖的感言

王小谟院士是北京工业学院（现北京理工大学）无线电工程系1961届毕业生。作为杰出校友代表回母校作报告时，他说："在母校'延安根、军工魂'精神的熏陶和培养下，'红色国防工程师'成为我一生的写照。"

1938年11月出生于上海的王小谟，确实是一位出色的国防工程师，他把自己的一生都奉献给了他所挚爱的雷达和预警机事业，为党和国家立了大功。

"我一辈子就做了一件事：研制雷达，然后负责将世界上最先进的各种技术一起应用到预警机上，把设计变为现实。"王小谟说，在研制雷达和预警机的过程中，无数科研人员自力更生、创新图强、协同作战、顽强拼搏。

王小谟回忆："当年，党中央、中央军委决定，'我们一定要争口气，研制中国人自己的预警机'。那时候很受感染，把'我们一定要争口气'这八个字放得很大，挂在试验场，每天一抬头就能看到。"

王小谟说，经过全体科研人员几年的不懈努力，最终我们掌握了核心技术。以人为本的设计理念，在我国预警机的设计中，也得到了贯彻，比如在预警机上装厕所、减噪等。

"研制成功国际领先的预警机，是因为有了党的坚强领导，我们国家能够集中力量办大事，这也是为什么其他国家用了十几年，而我们只用五年就能把预警机研制出来的原因。"王小谟说，研制预警机，需要对飞机进行改装。而飞机的改装是一项复杂的系统工程，要一个点一个点地去测外形，测完以后还要做风洞试验，涉及一系列航空安全的问题，因此就需要航空和电子两大部门团结协作。另外还要把全国都动员起来，各个科研单位都参与这样一个工程。

王小谟还特别注重为党和国家培养人才，他言传身教、甘为人梯，先后为我国培养出18位预警机系统或雷达系统总设计师。他说："科学研究主要是靠人，一个国家真正的财富就是人才。因此还要注重科研人才的队伍建设，通过一些工程和项目把人才队伍培养出来。"

对于广大青年学子，王小谟也寄予厚望："新时代青年学子要传承好'延安精神'，抓住机遇，担当复兴大任，做我国科技事业的攀登者。"

《光明日报》（2021年6月15日，记者：袁于飞）

谢家麟

── 我国粒子加速器事业的开拓者和奠基人 ──

　　成功研制的北京自由电子激光装置成为亚洲第一台产生激光并实现饱和振荡的装置，成功研制世界上第一台紧凑型新型加速器样机。他毕生奉献于粒子加速器研究，为我国粒子加速器从无到有并跻身世界前沿发挥了至关重要的作用。

创新是没有终点的旅程

谢家麟，1920年生于黑龙江省哈尔滨市，1943年毕业于燕京大学物理系，1951年在美国斯坦福大学获博士学位。1955年，他回到祖国，曾担任高能物理研究所副所长、"八七工程"加速器总设计师、北京正负电子对撞机总设计师和工程经理、国家863高技术主题专家组顾问，1980年当选为中国科学院学部委员（院士）。1988年带队研制成功北京正负电子对撞机，被视作中国科技发展史上一个有重要国际影响的里程碑。2012年获得2011年度国家最高科技奖。

2016年2月20日上午8时12分，中科院院士、著名物理学家谢家麟的生命停止在这一刻，享年96岁。

已故的中科院院士冼鼎昌曾这样评价他："谢先生一生有两个主题，一个是竞争，一个是超前。他所做的工作总是在与国际同行竞争中进行，他的工作也总具有前瞻性。"

的确，回顾谢家麟的科研人生：世界上第一台以高能电子治疗深度肿瘤的加速器、中国第一台高能量电子直线加速器、北京正负电子对撞机……这些撬动粒子物理研究和造福人类的加速器，无一不是因为他敢想敢做而最终研制成功的。

"我就是胆子大，什么都不怕"

2012年2月14日，92岁高龄的谢家麟获得了2011年度国家最高科技奖。当被问及数十年学术生涯中哪件事最值得自豪时，谢家麟笑笑说："我就是胆子大，什么都不怕！"

正是这种什么都不怕的闯劲，曾让年仅35岁的谢家麟名扬美国。那是1955年，他在美国芝加哥医学中心研制成功世界上第一台以高能电子束治疗深度肿瘤的加速器，开拓了高能电子束治癌的全新领域。

研制这台医用加速器时，还有斯坦福大学4名教授级的专家也接了同样的工作，作为对手，谢家麟无论在资历上还是在可供调遣的人员和资源上，与他们都不在一个量级。此外，因为是医用，这台加速器的要求格外高：除了功率要稳定、电子束的尺寸要合适、强度要均匀等技术性要求，还要测算出安全的辐照剂量和在人体内的分布。

"这件事以前没人做过，无例可循。但我觉得这是独当一面、锻炼自己的绝好机会，因此就毫不迟疑地接受了。"就这样，谢家麟赤手空拳地上阵了。他费尽周折找到一家工厂，但承担加工任务的工程师此前从未接触过加速器和真空方面的工作；他还登报招聘了一名助手，但这位助手只当过雷达兵，并没有接触过有关加速器的业务。

尽管如此，但谢家麟并未有半点畏惧。他带领着大家自己设计和制作加速器零部件、设计实验方案，用了两年的时间最终研制成功，并开始临床使用。

回国后，他又带领一批刚出校门的大学生，耗时8年建成了中国第一台30MeV的高能量电子直线加速器，它的第一个应用就是模拟原子弹爆炸时的辐射效应，为我国第一颗原子弹的研制提供了保障和检测手段。

研制这个加速器时所面临的情况仍是"一无所知"和"一无所有"，但谢家麟所做的这项远远超前的研究工作，却为后来建造北京正负电子对撞机奠定了技术基础，也培养了相关领域的人才。

1979年，已过花甲的谢家麟再一次"大胆"地投入到北京正负电子对撞机（BEPC）工程的研制，并担任总设计师。

正负电子对撞机是世界高等加速器的一次革命，是当时世界上最先进的科技，难度非常大。有人说，以当时中国薄弱的科技基础，要想建成BEPC，就好比站在铁路月台上，想跳上一辆飞驰而来的特快列车。如果没有抓住，就会粉身碎骨。

然而，由谢家麟带领的团队最终还是攻克了一个个难关，跳上了这辆"飞驰的列车"。1988年10月，北京正负电子对撞机实现对撞，被视为中国科技发展史上一个有重要国际影响的里程碑。

"原创是人天生的本性"

这一次次因为"大胆"而创造的奇迹，皆源于谢家麟深厚的科学功底和坚持创新的精神。

中国科学院高能物理研究所研究员高杰是谢家麟的学生，1986年开始跟随他学习。高杰回忆，他对老师最深刻的印象，就是那似乎永不衰竭的创新精神。

"记得有一次，谢先生把他一个博士研究生的论文发给我，我一看吓了一跳！他给这个学生开设的题目竟然是有关未来 m 子对撞机的。这是一个很多人都不敢想的课题，他不仅在想，而且已开始做了。"高杰说。

对于创新，谢家麟终生都在以身作则，即便是在耄耋之年也依然如此。

80岁之后，他可以支配的自由时间越来越多，便将精力投入了研究如何将低能电子直线加速器小型化的课题上，提出了"创新四部曲"，并最终研制成功。

而谢家麟进行此项研究的初衷十分简单，他只是不愿陷入"饱食终日，无所用心"的状态之中，希望继续发挥自己的能力做点有益的事情，利用自己积累的经验为科研创新再作些贡献。

谢家麟曾说，医用加速器、自由电子激光中的前馈控制、新型电子直线加速器属于创新研究，而北京正负电子对撞机、北京自由电子激光装置等虽然是独立自主研制的，但主要还是跟踪国际发展的大科学装置。

谢家麟曾多次公开表达自己对于创新的理解。他认为，在研究的初始阶段，"跟踪"是必须的，假如不能处于和前人相近的水平，"超过"就无从谈起。然而，谢家麟更强调，要认清"跟踪模仿"与原创性发明是有很大差别的，他常说的一句话便是"原创是人天生的本性"。

在鼓励原创性研究方面，谢家麟经常会引用一段梁启超的话，"任龙腾虎跃以度此百年兮，所成就其能几许？虽成少许，不敢自轻。不有少许兮，多许奚自生？"他想强调的正是创新也要由小及大、逐步积累。

正是因为有了谢家麟这样的科学家，科研创新之路才永远不会中断，如他的自传书名一般，这是一段"没有终点的旅程"。

"自己动手，才能知道关键问题的症结所在"

谢家麟十分重视科学实践当中的动手能力。

他认为，动手能力并不能简单理解为操作技能，它指的是对一个大系统中硬件的全面特性，包括生产过程，有一定的理解和掌握，这样才能具有解决问题的实际能力。

冼鼎昌院士就很佩服谢家麟的动手能力。他曾回忆说："我和他曾住在同一个屋子。那时候中午只有一个小时吃饭休息。但做饭要烧煤，这一个小时实在太紧张。后来有一天，谢先生就用闹钟和一个小电机做成了一个小机械，可以按时自动打开煤炉，从此我们做饭省了好多时间！"

在美国求学期间，谢家麟就有意识地培养自己的动手能力。他除了学习基础知识外，花费了大量的时间和精力从实验室的技术人员身上学习了多种焊接技术、真空检漏技巧、金属部件的焊前化学处理、阴极材料的激活方法等。谢家麟说，他这样做有两个原因，"第一是考虑到回国以后，脱离了美国实验室的环境，自己不掌握它们恐怕难以推动工作；第二是我有喜爱自己动手的习惯。"

中国科学院高能物理研究所研究员顾孟平是谢家麟回国后的第一批学生。他仍然记得当年研制大功率速调管的时候，他们所有的资料只有一张照片和一篇语义不详的英语论文。"在这样的情况下，谢先生硬是带着我们一点一滴做起来，我们都十分佩服他的动手能力。"

谢家麟曾在一篇文章中提到，在所有科技创新活动中，特别是实验领域的创新，要自己能够动手，才能掌握第一手的情况，知道关键问题的症结所在，而可做适当调整，最后达到预期目标。如果自己不懂动手，则犹如开车时需要一人观看路面情况，再转告掌管方向盘的人来调整方向。

对于未来，谢家麟有着美好期许。他在自传中如此寄语青年人："要立志做一个正直的人，一个正派的人，一个有良好素质的人，然后才是在科技领域作出伟大的贡献，推动我国社会的发展。这样，自己才会幸福，别人才会因你的存在而幸福，社会才会因你的知识而更美好。"

《人民日报》（2016年2月22日，记者：吴月辉）

生命总有尽头　事业不会止步

——追忆国家最高科学技术奖获得者谢家麟院士

2016年2月20日，中国科学院高能物理研究所网站主页变成了沉重的黑白色——当日8时12分，中国科学院院士、我国粒子加速器事业的开拓者和奠基人之一、国家最高科学技术奖获得者谢家麟因病与世长辞，享年96岁。

记者第一次见到谢家麟，是在2012年对国家最高科技奖获奖者进行集体采访之时。其时，谢家麟已过耄耋之年，受健康情况所限，无法接受长时间的采访。但他还是在约定时间坚持出现在会场。他坐在会议桌的另一头，笑容温和而坚定。很多人认为，凡能在科学技术上成就一番事业的，必然智商卓越、能力超群。但谢家麟却几次强调："我是很一般的人，既不十分聪明，也不十分能干。我能获奖，说明一个人不管资质如何，只要不断努力，就能取得成绩。"

就是这样一位自认"很一般"的人，却对大家产生了"不一般"的影响。中科院高能物理研究所研究员高杰回忆了1978年他首次见到谢家麟时的情形："那时我在清华大学读书，到高能所参观，谢家麟先生的讲解给我留下了深刻印象。1986年，我考上了谢先生的博士。"高杰说，谢家麟对自己最大的影响，在于他要求大家在大科学工程的建设中"既要有国际视野，瞄准世界一流水平；更要结合中国国情，在现有的条件下把事情办成"。由谢家麟领导建设的北京正负电子对撞机，就是最好的范例。

当前，中国科技经费投入虽然已有大幅度提高，但在大科学工程的建设中，如何兼顾"世界一流"与"中国国情"，仍是每个科学家首先要考虑的问题之一。不只高杰，不少科学家在接受采访时都表示，谢家麟给大家做出了最好的表率，他的很多做法在今天仍有很大的借鉴意义。

谢家麟作为一位科学家，非常关注青年人的成长。晚年的谢家麟愈加低调，很少接受采访和约稿。但在2013年五四青年节前期，他曾应本报之约，为广大青年读者写了一篇题为《青春献给祖国》的短文。在文章末尾，他这样写道：

"我还要再说几句话，社会需要的是德才兼备的人才，要立志做一个正直的人，一个正派的人，一个有良好素质的人，然后才是在科技领域作出伟大的贡献，推动我国社会的发展。这样，自己才会幸福，别人才会因你的存在而幸福，社会才会因你的知识而更美好。"

生命总有尽头，但谢家麟开创的事业不会止步。现在，由他领导建设的北京正负电子对撞机（BEPCII）和北京谱仪（BESIII）仍在中国科学技术发展中发挥着重要作用。而他的学生们、同事们，正在研究如何建设世界一流的、下一代大型环形正负电子对撞机（CEPC）。高杰说："老师曾对我说过这样一句话'一个人不能做井底之蛙'，这句话时时警醒着我。我的老师为中国科学技术发展贡献了一生，我们这一代、我的学生们，将沿着他开创的道路，不断创新、砥砺前行！"

《光明日报》（2016年2月21日，记者：齐芳）

吴良镛

——我国人居环境科学的创建者

我国著名建筑学家、城乡规划学家和教育家。创建了中国人居环境科学，成功开展了从区域、城市到建筑、园林等多尺度多类型的规划设计研究与实践。

望百之年，未曾懈怠

他是一位建筑学家，从1945年起，面对战后的满目疮痍，立志建筑事业，经历城市规划变迁，风雨半个多世纪。

他是一名大学教师，指导学生、参加实践、投身科研，矢志"匠人营国"，致力"谋万家居"，思考没有止境。

新春临近，我们走近吴良镛，追述一位建筑学家的求索之路，倾听一份执着的"中国人居梦"。

初冬的北京，毗邻清华园，吴良镛先生家中。走进去，不禁屏息凝神，怕扰了一屋光影：

层层叠叠的文稿、绘画、雕刻以及他的墨迹——"大江东去浪淘尽 千古风流人物"，书法潇洒流畅，飘逸大气。这片空间，也淋漓尽致地体现他的人居环境理念——科学、人文、艺术三者融汇。

走廊那头，在助步车辅助下一步步走来的97岁吴先生，佩戴着助听器，满眼的笑意。

"尽管已近岁尾，还是很忙，总有新的事情要思考，还有会议、报告……"落座后的吴先生娓娓道来。平淡细碎的闲聊，拉扯出中国建筑学界的千头万绪，流淌出人居理想的百河千溪。

对己对人都期许德才兼备

与这位望百老人对话，就像打开了时光的阀门。"跟随梁先生到清华是我一生中最重要的转折点……"他喜欢从最初讲起，从一甲子前讲起。

抗战胜利后，吴良镛受梁思成邀请到清华任教，并协助梁先生创办建筑系，享受"创业的热爱和幸福"。

1948年，梁思成推荐他赴美国匡溪艺术学院学习建筑与城市设计。留美期间，师从沙里宁、拜访赖特等建筑界大家的经历，成了他开拓学术视野的钥匙。

两年后，收到梁思成"祖国百废待兴"的召唤，吴良镛当即回国，并投入清华大学建筑系发展和新中国城市建设中。"人民英雄纪念碑、清华北大的校园、唐山灾后重建、毛主席纪念堂……"一件件曾经他双手、饱含心血的设计规划工作，随着回忆倾泻而出。

对话中，他的思绪又飘回1955年的北京。彼时，国际建协在海牙举办的第四届世界建筑师大会刚结束，赴会的中国建筑师代表团共7人，吴良镛任秘书，这是中华人民共和国成立后第一个获国际承认并在国际活动中亮相的学术团体。

回国后，吴良镛来到同仁医院，看望住院的梁思成，隔壁房间则躺着已病重的林徽因。看到他来了，林徽因笑着说："你看我们这对难夫难妇。"难言的是，"就在一街之隔的楼上，梁思成建筑思想及理论正面临质疑和讨论，我一个字都不敢跟她提。"吴先生说。

参加世界建筑师大会并获得国际认可、与林徽因的最后一面、学术思想的争鸣……几件事情交织在一起，便是中国建筑学界初期的发展缩影。谈及此，吴先生沉默了，有豪情，也有思考。

回忆起与恩师相处的点滴，吴先生语速不知不觉慢了下来。"学莫便乎近其人。"于他而言，梁先生是中国建筑事业的一代大师，是清华建筑系的创业者，更是影响他一生的导师。

梁先生曾勉励他"君子爱人以德"，他也以此要求后辈，"越是有成就的学生，做出的成绩不一定完全在才，还要有一定的'德'。"对己对人，他都期许德才兼备。

城市发展需要一种"有机"的更新

在不久前召开的庆祝改革开放40周年大会上，吴良镛被评为"改革先锋"，并获得"人居环境科学的创建者"称号。

他并非是第一个得知自己获奖的人。"最初其实没有想到会评上，包括后来在人民大会堂获授奖章，确实都是没有想到的荣誉。"吴先生坦言。

多年的求索和努力，让吴先生赢得了很多赞誉：中国科学院和中国工程院两院院士，中国建筑学家、城乡规划学家和教育家……美国建筑师协会称他为"新中国建筑与城市规划的先行者和杰出的建筑教育家"，坊间有说法"凡是到过北京的人，都亲身品读过吴良镛"，建筑学家贝聿铭说"不管你到哪个国家，说起中国的建筑，大家都会说起吴良镛"。

30年求学，30年实践，从改革开放起的人生第三个30年，他称之为"向科学进军的30年"：卸去行政职务，成立清华大学建筑与城市研究所；继承和发扬梁思成"体形环境论"思想，提出"广义建筑学""人居环境科学"理论；菊儿胡同四合院工程的落成并获得世界人居奖，以及一系列重要科研项目的推进，都在这段时期。

"一生的黄金时代"——先生如是评价。90岁那年，吴先生获得国家最高科学技术奖，他觉得那段时光有了个不错的总结，"比过去获得的奖项更有意义"。

亚里士多德曾说："人们为了生存聚集于城市，为了美好的生活而居留于城市。"

怎样的城市能留得住人们生活，经得起时代考验？吴先生意识到，"城市的一切是要为了人民，我们的环境是因为人而存在的，环境的一切改变都是为了人民。"就此理念不断进化诞生的人居科学，成为他日后工作的核心。他觉得，"城市像细胞一样是一个有生命的机体，也需要新陈代谢，它是一种'有机'的更新，而不是生硬的替换。"

吴先生说，改革开放以来，我国城市化大规模快速推进，常住人口城市化率达到58.52%，40年上升40.6个百分点。城乡人居环境建设取得的瞩目成就，离不开人居科学的支撑，因此，"我希望在现有的13个学科门类上增设'人居科学'。"

依旧执着于创造美好的人居环境

两年前，吴先生结束了自己在清华大学长达70年的教学生涯。如今，偶尔参加一些建筑相关会议和活动，通过网络远程听报告、讨论问题，是这位"自觉尚称勤奋"的老人的常态。

作为一位建筑学家，虽然年迈，他仍然关心首都、关心京津冀的发展、关心国家的未来。他思考城市文化建设过程中曾经或正在面临的误区，感叹"片面追求表面样式的建筑是没有灵魂的，建筑的精神要始终植根于文化传统"。近年来，他主持的京津冀地区城乡空间发展规划研究也持续取得进展。

目前，更多的精力，他放在中国建筑发展的口述历史整理上，这项工作庞大艰巨，预计今年年底能初步完成。家里的阿姨"作证"："每天都在看书，到了饭点都叫不过来。"

不知不觉，原定一个小时的采访，竟进行了两个多小时。问者意犹未尽，先生也不觉疲累。

采访结束，我们趁着阿姨扶吴先生起身的空当，围住先生的助手郭璐老师继续问东问西，突然，有人低呼一声："吴先生等着送咱们呢！"大伙儿忙转过身去，竟发现老人双手撑在助步车上，微笑着，已默不作声地站了好几分钟。直到最后，他也执意走到门口，向我们挥手作别。

走出先生的家，不禁在想，已荣光一生的先生此刻在想些什么……

将有一事可以终身行之者乎？先生若有，那便一定是建筑的事吧。在最美好的年华，他执着于创造美好的人居环境，让人们能够"诗意地栖居在大地上"。

如今，他已是一位慈祥的老者，静待岁月流淌，但依然期盼着一代代建筑学人的接续努力能早日有回响，让城市更有机、更宜居。

年近百岁的吴良镛，眼神还闪烁着青春的明与光。

《人民日报》（2019年1月28日，记者：陈圆圆，赵婀娜、贾麟参与采写）

吴良镛：毕生劳碌为民居

他主持过京津冀城乡空间发展规划、北京空间发展战略研究等多项重大工程和科研课题。他就是建筑与城乡规划学家、教育家，人居环境科学的创建者，中国科学院院士、中国工程院院士吴良镛。

不遗余力参与实践

作为建筑和规划大师，吴良镛一直坚信城市规划和建筑学是致用之学，多年来在教学之外他一直不遗余力地利用各种条件参与建设实践，努力解决中国城乡建设中的实际问题。

他积极参与天安门广场改建工作、唐山地震改建规划，参与了北京、北海、三亚、张家港、深圳、无锡、苏州等城市的规划设计，主持了山东曲阜孔子研究院和中央美术学院校园的设计……

从1978年起，吴先生即开始对北京旧城区中心地段的整治进行研究，其后又深入对破旧危房地区改造和新型四合院的规划设计工作。其中，北京菊儿胡同改造项目更是使他达到了规划生涯的巅峰。

菊儿胡同，一个诗情画意的名字。但在1989年前，这里的环境却是与诗意毫无关系的另一番景象。以胡同里的41号院为例，建筑密度高达83%，许多家庭无日照，近80人居住的院落只有一个水龙头，一个下水道，厕所在院外100米处。

1988年，吴良镛受邀来操刀"动手术"。面对这个典型的"危积漏"（危房、积水、漏雨）地区，他和学生先后出了上百张施工图。

经过长时间的摸索加之以前的研究积淀，"有机更新"的原则最终得以确立。在他看来，城市是一个有机生命体，永远处于新陈代谢之中。基本原则应该是不能大拆大建，要保留相对完好者，逐步剔除其不适宜者，进行循序渐进的有机更新。但是新的建设要自觉地顺其肌理，用插入法以新替旧。

由于理念到位，行动有力，菊儿胡同改造迅即成为学术界的热点，并得到了国内外建筑学界的充分肯定。

1990年，英国一位知名建筑评论家曾说，菊儿胡同的改造对亚洲发展中国家的危改都具有指导作用。吴先生认为，这才是菊儿胡同改造的实质所在。他所做的项目，都是依据这种思路，解决中国的实际问题。

担忧城建陷入误区

2008年，吴良镛因为太过劳累，病倒在工地上。接下来的两年里，吴先生一直在医院里进行康复治疗，但他的心却始终牵挂着城市建设。

吴先生认为，现在有些城市呈现出不健康的规划格局，比如重经济发展、轻人文精神；重建设规模、轻整体协调；重攀高比新、轻地方特色等。有些城市有开发过度的倾向，为了尽可能最大限度地取得土地效益，旧城开发项目几乎破坏了地面以上绝大部分的文物建筑、古树名木，抹去了无数的文化史迹。"如此无视文化价值的行为是非常令人痛心的。"

"我经常在各地看到一些建筑，特别是一些文化建筑，根本没有中国文化的内涵在里面。我们在做孔子研究院的设计时，就先根据其特有的地理位置和所处的时代把其定位为一座具备特有中国文化内涵的现代化建筑。在这个前提下，我们对战国时代的建筑文化以及对中国书院建筑发展的沿革、形制进行一番探讨之后，从建筑构图、总体布局、室内外造型包括装饰纹样等，都做了一定的探索。然后再运用西方和中国建筑技巧予以现代形象表达，从而创造出一种欢乐的圣地感。"吴良镛说。

改革开放以来，形形色色的建筑流派蜂拥而至，在带给国人新鲜感的同时，却因未经消化而破坏了城市原有的文脉和肌理。这个问题也很让吴先生头痛。"并不是说不能借鉴西方，我也不反对标新立异，恰恰这是文化艺术最需要的。我本人就是留学生，也经常出国和国外的建筑师接触。这其中当然得学习国外的东西，但不能照抄照搬。他们有些是成功的，也有些是不成功的。失去建筑的一些基本准则，漠视中国文化，无视历史文脉的继承和发展，放弃对中国历史文化内涵的探索，显然是一种误解与迷失。"

吴先生认为，像中国这样一个历史悠久的国家，可以让建筑师、规划师"借题发挥做文章"的城市、地段几乎所在皆是。"科学和艺术在建筑上应是统一的，21世纪建筑需要科学的拓展，也需要艺术的创造。艺术追求的高低、文野、功力等一经比较即可显现，这是我们的建筑师必须补上的课。"

创建人居环境科学

吴良镛说，他毕生的目标就是创造良好的、与自然和谐的人居环境，让人们能诗意般、画意般地栖居在大地上。

作为中国"人居环境科学"研究的创始人，吴良镛认为，当今科学的发展需要"大科学"，人居环境包括建筑、城镇、区域等，是一个"复杂巨系统"。在它的发展过程中，面对错综复杂的自然与社会问题，需要借助复杂性科学的方法论，通过多学科的交叉从整体上予以探索和解决。他举例说，过去我们以为建筑是建筑师的事情，后来有了城市规划，有关居住的社会现象都是建筑所覆盖的范围。现在我们城市建筑方面的问题很多，要解决这些问题，不能就事论事、头痛医头、脚痛医脚。可以通过从聚居、地区、文化、科技、经济、艺术、政策、法规、教育，甚至哲学的角度来讨论建筑，形成"广义建筑学"，在专业思想上得到解放，进一步着眼于"人居环境"的思考。

1989年，吴良镛把数十年在建筑学、城市规划学的理论研究与实践心得，写成了15万字的专著——《广义建筑学》出版。这是中国第一部现代建筑学系统性理论著作，是他对建筑学进行广义的理性探讨和观念更新的研究成果。

1999年，在北京举行的世界建筑师大会上，他负责起草了《北京宪章》，引导建筑师全方位地认识人居环境的方法论，而不是局限在狭隘的技术——美学范围内；植根于地方文化与社会，直至覆盖心理范畴的多层次的技术体系；将美术、手工艺以及工业设计与建筑师的工作结合起来……

进入21世纪，他发表了论著《人居环境科学导论》，提出以建筑、园林、城市规划为核心学科，把人类聚居作为一个整体，从社会、经济、工程技术等角度，较为全面、系统、综合地加以研究，集中体现了整体、统筹的思想。

"要看到人居环境科学是非常有发展前途的学科，看到它将向大科学、大人文、大艺术迈进的大趋势。"他总是这样告诫同道。

《人民日报》（2011年12月24日，记者：吴月辉）

师昌绪

著名材料科学家

　　他的成果使我国航空发动机涡轮叶片由锻造到铸造、由实心到空心迈上两个新台阶，使我国成为继美国之后第二个自主开发该关键材料技术的国家。他还开发出多种节约镍铬的合金钢，解决了当时我国工业所需。

"好管闲事"的战略科学家

师昌绪，1920年生于河北省徐水县，1945年毕业于国立西北工学院，1952年获美国欧特丹大学冶金学博士学位。著名的物理冶金学家、材料科学家、战略科学家，中国科学院院士、中国工程院院士、第三世界科学院院士。曾任中国科学院金属研究所所长、中国科学院技术科学部主任、国家自然科学基金委员会副主任、中国工程院副院长等。

这是一位九旬老人的退休生活：每天上午8点钟离开家，9点钟到办公室，来访的客人有时一天好几拨，请他提供咨询意见的，请他指导科研工作的，请他题词的、写序的……他几乎有求必应。2010年一年，北到哈尔滨、南到广州，他出了10次差，还在北京主持、参与了几十个学术会议。

这位乐此不疲、退而不休的老人，就是2010年度国家最高科学技术奖的两位得主之一，我国高温合金材料研究的奠基人、著名战略科学家师昌绪先生。

1965年研制成功战斗机用的发动机涡轮叶片

1955年6月，刚从美国回来的师昌绪来到位于沈阳的中科院金属研究所。到金属所后，他被指定为鞍钢工作组的负责人，由物理冶金理论研究，转向炼钢、轧钢工艺开发。

两年之后，师昌绪又服从国家需要，转任金属所高温合金研究组的负责人，带领一支小分队常驻抚顺钢厂，研制航空发动机的核心材料——高温合金。师昌绪带领科研人员奋力攻关，很快开发出代替镍基合金GH33的铁基高温合金GH135，用这种新材料制作的航空发动机关键部件——涡轮盘，装备了大量飞机。

更难啃的骨头在后面。1964年，中国的新型战斗机设计出来了，就差发动机用的耐高温高压涡轮叶片。此前，只有美国能研制这种空心叶片，国内的人都没见过。一天晚上八九点钟，航空材料研究所的副总工程师荣科找到师昌绪家里，问他能不能牵头搞空心叶片。

"我也没见过空心叶片，也不知道怎么做。"师昌绪回忆说，"但我当时就想，美国人做出来了，我们怎么做不出来？中国人不比美国人笨，只要肯做，就一定能做出来。"

第二天，他与时任金属所所长的李薰先生决定接受这个任务。荣科听到这一消息自然高兴，但同时也"提醒"师昌绪：我可是立了军令状的。师昌绪一笑：咱们就共同承担吧。

由师昌绪挂帅，从金属所的相关研究室挑选了"一百单八将"，成立了专门的项目组。他们采纳了荣科"设计—材料—制造"一体化的建议，与发动机设计和制造厂等合力攻关。他们攻克了型芯定位、造型、浇注等一道道难关，于1965年研制出中国第一代铸造多孔空心叶片。

后来，国家决定把空心叶片的生产转移到远在贵州的一个工厂，原航空部点名师昌绪带队到生产第一线，帮助解决生产中的技术难题。当时从沈阳到贵阳要坐48个小时的闷罐火车，路上连喝的水都没有。工厂的条件极为艰苦，一日三餐吃的都是发霉的大米和红薯干，以至于厂里的总工程师过意不去，利用星期天到集市上买来白面，给科研人员蒸馍改善生活。师昌绪他们日夜在车间里鏖战。经过几个月的努力，他们终于克服了实际生产中的技术难关，生产的数十万个叶片没出过质量问题。

主持航空航天碳纤维研发，创新机制，让产品过硬的民营企业中标参与

"师先生，这个事您可别管！"2000年春，年近80的师昌绪找到国家自然科学基金委员会工程与材料科学部原常务副主任李克健，说想和他一起抓一下碳纤维。李克健听后立马摇头："这事太复杂，谁抓谁麻烦！"

李克健说的是大实话。质量轻、强度高的碳纤维是航天航空基础原材料，我国从1975年就开始攻关，大会战搞了不少，钱花了很多，就是拿不出合格稳定的产品，许多人避之唯恐不及。

"我们的国防太需要碳纤维了，不能总是靠进口。"师昌绪说，"如果碳纤维搞不上去，拖了国防的后腿，我死不瞑目。"

李克健听后深受感动，接受了师昌绪的邀请。这年8月，师昌绪召集了由原国防科工委、科技部、总装备部、基金委等相关单位58人参加的座谈会，探讨怎样把碳纤维搞上去。会议纪要里，专门写了这样一句：请师昌绪院士作为技术顾问和监督。

师昌绪欣然从命，很快又召集了第二次座谈会，讨论具体方法。座谈会上，有人给师昌绪泼凉水：上亿的资金哪里去找？就是钱弄来了，谁去协调指挥？过去几个部委联合起来都没弄好，你能指挥得动么？

"只要国家需要，困难再大也要干！"不服输的师昌绪上书中央，陈说利害。很快，科技部在"863"计划中专门增设了1亿元的碳纤维专项。

在实施过程中，师昌绪吸取以前的教训，定了一条规矩：统一领导，谁拿专项的钱，谁就归我们管，不管你是哪个单位的。然后，专项领导小组派人到申报单位，现场取样，让第三方单位统一测试。数据出来后，大家一起讨论，优胜劣汰。结果，志在必得的一所知名大学落选，产品过硬的一家民营企业一举中标。师昌绪一抓到底，不仅多次到这家企业实地指导，还专门协调有关部门提供3000万元资金，帮助相关单位开展应用试验。现在，我国航天航空所需碳纤维已可立足国内，完全依赖进口成为历史。

"我自己最大的特点，就是好管闲事。"师昌绪笑称。

"师老很有眼光，他所管的闲事，要么是刚刚起步、困难很多，要么是涉及面广、关系复杂。只要这些闲事关系到国家的重大需求，他就抓住不放。"李克健说。

数十年"管闲事"的结果，是"管"出了一位名副其实的战略科学家。

"我这个人没什么本事，就是能团结大家"

"与师先生相处20多年，我感受最深的，就是他的亲和力。"国家自然科学基金委员会原秘书长袁海波很是感慨，"作为一个大科学家，做到这一点是很不容易的。在技术科学和工程科学领域，尤其需要德高望重的学术带头人，把方方面面的力量凝聚起来。"

国际材料联合会是世界材料学界的权威学术机构，加入该组织对促进我国材料科学的发展非常重要。据袁海波回忆，1986年国际材料联合会在美国举行会议，师昌绪与清华大学的李恒德教授应约参加，其间做了大量工作，妥善处理了与台湾地区相关的议题，终于在1991年底说服国际材料联合会修改章程，接纳中国材料联合会代表中国成为其会员。

"1964年我担任师先生研究室的学术秘书，刚开始挺拘谨的，后来发现他一点架子也没有。"说起40多年前的往事，中科院金属所前所长李依依院士至今记忆犹新，"师先生非常尊重别人，从不把自己摆得很高"。

让李依依特别钦佩的，是师昌绪对每一个人都平等相待，哪怕对方只是普通的工人。"在金属所工作时，从他家到科研大楼只有一两百米的距离，5分钟的路程他要走半个小时，因为一路上老有人找他聊天。"

虽然年事已高，但师昌绪开会做演讲、报告，极少让别人"代劳"；凡是让他办的事情，他都一丝不苟。

袁海波刚担任基金委秘书长不久，把大家精心编辑的《科技成果汇编》送给师昌绪过目。"我原以为他把大的方面看一看就完了，没想到每一篇他都认真修改，连每一项成果的英文标题都不放过！"

1998年，鉴于师昌绪在高温合金材料领域的卓越贡献，11个跨国公司联合授予他"突出贡献奖"，并称他为"中国高温合金之父"。

"这不对！"师昌绪听说后立即纠正，"在国内搞高温合金有人比我早，我只是作了一些贡献。"

师昌绪说："我这个人没什么本事，就是能团结大家。"

《人民日报》（2011年1月15日，记者：赵永新）

攻关排头兵　科技战略家

——记第五届光华工程科技奖成就奖获得者师昌绪院士

6月4日上午，第五届光华工程科技奖在人民大会堂揭晓，我国著名材料科学专家师昌绪荣获"光华工程科技奖成就奖"。当中国科学院院长路甬祥、国务委员陈至立、中国工程院院长徐匡迪把获奖证书和标有奖金100万元的奖牌授予83岁的师昌绪时，全场响起经久不息的掌声。

师昌绪，"两院"资深院士，他不仅是我国高温合金技术开拓者之一，领导研制出中国第一代空心气冷铸造镍基高温合金涡轮叶片，开发了中国第一代铁基高温合金、耐热腐蚀铸造镍基高温合金及低温偏析高温合金，研制出抗尿素腐蚀无镍不锈钢及不含铬、镍的铁锰铝系奥氏体钢等；而且，他在国家科技领导机关长年从事管理工作，多次主持或参加国家冶金、材料科学和新材料方面的规划及国家重点实验室、重大科学工程、国家工程研究中心等立项与评估，参与国家重大科技决策，在国内外科技界享有很高的声誉。

天地存肝胆，江山阅鬓华。回顾自己的大半生，师昌绪没有多少豪言壮语，"作为一个中国人，就要对中国作出贡献，这是人生的第一要义。"他最常说的这句话，虽然朴实无华，却凝聚着一位饱经沧桑的老知识分子数十年来投身科学事业，不畏磨难，矢志报国的赤子情怀。

心向祖国，为国分忧，冲刺科学制高点

说起来，师昌绪是我国老一辈的"海归"派。1948年，他负笈北美，攻读新兴的物理冶金学。中华人民共和国的成立以及中国在朝鲜战场上的胜利，使他备受鼓舞。为了争取回国，他和几位留学生带头多方联络，勇敢地向美国进步人士宣传，集体致信美国总统，引起了当时美国新闻界的注意和广泛报道，也为中美日内瓦谈判和华沙中美大使级会谈起到了积极作用。1955年春，美方

终于同意76名中国留学生回国，师昌绪名列其中。临行前，导师问他："你为何想回国？如果因为职位低，挣钱少的话，我可以帮忙。"他坦然回答："都不是。在美国我无关紧要，但我的祖国需要我！"

回国后，师昌绪来到中科院沈阳金属研究所。当时，新中国建设如火如荼，在一般人看来，科学院研究所的科技人员多写论文，才是出成果的重要标志，而师昌绪则提出："科技工作者除了写论文外，还须充分体察国情，理论联系实际，针对国家的需要确定主攻方向，解决重大的关键技术问题，为祖国排忧解难。"

第一个五年计划时期，师昌绪奉命带领科技人员一头扎到鞍山钢铁公司，帮助解决钢铁生产中的技术难题。他们在精矿烧结、高炉渣的形成及平炉冶炼与铸锭等方面开展了广泛的研究，其主要成果对全国钢质量的控制产生了深远的影响。

随着金属研究所学科方向的重大调整，师昌绪受命主持高温合金研究方面的工作。高温合金是当时航空、航天与原子能工业发展中必不可少的材料，外国人不给我们技术，只能靠自己研制。师昌绪高瞻远瞩，从长远出发确定研究方向，锁定重大目标：国家缺钴，他领导发展了916无钴铸造镍基合金；国家缺镍，他又组织科技人员研究出无镍的铬锰氮不锈钢；他提出以铁基代替部分镍基高温合金，研制出我国第一代铁基合金涡轮盘材料，替代了用量很大的镍基合金，制成了数千个涡轮盘，为我国航空发动机工业的发展发挥了重要作用。

1964年，我国航空科学家决定研制空心涡轮叶片，以提高航空发动机的档次。航空研究院副总工程师荣科找到师昌绪，问他敢不敢承担铸造空心涡轮叶片的任务。当时，很多人对此有争议，认为这项任务难度太大，不可能完成，师昌绪对此技术更是一无所知。但一种强烈的责任感和使命感使他坚定地回答："既然外国人能做出来，我们就一定能做出来！"

随后，他带领研究、设计、生产三结合攻关小组日夜奋战，仅用1年时间，就攻克了造型、脱芯、测壁厚、合金质量控制等一系列技术难关，终于在实验室做出我国第一片9孔铸造镍基高温合金空心涡轮叶片，1966年正式投产，结果完全符合设计要求。我国的涡轮叶片发展因此一步迈了两个台阶：由锻造合金改为真空精铸，由实心叶片改为空心叶片，成为继美国之后世界上第二个成功采用精铸气冷涡轮叶片的国家。20世纪80年代初，世界著名的英国罗尔斯·罗伊斯发动机制造公司总设计师胡克教授在沈阳看到这种铸造空心涡轮叶片后，十分感慨："单凭见到这一实际成就，我就没白来中国一趟，因为我们用了8年才研制成功。"

谈起这段往事，师昌绪深有感触："科学院就是要干难度大的项目，如果只做有把握的事情，就失去了科学研究的探索性与风险性，就不会有创新，就不会有科学事业的发展与社会的进步。对于难度大、有风险的课题，只要应用部门提出来，就要想方设法去解决。"

胸怀全局，与时俱进，科学管理做帅才

2000年，科学出版社出版了《师昌绪科技活动生涯》一书，一些同事和学生在庆贺师老八十大寿的回忆文章中纷纷谈到：师先生是一位帅才，无论是在金属所搞研究还是后来调到国家科技部门的重要岗位，他都能正确无误地指点方向。

早在20世纪50年代于美国留学时，师昌绪就开始从事真空冶金和合金钢的基础研究，获得了很有成效的结果。60年代到80年代世界飞机制造中常用的300M钢，就是根据他在麻省理工学院时的研究基础发展起来的。这些早期研究，已经预兆了他在未来半个多世纪的卓越成就。

在金属所期间，他无论是做研究员，还是当所长，都能从世界材料科学发展的最新进展和国内实际出发，提出具有前瞻性的研究方向。70年代，师昌绪针对铸造合金的特点，提出要加强合金凝固过程的研究。在他的组织和指导下，科技人员发现了低偏析技术，利用这一技术发展了一系列高性能低偏析高温合金和一些低偏析的耐热合金、耐蚀合金。后来成立了中试基地，同时申请世界银行支持，成立了国家均质化合金工程中心。为了表彰中国材料科学家的贡献，国际材料研究学会于1998年授予低偏析高温合金项目"实用材料创新奖"。

花甲之年，对一般人而言，可以安然退休，享享清福了。但对于师昌绪来说，此时却是他焕发青春、老当益壮的年华。1984年他奉调入京，先后担任中科院技术科学部主任、国家自然科学基金委员会副主任、中国工程院副院长、中科院学部咨询委员会主任等职务。在这些重要的科技领导岗位上，他有更多的机会关注国家科技发展战略，发挥他多年以来的积累，为祖国科学事业发展出谋划策。

在中科院技术科学部，他敏锐地感到来自世界新技术革命的挑战，组织学部委员们（现称院士）对我国钢铁、能源、通信、计算机、集成电路的发展以及科技人员的培养等重大战略问题进行咨询，受到国务院的高度重视。

1982年，师昌绪与3位科学家一起提出成立中国工程科学院的建议，开始没被批准。师昌绪锲而不舍，1993年，他又与其他5位科学家联名向中央上书，建议由作出杰出贡献的专家为院士组成工程科技界最高学术机构——中国工程院，对国家重大科技问题开展咨询和战略研究，致力于推动工程科技的发展。这一建议很快得到中央批准。此后，作为中国工程院筹建组副组长，他全力以赴投入拟定组建方案和具体筹备工作。1994年中国工程院正式成立，师昌绪当选为首批院士和首届副院长，两次主持了关系工程院长远发展的学部调整调研。

在国家自然科学基金委员会，师昌绪就我国基金制的发展，提出很多具有创见的建议。在一次主任会议上，他提出基金要优先资助某些领域，特别是数学和理论物理，因为中国人脑子聪明，而这两个学科又不需要很大的设备和装置，有可能在不太长的时间内有所突破。会上确定先以数学学科为试点，并在南开大学召开了包括国外华裔青年数学家在内的讨论会，会后又申请财政拨款成立了"天元数学基金"，使数学学科的研究有了一个较为轻松的环境。

1997年，我国启动重大基础研究规划的立项工作，开始只有农业、能源、信息、资源环境与生命科学等5个领域，1998年，在师昌绪等科学家的积极建议下，国务院科技领导小组同意将材料列为重点支持领域之一。从此，我国材料科学研究驶入了快车道。

坚韧不拔，刻苦敬业，育才甘当孺子牛

总结几十年的人生经验，师昌绪说："要在事业上取得成就，关键在于个人的刻苦努力与坚韧不拔的敬业精神。"

唯其敬业，他把个人荣辱置之度外，吃苦受累毫无怨言。20世纪70年代，师昌绪带队到贵州某基地推广他在60年代领导研制出来的航空发动机气冷涡轮叶片。当时那里生活很艰苦，喝的是浑浊的水，住的是简易宿舍，吃的是用发霉的大米、地瓜干和玉米面做成的混合饭、南瓜汤，连咸菜和酱油都没有。师昌绪却以苦为乐，每天和大家一起排队买饭，共进三餐，一干就是几个月。他

们夜以继日地攻关，为厂里组建了一整套生产、检验的技术标准，使空心涡轮叶片的生产质量与成品率都达到最好水平，成为我国当时最先进歼击机的最关键部件，经过多年考验没有发生事故，并成批生产走向市场。90年代师昌绪重返这个厂时，工厂里的老总、工程技术人员，甚至已经退休的老工程师、老工人，都赶去探望他，场面十分热烈感人。

唯其敬业，他宽厚待人，严于律己。师昌绪出生于书香门第，"忠厚传家久，诗书继世长"的家风使他从小受到中华传统美德的熏陶，他深得领导、同事和朋友们的信赖和爱戴。在金属所时，大家都尊称他为"师先生"，到北京后，许多国家部门和科学院的同志都尊称他为"师老"。金属所的同事回忆说，在"文化大革命"时期，师昌绪被污蔑为"美蒋特务"，造反派喝问与他一起受批斗的同事：师昌绪是什么人？这位同事义正辞严地回答："他是忠厚长者！"这一幕至今给人以心灵上的震撼。"文化大革命"中，师昌绪受到非人折磨，曾被造反派打得皮开肉绽。后来他任金属所所长，对那些整过他的人照样以礼相待，特别是在晋升职称等问题上一视同仁，受到大家交口称赞。而他的夫人郭蕴宜从金属所退休时，还是个副研究员。很多人鸣不平，对师昌绪说："如果不是和您在一起，郭老师早评上研究员了。"他平静地回答："很多同志都已具备晋升研究员的资格，但是名额有限，只能先人后己了。"

唯其敬业，他敢说真话，最讲团结。他本来是材料科学家，到北京后，却主持过不少国家级的大课题论证。因为他总是能站在全局的高度将大家组织起来，遇有不同意见时，他让各方畅所欲言，公平竞争，这样大家也都心悦诚服。无私者无畏，在这些年里，他不知道主持过多少鉴定会或评审会，从来没有说过违心的话。在向上级汇报工作时，讲过不少别人不愿讲或不敢讲的话，不但没有引起反感或非议，反而受到大家的尊重。

唯其敬业，正如师老自述："迟暮夕阳余热暖，情真意切育英才。"几十年来，他带出了一支能打硬仗的攻坚队伍，其中已晋升高级职称的有上百人，不少人已担任各级科研机关的领导职务。他受聘于国内十余所著名大学做兼职教授，是两个学科的博士生导师，已与合作者共同培养硕士、博士毕业生近百人，并在国内外发表论文300多篇。他领导的材料科学科研集体荣获国家级奖励10余项，其中两次获得国家科技进步一等奖。

唯其敬业，他"爱管闲事"，几十年的科研和管理生涯，只能用一个"忙"字来概括。特别是进京之后，他在中科院、工程院、基金委都有办公室，除了岗位工作以外，还有更多的额外负担，如研究生答辩、成果鉴定、学会活动、国家重大科学工程的立项、国家重点实验室及国家工程研究中心的评审与评估等。在很多情况下，人们根据他可能抽出的时间安排活动，所以周末、节假日都占了，一年中真正悠闲的时间寥寥无几。不少好心人见他这样忙，都劝他多休息，少工作，减负荷。他却满不在乎地回答："只要心情愉快，工作多并不是负担，忙才不感到空虚。"

虽才高于世，而无骄尚之情，正是师昌绪做人做事的真实写照。

"知者乐，仁者寿"，让我们借用孔子的这句话，真诚地祝福他！

《人民日报》（2004年6月7日，作者：李新彦、武卫政）

王振义

著名血液学专家

　　成功实现将恶性细胞改造为良性细胞的白血病临床治疗新策略，奠定了诱导分化理论的临床基础；确立了急性早幼粒细胞白血病（APL）治疗的"上海方案"，树立了基础与临床结合的成功典范；建立了我国血栓与止血的临床应用研究体系。

教癌细胞改邪归正

王振义，1924年11月生于上海，祖籍江苏兴化。1948年毕业于震旦大学获医学博士。1994年当选为中国工程院院士。曾任上海第二医科大学校长（现上海交通大学医学院），瑞金医院上海血液学研究所所长，现为上海交通大学医学院附属瑞金医院终身教授，上海血液学研究所名誉所长。

癌症，一个令人胆寒的字眼。因为人类目前尚无法征服它。

中国工程院院士、上海交通大学医学院附属瑞金医院上海血液学研究所名誉所长王振义教授独辟蹊径，采取药物诱导分化的方法，教癌细胞改邪归正，为人类探索出一条全新的癌症治疗途径。

创新思路，新疗法治白血病，并在国内外推广

时光退回到1986年。一个年仅5岁的小女孩小静不幸患上了晚期急性早幼粒细胞白血病，住进瑞金医院时出血严重，家人已经绝望了。关键时刻，医生给孩子用上了王振义研制成功的一种全新疗法：全反式维甲酸治疗。7天后，奇迹出现了：小静症状明显好转，一个月后达到完全缓解。20多年过去了，小静依然健康地生活着。

"小静是我用全反式维甲酸治疗的第一个病人。在首批治疗的24例病人中，完全缓解率达到九成多。这是我最感欣慰的。"王振义回忆道。

治疗白血病一般有两条研究途径：一是化疗，杀死白血病细胞。另一途径是诱导分化，将恶性的白血病细胞转变为良性细胞。在儒家"改邪归正"思想的影响下，王振义率领的研究组选择了诱导分化治疗白血病的途径。他的研究组证明全反式维甲酸在体内可使新鲜急性早幼粒细胞白血病细胞向成熟细胞分化。1980年，全反式维甲酸批准在临床上使用，用于治疗有些皮肤病。在取得病人和家属的同意后，他试用全反式维甲酸治疗晚期或化疗无效的急性早幼粒

细胞白血病患者，取得惊人的效果。

1988年，王振义的学生黄萌珥带领课题组总结了24例急性早幼粒细胞白血病的治疗结果，证明其中23例完全缓解。该疗法很快向国内外推广，并提供那时只有国内可提供的全反式维甲酸。

1992年，在孙关林主持下，总结了我国544例急性早幼粒细胞白血病用全反式维甲酸治疗的结果，其中84％获完全缓解。此后，世界各国都先后证实了这种疗法的效果：法国1993年54例，完全缓解率91％；美国1995年79例，完全缓解率86％；日本1995年109例，完全缓解率89％。

实践证明，急性早幼粒细胞白血病应用全反式维甲酸治疗的病例早期完全缓解率高达85％~90％，这种方法副反应少、不抑制造血、不引起出血、使用方便（只要口服）、价格低廉。目前联合应用全反式维甲酸、砷剂及化疗，急性早幼粒细胞白血病患者的5年存活率已高达95％，成为第一种可以治愈的急性白血病。

融中国古代哲学思想与当代科学思想为一体，引领血液学研究不断冲向巅峰

1942年，免试直升进入震旦大学的王振义，毅然选择了学医。1948年，王振义从震旦大学医学院毕业，获医学博士学位，因成绩名列前茅，留在广慈医院（今瑞金医院前身）担任住院医师。

早在1959年，领导安排王振义负责白血病的病房工作，希望在短期内攻克这种"可怕"的疾病。他以极大的热情投入了病房工作，可是在短短的半年时间内，数十例急性白血病病人仍然离开人间。这一活生生的事实，教育了他单有热情而没有过硬的本领是挽救不了病人生命的，这也是激励他一定要深入研究白血病的治疗、造福病人的动力。

王振义从1982年开始就指导研究生开展免疫性血小板减少的研究，以后又开展肝素对血小板和巨核细胞刺激作用的研究。1997年应邀与沈志祥合写了《巨核细胞与血小板在免疫性血小板减少性紫癜中的变化》一文，这是中国学者第一次被邀在国际刊物上撰写有关血液学的论文。他与李家增、阮长耿，以后又有王鸿利、韩忠朝、宋善俊参加主编的《血栓与止血》1988年第一版、1996年第二版及2004年第三版，已成为我国在这领域中的代表性专著。

王振义对学生从来不居高临下，而是平等地和学生一起探讨学术问题。对同行的研究更是抱着谦虚的态度去学习。2002年，王振义指导的课题组在研究中发现有一个抗白血病药物的水溶性差，实验效果很不理想，课题组陷入了停滞。听说郑州大学的教授在这方面有深入研究，当时已78岁高龄的王振义执意亲自上门请教。他认为，即便是院士，在自己不懂的问题上就是一个学生。郑州大学接待的同志听了随行人员的介绍，怎么都不敢相信眼前这位朴素和蔼的老人就是大名鼎鼎的王院士，这么一位著名的医学家怎么可能这么虚心地上门求教呢。人们看到了一名科学家虚怀若谷、诚实谦逊的风范和品格。

在60多年行医生涯中，王振义将基础学科与临床实践密切结合，将祖国医学和现代西医理论合二为一，将中国古代哲学思想与当代科学思想融为一体，引领着我国血液学研究冲向一个又一个巅峰。

甘为人梯，培养造就了一批国内顶级血液学研究人才

王振义不仅是一位著名的医学家，也是一名成功的教育家。60多年来，他先后为国家培养了一大批优秀的血液学专家。

1978年，陈竺以专业考分第一名的成绩成为王振义教授的硕士研究生。陈竺、陈赛娟夫妇不会忘记，是王振义手把手地指导他们进行血液病理生理的实验，耐心为他俩补习专业外语，后来又一起撰写论文。王振义每一次都坚持把他们列为论文的第一、第二作者，而把自己排在了最后！这为当时年仅31岁的陈竺脱颖而出创造了良好的环境。1984年，王振义力荐陈竺夫妇赴法留学。1989年，陈竺、陈赛娟夫妇俩学成回国，继续在导师指导下工作，并最终开辟出一块令人瞩目的基因研究新天地。"我一直以学生为荣，看到学生超过自己，这是当老师最大的欣慰"。

的确，在学生的眼中，王振义是一位谦逊、豁达的长者，是一位严谨求实的学者，是一位爱才惜才的大师。"973"最年轻的首席科学家陈国强是王振义的另一位得意门生。

"博士研究生我还是要考王振义教授的！"陈国强回忆当年报考王教授博士研究生的情形，"那瞬间的选择，源自于王教授修改我的硕士研究生论文的过程。"在写论文还不用电脑的年代，导师一遍遍修改，学生就要根据修改的内容，重新整理、抄写，陈国强的硕士论文王教授先后改了10遍，陈国强将近

2万字的论文共抄了10遍。王振义时任二医大校长，白天工作繁忙，只有利用晚上的时间修改学生的论文。王振义多次把陈国强叫到家里一起吃晚饭，一放下碗筷，师生两人就一头"扎进"了论文。王教授甘为人梯的品格激励着陈国强向更高的医学高峰迈进。陈国强现已成为上海交通大学医学院院长、博士生导师。

王振义先后担任过内科学基础、普通内科学、血液学、病理生理学等教学工作，培养了博士21人，硕士34人。

如今，已86岁的王振义又自创了"开卷有益"式的查房，每周四上午由学生对他进行提问，王振义对疑难病例进行分析和答疑，这种做法不仅培养了学生的诊断思路，更是给病人带去了福音。

王振义的客厅里挂着一幅《清贫的牡丹》。他说："我相信做人最本质的东西：胸膺填壮志，荣华视流水。"

《人民日报》（2011年1月15日，记者：蒋建科）

为科学服务　为人民服务

王振义，1924年11月出生于上海。1948年毕业于震旦大学医学院，获医学博士学位，1994年当选为中国工程院院士，现为上海交通大学医学院附属瑞金医院终身教授、上海血液学研究所名誉所长。2011年1月14日获得国家最高科学技术奖。

他开创了白血病和肿瘤的诱导分化疗法，首创用国产全反式维甲酸治疗急性早幼粒细胞白血病，使急性白血病缓解率达到95%，5年生存率上升至目前的92%。1994年，他获得国际肿瘤学界的最高奖——凯特林奖。

此外，他还获得瑞士布鲁巴赫肿瘤研究奖、法国台尔杜加世界奖、美国血液学会"海姆瓦塞曼"奖、求是杰出科学家奖、首届"何梁何利科技奖"等。

王振义院士很准时。约好9点开始采访，8点55分，87岁的他已经出现在上海交通大学医学院附属瑞金医院科教楼的会议室里。

"我每天上午都在这里，每周四查房时由学生对我提问，下午带着'作业'回去'做功课'，晚饭过后再出来散步半小时。基本上我都是这么过的。"精神矍铄的王振义，对于平淡的退休生活乐在其中："我常常对别人讲，要每天看看自己的脚，也就是要'知足'。"

13元一盒的药物，挽救了无数人的生命

"前几天刚刚获得'感动上海年度十大人物'称号，我觉得和其他获奖人比起来，我没有什么可让人感动的。他们都是冒着生命危险去救人，而我，只是很幸运地找到了治病方法，做了一些我应该做的、小小的成绩。"

王振义所说的"小小的成绩"，就是他在国际上首创的，用全反式维甲酸治疗急性早幼粒细胞白血病。25年来，这种13元一盒、连续服用6盒就可缓解病情的药物，已经挽救了无数人的生命。

喜欢刨根问底又不服输的天性，促使王振义在医学道路上不断探索。他常说，科学研究最忌讳的就是浮躁，清贫与寂寞常常是科学家最好的朋友。

1986年，王振义遇到一名5岁女孩小静，她得了晚期急性早幼粒细胞白血病，出血严重，家人已经绝望。相比其他类型的白血病，这种白血病发病急，恶化速度极快，很多病人从诊断到死亡不过一周。根据以往经验，白血病治疗基本采用化疗，在把白血病细胞杀死的同时，正常的细胞也会受到损害，且损伤了人体的免疫系统，病很难根治。

当时，王振义正在进行全新的尝试。"何不用一种新思路治疗癌症？癌细胞侵害人体，能不能让它'改邪归正'，将它诱导成正常细胞呢？"王振义用中西医结合的思路开始了全新研究。他开创的全反式维甲酸诱导分化疗法在体外实验中获得成功。显微镜下，白血病癌细胞一个个"改邪归正"。

王振义说，小静是临床试验第一人。对于这个独创的全新概念，王振义受到极大的压力。"我有勇气，我尊重科学。"事实证明，他创造了奇迹：7天后，小静症状明显好转，一个月后，病情完全缓解。20多年过去了，小静健康活泼，过着正常人一般的生活。从此，这种疗法开始在临床上全面使用，首批治疗的24例病人中，完全缓解率超过了90%。

实践表明，急性早幼粒细胞白血病应用全反式维甲酸治疗的病例早期完全缓解率高达85%~90%，这种方法副反应少、不抑制造血、不引起出血、只要口服、价格低廉。目前联合应用全反式维甲酸、砷剂及化疗，急性早幼粒细胞白血病患者的5年存活率已高达95%，成为第一种可以治愈的急性白血病。

"虽然急性早幼粒细胞白血病的问题基本解决了，但白血病有20余种之多，几十年来，研究进展缓慢。我们还有很多的工作要做，很多病人在等我们。"在王振义看来，判断一位科学家成功与否，不能只看在杂志上发表了多少论文，不能只靠论文的影响因子，科学家要注重成果的原创性，更要注重在群众中的地位，用自己的医德为人民服务。

学习是延迟大脑退化、不得老年痴呆症的最好办法

"一个人的一生要过不同的关，我毕业后留校任教，当学科主任，然后又当过校长，做过科研。人生每个阶段都有自己的作用，我退下来后也在思考，

我还能做些什么？在管理上，我不能再插一手，这样不利于年轻人的成长和发展。于是，我敦促自己多看些书，多增长知识。"王振义说。

对于保持年轻的秘诀，王振义笑着透露："为了过好'老年关'，我60岁时学英语，70岁时学电脑……学习，是我延迟大脑退化、不得老年痴呆症的最好办法。"

王振义能为许多重危病人救治带来生机和希望，源于他善于思考，善于提出创新的治疗思路。

"我们需要创新，但首先要有足够的知识。我记得小时候也乱想过，但那是没有科学依据的。有些医学上的创新就是在人家已有研究的基础上，再多问一个为什么，没准就能发现新的理论。"王振义经常和学生探讨学术问题，对学生的教导从来不是居高临下。"我在查房的时候，实习生喜欢听我的评论。很多疑难病症，你怎样来解决？有哪些思路？从哪几方面去考虑？比如我们都知道，有一种肿瘤干细胞，它可以生出肿瘤。如果你把这个干细胞搞清楚，把变为肿瘤的干细胞杀死，肿瘤也就治好了，这不就是一个方向吗？这也是一个想象。"

每周四，病房里都会有一场"开卷考试"，由临床医生提出问题，王振义带着问题回去查资料。两三天后再拿着做好的幻灯片来解答，和学生一起讨论多种解决方案。

"我跟他们说，在学习、生活当中会碰到很多事情，更会碰到不少困难。只有不断学习，不断充实自己，才能解决困难。"这是王振义对学生的要求，更是他对自己的要求。

在学生的眼中，王振义是一位谦逊、豁达的长者，是一位严谨求实的学者。多媒体制作中颜色是否协调、英文论文中哪个单词用的不确切、英语口语中的语音纠正，都是王振义所关心的。还有分子生物学的结构、显微镜下观察细胞、X片显影结果，即便是再小的环节，王振义总会要求学生再做一次。

退休后的王振义，依然热心于为同行和学生授业解惑。"国外学校请我去做报告，但我不能只汇报过去，更要重视现在，所以把我们所里的最新情况介绍给大家；学生则让我讲人生、讲我的过去、讲我的做法；为医生开讲座，我告诉他们科研人员应该有高尚的品德。"王振义说。

"这些讲座也是一场实现了医、教、研三结合的考试，"对于"考试成绩"，王振义给自己打60分。

淡泊名利，医生更应该追求为人类健康作贡献

今年1月，王振义获得2010年度国家最高科技奖，并得到500万元奖金。这500万中的450万元，王振义已经捐给血液所，另外50万元则分给研究团队中的年轻人。

"人人都喜欢地位、金钱，但当你离开这个世界时，别人不会计算你有多少名、多少利，而是计算你为这个世界作了多少贡献。"王振义说，医生追求的是崇高的境界，为人类健康作出贡献，不计较名利。要做医生，就一定要有这样的境界。

"有人喜欢赚钱和得奖，我并不反对，但对奖要有正确的认识。我得了很多奖，但我更希望把这些奖给年轻人，鼓励一下年轻人。如果我追求名利，反而得不到人家对我客观的评价。"

与学生一起撰写论文，王振义总是坚持把自己的名字排在最后。"很多人问我为什么总是把自己的名字放在论文作者的最后一位，甚至不署名，我觉得很多论文是大家共同研究的结果，应该让更多人享受研究成果。"

重视年轻人的培养，一直是王振义所坚持的。他曾先后担任过内科学基础、普通内科学、血液学、病理生理学等领域的教学工作，共培养了博士21人，硕士34人。在他的学生中，有陈竺、陈赛娟这对著名的"院士夫妻"、"973"最年轻的首席科学家陈国强等。

为了奖励在基础研究、临床研究人员，特别是刻苦钻研的年轻人，王振义在获得凯特林癌症研究大奖后，特地拿出部分奖金在国内设立"白血病诱导分化疗法基金"，鼓励年轻人在这一领域多做研究，多作贡献。

《人民日报》（2011年10月31日，记者：王有佳）

谷超豪

————— 享有国际盛誉的数学家

　　微分几何、偏微分方程和数学物理及其交汇点上作出了重要贡献。
研究出"规范场数学结构""非线性双曲型方程组和混合型偏微分方程
的研究""经典规范场"等成果。

数学和诗一样让我喜欢

60多年，从微分几何到偏微分方程，再从偏微分方程到数学物理，他在深奥和抽象的数学世界里遨游，在纯粹数学和应用数学两个领域都获得了富有开创性、难度大、在国际上处于领先地位的成果。

他就是获得2009年度国家最高科学技术奖的谷超豪院士。很多人觉得搞数学很枯燥，谷超豪却说："数学世界充满了精神的创造，只要深入其中就会发现奥妙无穷。"

从学生领袖到数学新兵

1926年5月15日，谷超豪出生在浙江温州。

从幼年起，聪颖好学的谷超豪不断目睹国家被侵略的悲惨景象。他在学习中接触了大量的进步书刊，确定了献身革命事业的理想。抗日烽火又把这位年幼的学生带进了救亡运动中，谷超豪积极参加各种抗日宣传活动，并在1940年初中三年级的时候加入了中国共产党。

1943年，他考入浙江大学龙泉分校。大学期间，他积极参加进步学生运动，和同学组织了"求是学社"，以优异的成绩和追求真理的实际行动，赢得了师长的信任和同学们的尊敬，曾以最高票当选浙江大学学生会的主要负责人之一。在解放前夕，他为保全杭州市的科技机构作出了贡献。

在大学里，谷超豪一边参加革命事业，一边如饥似渴地学习。1946年，他师从著名数学家苏步青教授，开始了研究数学的历程。因为才华出众，他被破例允许同时参加两位名家的课程——苏步青教授主持的微分几何专题讨论和陈建功教授主持的函数论与傅立叶分析专题讨论。从两位著名数学家那里，谷超豪学到了治学的方法，而且在几何及分析两方面打下了扎实的功底。

从1948年到1956年，谷超豪先后在浙江大学和复旦大学任教，在苏步青的指导下开始了数学研究生涯，在K展空间、仿射联络空间及芬斯拉（Finsler）空间等方面进行了一系列深入的研究工作，发表了多篇论文，展现出数学方面创造性的才能，迅速成为苏步青领导的中国微分几何学派的学术骨干。

一个"不安分"的人，一个喜欢挑战难题的人

法国科学院院士Y.Choquet-Bruhat曾经在法国科学院院士大会上这样介绍谷超豪："谷超豪先生是一位很有影响的数学家。我最初是通过他的著述认识他，特别是他首次阐明的关于杨—米尔斯场的存在定理的著作。这项由一位数学家完成的关于物理问题的工作是谷先生独特、高雅、深入、多变的工作风格的典型范例。他是一位向难题进攻（有时是几何学，有时是物理学方面的问题）并解决难题的偏微分方程专家。"

这段话是对谷超豪数学人生的精妙写照。谷超豪正是一个"不安分"的人，一个喜欢挑战难题的人。

1956年，正当谷超豪在微分几何方面的成就引人注目的时候，他却敏锐地看到尖端技术发展对数学提出的新要求。为了满足国家科学事业发展的需要，他毅然将主要精力投入偏微分方程这一新的研究领域中来。他致力于把数学应用到航天中去，经其反复设计、选用的方法在我国导弹"钝头物体超音速绕流"的计算中发挥了主导作用，为我国国防科研作出了贡献。

谷超豪把毕生的精力投入三大研究领域中——微分几何、偏微分方程和数学物理，他亲昵地称它们为"金三角"。为了挖掘这些"金子"，他与同为数学家的妻子胡和生院士一起，把日常生活做成了一道减法题，挤出来的时间都用在了学问上。除了最简洁的生活程序，夫妻俩剩下的便是埋头于桌案，寻找数字里的乾坤。多年来，他在国内外发表论文130篇，其中100篇为独立完成，并出版教材三本、专著四部。

在杨振宁教授的眼中，谷超豪的研究是"站在高山上往下看，看到了全局"；在学生的眼中，谷超豪的治学是"多变"的。他对偏微分方程发展趋势的预见，不仅为以后国际上偏微分方程的发展主流所证实，而且指引和带领一批学生走上了具有自己特色的研究道路。

他常告诫年轻人，千万不要重理轻文

"数学与古典文学都十分重视对称性，许多作品中还蕴含着丰富的科学思想萌芽。"作为数学家，谷超豪的身上始终带着自然科学的理性与人文科学的感性。"在我的生活里，数学是和诗一样让我喜欢的东西。诗可以用简单而具体的语言表达非常复杂、深刻的东西，数学也是这样。"谷超豪说。

谷超豪常常告诫年轻人，千万不要重理轻文，不要单纯和数字、公式、公理、定理打交道。"文学和写作一方面能够丰富生活，另一方面也有益于数理思维的发展！"

在几十年如一日的数学研究中，谷超豪经常利用自己深厚的文学功底，将数字化枯燥为神奇的无穷乐趣用诗意的语言表达出来。1986年，他乘船去浙江舟山讲学时，曾写过一首诗："昨辞匡庐今蓬莱，浪拍船舷夜不眠。曲面全凸形难变，线素双曲群可迁。晴空灿烂霞掩日，碧海苍茫水映天。人生几何学几何，不学庄生殆无边。"其中第二句讲的是微分几何中的两个著名定理，最后一句则是自己人生的写照。

除了借诗叙事抒怀之外，诗歌还是谷超豪献给妻子的玫瑰与礼物。1991年胡和生当选中科院院士，他特做诗一首表示祝贺：苦读寒窗夜，挑灯黎明前。几何得真传，物理试新篇。红妆不须理，秀色天然妍。学苑有令名，共庆艳阳天。

他的教学有一个特点，就是"边学边教"

科研与教学，是谷超豪"人生方程"的横轴与纵轴。他长期为本科生开数学基础课，也开设过许多专门课程。"人言数无味，我道味无穷。良师多启发，珍本富精蕴。解题岂一法，寻思求百通。幸得桑梓教，终生为动容。"这是谷超豪20年前写的一首诗。他抒发了自己对数学的眷恋之情，也道出了对教书育人的理解。

在复旦大学的师生心中，谷超豪不仅是数学家，更是教育家。他的教学有一个特点，就是"边学边教"，经常把国际上最新的科研成果融入课堂的教学中。

1959年，他从莫斯科大学取得博士学位回国后，根据国家需要，开展了与超音速流密切相关的空气动力学及数值计算的研究。他边学边教，开设了空气

动力学和差分法的新课程，培养出了一批力学和数值计算方面的新生力量，现为中科院院士的李家春、郭柏灵等就是其中的代表。

每当他开拓出一个新领域，并作出开创性的贡献后，他就毫无保留地传授给学生，把学生推上这一领域的前沿，而自己又去开拓另一更新的领域。20世纪60年代初，谷超豪率先解决了空气动力学方程组的平面超音速机翼绕流问题，比美国著名数学家Schaeffer等人的相应结果早了十几年。在此基础上，他的学生李大潜院士在这一领域里建立和发展了迄今为止最完整的局部解理论，并在美国出版了专著。

60多年数学生涯，谷超豪桃李满天下。如今复旦数学系和数学所已成为国际知名的研究机构。谷超豪的学生当中，已有9人当选为中国科学院院士或中国工程院院士。

"当年，我的老师苏步青对我说，我培养了超过我的学生，你也要培养超过你的学生"，谷超豪说："如今回首，我想，在一定程度上我可以向苏先生交账了！"

《人民日报》2011年11月7日，记者：赵亚辉）

数苑尝百味　人生大胸怀

6月24日，是值得中国科技界铭记的日子，这一天，"神九""蛟龙"双双奏捷；也就是这一天，一位老人悄然远行：当日凌晨，国家最高科技奖获得者、著名数学家、教育家谷超豪先生逝世，享年87岁。一生将做事与国家需要相结合的谷先生，亦应欣慰。

最关心
数学等基础学科少人问津，一生呼吁"中国需要数学"

谷超豪先生的弟子、中科院院士洪家兴告诉记者，由于健康原因，从去年1月起谷老已不太能讲话。然而，今年2月，复旦大学领导和数学学院院长到医院告诉他，上海数学中心获得批准、正式开始筹建时，他却第一次激动地说起话来，只是无人能听懂。"我理解，他想说的，可能是在他的脑子里数学中心有个蓝图，他希望怎么建设；希望我们这些后辈人把这件事做好……"

建设一个可以吸引全世界著名数学家、让国内年轻人能及早接受大师熏陶的数学中心，可以说是暮年疾病缠身的谷超豪最关心的一件事。

2010年2月，刚刚荣获2009年度国家最高科学技术奖的谷超豪，专门给中央写了一封信。信中，他大力强调基础学科尤其是数学研究对于国家科技持续发展的重要性，提议建立一个以上海为基地、联动周边地区高校与研究所的"南方数学研究中心"，当时也成了国内数学界的一个大新闻。

洪家兴说，在上海数学中心这件事上，谷先生既无个人名利要求，也绝非一时心血来潮，体现了他对人才培养问题的深思熟虑。近年来，他一直忧虑、感慨于国内优秀生源大多拥挤到金融、管理等热门专业，数学等基础学科少人问津，即使入门的年轻人往往也只把数学系当作"跳板"，每每这时，他总会大声疾呼：数学是各门科学的基础和工具！中国需要数学！——"希望更多有才华、有志气的年轻人，投身到数学这一对国家建设极为有用的事业中来！"

谷超豪建议成立数学中心，初衷就是"把世界上著名的数学家吸引过来"，让年轻人有机会与大师交流，让创新型人才能够更快成长。这是他根据自己当年受到苏步青、陈建功等大家熏陶的经历，而得出的结论。

如今，上海数学中心正在积极建设，他的愿望或许能变成现实。

最独特
不做官不赚钱要做大事，做学问开眼界成就大师

"站到高处往下看，看到了全局。"这是诺贝尔奖获得者杨振宁对谷超豪学术研究成果的一句评价。

1974年，杨振宁访问上海，与谷超豪开始了超过30年的数学家与物理学家间的合作和友谊。2005年，谷超豪80岁寿辰时，杨振宁这样评价他："立德、立言、立身三项，谷院士都做到了！"

谷超豪曾多次以孙中山先生的话叮嘱年轻学子们："青少年要立志做大事，不可立志做大官，也不可立志赚大钱。"这话，由谷先生说来，不由人不信服。

他生在民族危亡的动荡时代，早早踏上革命道路，14岁就加入中国共产党。从温州中学到浙江大学，他沉迷数学且很早显示出天赋，又得到了苏步青、陈建功等名师的指导和奖掖，学术前途一片光明；同时，他也是学生运动的风云人物，曾以最高票数当选为浙江大学学生会的常务理事。于是有了这样一个等式："科学＋民主＝谷超豪"。

科学家与革命者，两者的共同之处在于，都是为了民族、百姓求解放、谋富强，都是人生"大事"。

1988年，正在与杨振宁的合作研究取得进展之际，谷超豪被任命为中国科技大学校长。他有过犹豫，但在老师苏步青和杨振宁劝说下，仍以大局为重赴合肥就任。那时正是中科大的困难时期，谷超豪全身心地投入学校的繁忙事务中。数学研究只能利用乘火车、坐飞机的时候见缝插针。他吟诗记录自己的研究状态为："数苑从来思不停，穿云驰车亦有成。"这一时期，其学术成就和奋斗精神，对中科大师生产生了极大感染力。

有人曾问谷超豪，如果没有那么多社会工作，对他来说是不是会更好，谷超豪的回答是："我情愿肩负历史的责任。"

微分几何、偏微分方程、数学物理被视为谷超豪学术成果的"金三角"。

法兰西科学院院士肖盖曾这样形容谷老的工作风格："独特、高雅、深入、多变。"而这位早已成名的科学家，不断尝试跨领域研究的创新、多变，"做学问就像下棋，要有大眼界，只经营一小块地盘，容易失去大局。"谷超豪曾这样告诫学生。然而，学术上的大眼界，没有人生的"大胸怀"恐怕很难做到，站到高处看到全局，方才成就大师。

最坚持
年逾八旬依然每天工作8小时以上，"写文章要一篇比一篇好"

在众多学生的眼中，谷超豪是这样一位长者："他带着大家探索、开路。种种创业之初困难的事都由谷先生做了，而在找到了一条通往金矿之路后，他就把金矿让给跟随他的年轻人去继续挖掘，自己则带着另一批年轻人去寻找另一个金矿。"

从浙江大学毕业担任苏步青教授的助教，到在院系调整时转入复旦大学，谷超豪做了近60年教师，一直都是坚持科研与教学相结合的典范。他长期为本科生开数学基础课，也开设过许多专门课程，严谨的治学态度逐渐渗透到复旦数学所的每一个角落。要通过他的研究生答辩，最关键的是论文必须具备"原创性"。在这种高标准、严要求的精神熏陶下，几十年来，谷超豪为国家输送了包括3名科学院院士、2名工程院院士在内的众多高级数学人才。他直接指导的学生中有已在国际享有盛誉的李大潜院士、陈恕行教授、洪家兴教授，有首届青年科学家奖和杰出青年基金获得者穆穆等多名优秀的数学家。

虽然性格内敛平和，很少发脾气或严厉批评他人，但谷超豪那长期"思维体操"练成的明眸黑瞳，仿佛总能洞悉学生的心思，让他们感到无形的压力。

数学学院刘宪高教授至今记得他刚进复旦时，谷先生对他说的一句话："写文章要一篇比一篇好，科研不要永远停留在同一水平上。"

谷超豪和夫人胡和生是著名的"数学家夫妻""院士夫妻"。结婚时，两人就约定，家务从简，节省时间用在科研、教学上。直到80多岁，谷老每天依然工作8小时以上，一支笔、一张白纸，孜孜不倦地破解难题。别人视为艰难畏途的数学领域，他从未感到枯燥，而其人生最痛苦的事，便是"文化大革命"中不让他从事数学研究。他曾以诗自述："人言数无味，我道味无穷。良师多启发，珍本富精蕴。解题岂一法，寻思求百通。幸得桑梓教，终生为动容。"

从少年开始就时常吟咏的旧体诗，只是"自娱自乐"，却也显示出这位大科学家的良好文学素养和浪漫人生情怀。这样智慧而"通识"的大家，今天，能有几人欤？

《人民日报》（2012年6月26日，记者：姜泓冰）

孙家栋

我国人造卫星技术和深空探测技术的开创者之一

主持完成我国第一颗人造卫星、返回式卫星和静止轨道试验通信卫星的总体设计，使我国成为少数几个拥有相关技术的国家。还担任我国第二代应用卫星航天工程和我国北斗卫星导航系统一代、二代工程总设计师以及月球探测一期工程总设计师。

一辈子与卫星打交道的航天大总师

他被称为中国航天的"大总师"，从"东方红一号"到"嫦娥一号"，从"风云气象卫星"到"北斗导航卫星"，背后都有他主持负责的身影；翻开他的人生履历，就如同阅读一部新中国航天事业的发展史……

他，就是我国人造卫星技术和深空探测技术的开创者之一、中国航天科技集团有限公司原高级技术顾问孙家栋院士。孙家栋，这个名字与中国航天事业的发展紧紧相依。

航天是一项非常复杂的系统工程，每项工程由卫星、火箭、发射场、测控通信、应用等数个系统构成，每个系统都有自己的总设计师或总指挥，孙家栋则被大家尊称为"大总帅"。

一次发射中，卫星在转运途中不慎发生了轻微碰撞，试验队员们一下子慌了神，谁也不敢保证这会不会对发射造成影响。

接到紧急报告，孙家栋当天就从北京赶到西昌，一下飞机就直奔卫星试验厂房。了解清楚现场情况后，当时已经快80岁的他马上钻到了卫星底下，对着卫星的受创部位仔细研究起来。"卫星没事儿，能用！"孙家栋的一句话，让大家悬在半空的心踏实了下来。

"搞航天工程，没有好坏，只有成败。要保成功，就必须发扬严格、谨慎、细致、务实的作风。"孙家栋总是这样告诫年轻人。

如今已经90岁的孙家栋，与卫星打了一辈子交道。曾经有人问孙家栋："航天精神里哪一条最重要？""热爱。"他不假思索，"如果你不热爱，就谈不上奋斗、奉献、严谨、协作、负责、创新……"

几十年来，正是凭着这个信念，尽管从事着充满风险的航天事业，但孙家栋从来没有被困难吓倒，反而愈挫愈勇。

20世纪70年代，孙家栋带领团队研制我国第一颗返回式遥感卫星，发射时出现了意外。震惊过后，孙家栋带着大伙儿在天寒地冻中把大片的沙漠翻了一尺多深，拿筛子把炸碎的火箭卫星残骸筛出来，最终找到了失败的原因。一年后，一颗新的卫星腾空而起。

2009年，在孙家栋80岁生日时，钱学森专门致信祝贺。钱老在信中说："自第一颗人造地球卫星首战告捷起，到绕月探测工程的圆满成功，您几十年来为中国航天的发展作出了突出贡献。共和国不会忘记，人民不会忘记。"

2019年1月，嫦娥四号探测器成功实现人类首次月球背面软着陆，开启了全新的月球背面探索之旅，举国沸腾、世界瞩目。

时针拨回15年前，当国家启动嫦娥一号探月工程时，已经75岁的孙家栋毅然接下了首任探月工程总设计师的重担。大多数人在这样的高龄都功成身退，他却冒着风险出任探月工程总设计师。对于别人的不理解，孙家栋只有一句话："国家需要，我就去做。"

在嫦娥一号顺利完成环绕月球的那一刻，航天飞行指挥控制中心里，大家全部从座位上站起来，欢呼雀跃、拥抱握手。而孙家栋却走到了一个僻静的角落，悄悄地背过身子，掏出手绢在偷偷擦眼泪。

"孙家栋无疑是一位战略科学家，总能确定合理的战略目标。"嫦娥一号卫星总设计师、中国航天科技集团五院深空探测和空间科学首席科学家叶培建院士说，在困难面前，他绝不低头；在责任面前，他又"俯首甘为孺子牛"。

"几十年的实践证明，核心技术是买不来的，航天尖端产品也是买不来的。我们必须依靠自己的力量发展航天技术。"孙家栋说，在一穷二白的时候，我们没有专家可以依靠，没有技术可以借鉴，我们只能自力更生、自主创新。今天搞航天的年轻人更要有自主创新的理念，要掌握核心技术的话语权。

（据新华社北京9月19日电　记者：胡喆）

《人民日报》（2019年9月22日）

"没有纪律任何事情都办不成"

牢记使命和责任，为强国之路保驾护航

——孙家栋

"纪律不仅是高压线，甚至可以说是生命线"

问：您虽已86岁高龄，但脚步从未停歇、工作从未间断，仍然奋战在航天一线。您3月30日还在西昌卫星发射基地，现场观看了第17颗北斗导航卫星的发射。请问每次重要的发射您都一定要到现场吗？

孙家栋：是啊。搞航天真正要体会到实际情况，还是必须到现场，你自己亲眼看一看，动手摸一摸，这和光听人家给你讲性质不一样。这个作风也是老一辈一直传承下来的。当年钱学森先生带我们搞第一个火箭，搞第一颗卫星，他都是带领我们到发射场。有时候出现故障一天两天都不睡觉，他都陪着我们一块在现场。1970年，我们第一颗卫星发射的时候，周恩来总理就提出非常严格的要求，四句话：严肃认真、周到细致、稳妥可靠、万无一失。

按过去的一般习惯，我主管的时候我是每次都到的。发射频率最高的时候一年发射6颗卫星，每颗卫星都要去三次，有时每年要去西昌卫星发射基地近20次。

国家给你任务主管这件事情，到执行任务的时候那是绝对要亲临现场。有的时候确实很顺利，待了三天，队伍已经很熟练了。有的时候出现一些情况，当然处理也是靠大家，但是你牵头的人在这里，要主导大家尽快处理，那个时候时间不饶人，安排得非常紧，开始的时候是以天计算、以小时计算、以分计算，最后以秒计算。

国家的发展对航天的期望非常大。为了中国航天事业的发展，我感觉航天人都是这样的，在自己力所能及的情况下，国家需要你办些事情，都是积极、认真地按照国家的要求共同来努力。我们很多航天人，像钱学森先生从自身做起，一直到他高龄临终的时候，都在不断地为航天事业的发展贡献力量，给我做出了非常好的榜样。

问：您现在还担任北斗卫星导航系统的总设计师吗？您为什么说中国人必须要有自己的卫星导航系统？

孙家栋：今年春节前吧，我不再担任北斗卫星导航系统的总设计师了。因为工作任务确实比较重，尤其是北斗也是分几个阶段发展，最后正式建成共有30多颗卫星，计划到2020年实现全球覆盖，所以还有一段时间。到2020年我都91岁了，考虑到培养队伍和整个事业的发展，我的申请得到了领导的批准，现在选了一位年富力强的同志。

已经有美国的GPS，但是为什么我们还一定要搞北斗，它不是个单纯的经济问题。设想一下，假设我们自己不搞，就不用讲别的，如果停一天信号，全国上千万汽车的导航仪器就无法使用，对人们的精神和心理的影响都会很大，何况其他的问题，如物流等。所以我们的北斗，有自己独立自主的一套东西，就是我们航天讲的独立自主、自力更生。我们经济社会发展本身的需要就是我们最大的目的。

问：您怎样理解习近平总书记在十八届中央纪委五次全会上强调的，领导干部要守纪律、讲规矩？

孙家栋：航天事业纪律是非常非常严格。这个千军万马办的事情都得按照大家协调好的办，要求你明天早上8点钟产品交到，10点钟交到就影响全局两个小时。纪律不仅是高压线，甚至可以说是生命线。所以在航天系统，几十年来，纪律是非常清楚、非常严格的。在真正的执行任务过程中，没有纪律是办不成事情的。所以我从这个角度讲，一个国家一个社会没有纪律任何事情都办不成。现在强调法治，强调纪律，对今后的建设确实非常重要。

"要做到忠诚、干净、担当，我觉得有两条，第一是对事业的热爱，第二是无私"

问：今天说起导弹核武器、东方红一号卫星、嫦娥卫星、北斗导航，每一个中国人依然会倍感自豪。回顾您几十年的工作经历，个人的每次选择都和时代同步，都是从国家的需要出发。请您谈谈个人成长与国家需要的关系。

孙家栋：用老百姓的话来讲，我是幸运儿，进入哈尔滨工业大学以后一直是在党的教育下培养起来的。1951年到苏联茹科夫斯基空军工程学院学习时，看到了莫斯科战后才几年就恢复得很好，就下定决心，要好好学习为我们国家建设奉献自己。

1958年回来后由飞机专业转向导弹研究，隔行隔得比较远。但是作为青年学生来讲有这么一个好的机会，确实感受到国家对你的重视、对你的爱护和培养，心情完全不一样的。感觉在这种情况下，无论怎么样奉献自己的一切力量，都要把国家的事业搞好。那时，我们大院刚开始修，房子没修完，冬天窗户上挂着草帘子。就那样的生活，大家一点怨言没有。那时经常加班加点，干到凌晨3点钟、4点钟天亮了，确实一心一意就是扑在这个事业上。

到1967年领导调我去搞卫星。2004年，我75岁时，安排我去搞嫦娥卫星。嫦娥搞成了，有记者曾经问我，这么难办的一件事您这么大岁数还接受这个任务。我确实从心里也没想过，搞成了什么影响，搞坏了什么影响，确实就是想要办成这一件事。

问：您每一次转型都是重新开始，所以本身也是一个很大的挑战。

孙家栋：对我来讲是一个很好的激励，还是要一步一步往前干。给我的任务，我就坚持，自始至终能搞出个成果，不能半途而废。总结自己经验，确实有这么几件事，在我们国家发展过程中都是非常迫切的需要，都是你要拿出实实在在的成果，要做好。所以从第一颗卫星到气象卫星，每一颗卫星都是完完整整地把任务搞成了，有结论了才结束；甚至从搞火箭到搞卫星的过程也一样，完全发射成了，也可以交给别人了，才调去搞卫星。

我自己回想，中国航天事业的发展，走的是一条非常明确的独立自主道路，同时也是稳扎稳打按照中国的国情、按照国家发展的需要一步一步发展起来，所以在中央的正确领导下，从无到有，从小到大走到今天。能有今天这个成果，我认为首先是中央的英明决策，当然也要包含航天人的努力和全社会的支持。

问：一代又一代航天人远离繁华埋首耕耘，奉献了青春和热血，铸就了伟大的航天精神，不仅激励着航天人拼搏奋进，也成为我们民族宝贵的精神财富，您是怎样理解航天精神及其现实意义？

孙家栋：航天精神内涵很多，但是合到一块来说，真正的起步还是"两弹一星"精神。我自己体会，航天精神的核心是热爱国家、热爱民族，热爱我们的航天事业。所以对中国的航天事业来讲，爱国爱民不是抽象的，就是把航天事业搞好，有一股给中华民族争光的志气。在苏联学习过程中，我们中国留学生学习成绩最好，这确实不是夸口，那真是日日夜夜地学习，就是一个目的，回去奉献自己力量。第二就是自力更生、艰苦奋斗。钱学森先生当年那句话："外国人能干的，中国人为什么不能干"，一直激励着我们。第三就是大力协同、勇于登攀。真正干事情光有精神不行，还要有一套办法。真正的力量源泉、智慧源泉来源于大力协同、群策群力。那时搞好大力协同有这样一句话：热爱这个事业再加上技术民主。大家讨论技术问题，谁愿意怎么说就怎么说，技术上有不同的观点大家认真研究，这样的话集思广益，最后有个决策。技术决策也是很重要，为国家的事业要敢于担当，敢于负责。

问：习近平总书记对党员干部提出了忠诚、干净、担当的要求，您是如何理解的？

孙家栋：要做到忠诚、干净、担当，我觉得有两条，第一是对事业的热爱，第二是无私。有了这两条就能把工作做得很好，应该你办的事情认真去办，就可以做到。如果有私心杂念，搞形象工程，当然就很难做到了。

"入党就是为人民的事业奉献自己的力量"

问：您是1956年在苏联留学期间入的党，到明年党龄就60年了，请您回忆一下您当时入党时的情景。您对共产党员是如何的理解？

孙家栋：当时入党思想上很简单，就是为人民的事业奉献自己的力量。

党员就应该如同入党宣誓的誓言：为共产主义事业奋斗终身。当然随着社会主义的发展，以及对社会发展规律的认识，我们党的马克思主义理论也在不断提升，这确实要有一个过程。正如习近平总书记所讲，共产党员要做共产主义远大理想和中国特色社会主义共同理想的坚定信仰者和忠实践行者。作为一个普通党员，我是搞技术的，联系自己的实际，联系国家当前的发展，就是为国家富强、人民的生活提升来做好自己的工作。

1957年11月17日，毛主席在莫斯科接见中国留学生时，我在现场聆听了讲话。我看得很清楚，听得也很清楚，受的教育非常深。主席的期望，你们是八九点钟的太阳，希望寄托在你们身上。所以作为国家建设者来讲，我们应该努力学习，把你自己的工作搞好，最终的目的就是强国，也就是现在社会主义核心价值观的第一个词：富强，强国富民。作为科学技术工作者来讲，应当在这方面作出自己的贡献。

问： 您这一生当中也遇到了不少的挫折和失败，您是如何面对的？

孙家栋： 科学的事情一点虚不得，必须求真务实，老老实实，一就是一，二就是二，办错了就是办错了，就要好好的总结。1974年第一颗返回式卫星打坏了，上天20秒掉下来了。冰天雪地，同志们几天几夜在大沙漠里头拿筛子筛，找火箭爆炸以后的残骸，完了以后对到一块去分析故障怎么产生的。最后把问题搞清楚了，是一根导线内部断裂了。这个故障是一个具体的技术问题，但使我受到了很大的教益。总结了经验和教训，不仅仅指导我们那个时期的工作，同时也是航天事业非常宝贵的财富。

还有一类问题，就是改革开放初期，一些大学生进来以后，不到半年就发现，航天系统里待遇太低，和一些进入外企的同学相比，收入差得太厉害了。那个时候，一些外企就直接开着大轿车挂上大牌子，在我们的一些研究院门口招人。"搞导弹的不如卖茶叶蛋的"说的就是这个时期。现在这一切已经成为过去。今天，对航天领域的大多数年轻人来讲，他生活只要能过得去，对这个事业的成就感和为国家作贡献的思想意识还是非常强的。

"党的建设，我觉得现在习近平总书记做得很好，首先抓反腐"

问： 作为一名老党员，您对今天党的建设有何期待？

孙家栋： 党的建设，我觉得现在习近平总书记做得很好，首先抓反腐。现在社会发展到这样一个阶段，这件事情确实是非常大的。抓好反腐倡廉，党员干部真正做到为人民服务，使我们的国家不断发展壮大，实现中国梦。我自己理解作为航天人来讲，就是为国家的强盛，民族的富裕来作自己的贡献。

问： 您如何看待党的十八大以来的党风廉政建设和反腐败工作？

孙家栋： 进一步反腐败，非常重要！非常重要！全党上下落实中央八项规定精神，坚决纠正"四风"，绝对是变化很大，感受也确实比较深。我感觉大家都是为事业，认为实现中国梦是非常有希望的，经过一段努力以后会实现。

"做人最重要是谦虚谨慎，老老实实，奉公守法；做事情做科学研究要严肃认真，求真务实"

问：习近平总书记在2015年春节团拜会上强调，要重视家庭建设，注重家庭、注重家教、注重家风。您怎样看待家风？

孙家栋：我家从父亲以上辈辈都是农民，朴实的农民。我最近看电视剧《平凡的世界》，印象很深，非常真实。一代代就讲老老实实做人，认认真真做事。父亲是我们家族第一代进城工作的，当教师。教师这个职业也是育人。父亲对我的影响，最主要的就是教育我好好做人，好好做事。做人最重要是谦虚谨慎，老老实实，奉公守法；做事情做科学研究要严肃认真，求真务实。所以我对自己的子女，说实在的也没什么明确的家规条条，就是长辈的言传身教，做好人把事情办好。

问：您说"我这一生与星星结下了不解之缘，我最大心愿就是造一辈子中国星。"请谈谈您心中的中国梦？

孙家栋：从航天人来讲，就是希望我们中国航天事业从小到大，从无到有，现在中国已经是世界航天大国，甚至航天好国，就是产品好、大和多，希望经过下一代年轻人的共同努力，实现中国的航天强国梦。航天强了，我们宇宙安全就更可靠了，地面的经济建设就能得到更大的支持，能更好地实现国强民富，实现我们的中国梦。

问：请您为广大党员领导干部题写一段寄语。

孙家栋：牢记使命和责任，为强国之路保驾护航。

中央纪委监察部网站（2015年4月1日，采访整理：景延安、鲍爽）

王忠诚

我国神经外科的开拓者之一

　　编著了我国第一部神经外科专著《脑血管造影术》；率先在国内采用显微神经外科技术，带领科研团队攻克了神经外科手术"禁区"。他为我国神经外科事业的发展壮大、走向世界作出了创新性贡献。

怀报国之志　闯医学禁区

——记中国神经外科事业的开拓者王忠诚院士

落日熔金。秋叶静美。他是中国神经外科"大厦"的奠基者和守护人，他是被誉为"万颅之魂"的医学大师，他是提携后进、甘为人梯的"渡船"和"园丁"。

王忠诚，北京市神经外科研究所所长、北京天坛医院名誉院长。行医60余载，引领中国神经外科事业步入国际先进行列，将"中国"二字一次次镌刻在世界医学的丰碑上。

他时刻关注学术动态，洞察敏锐，思维超前，晚年最关心的还是中国神经外科事业的发展

"王老每与我交谈，只有一个话题，就是神经外科事业发展。"北京天坛医院院长王晨说。

前些年，王忠诚每周都要做4～8台高难度手术，患重病不能主刀时，他就到手术室助阵。近几年，由于年事已高，他渐渐离开手术台，但依然每天上班，早晨9点来，下午4点走，雷打不动。他的办公室不大，陈设简朴，一方桌、一张床、一个柜。他时刻关注学术动态，洞察敏锐，思维超前，但晚年最关切的还是中国神经外科事业的发展机遇。

他向中央和北京市领导写信推进北京天坛医院的整体迁建项目，为建设一座与世界接轨的现代化神经外科医院创造硬件基础。

当王晨将有关领导对王忠诚的提议做出的批示念给他听时，病榻上的老人落下了眼泪。

然而，一家天坛医院远远满足不了所有患者的需求。在他的带领下，天坛医院在全国建立了22个技术协作单位，提供无偿扶持和支援，定期派医生下去手术示教，技术指导。

1996年7月，贵阳脑科医院正式开业，请王忠诚前去讲学，并为一个7岁的孩子做手术。手术前，贵阳突遭百年不遇的洪水，医院进水1米多深。由于水灾停电，事先安排的手术无法进行。王忠诚坚持说："抢救孩子耽误不得，就是发电也要手术。"手术历时近6小时，成功地挽救了孩子的生命。随后饭都来不及吃，他又为当地100多位医生开课。

王忠诚深知，要保持中国神经外科在世界上的领先位置，光靠一两个名家不行，必须培养一大批德才兼备、年富力强的接班人。他亲自培养了80余名研究生和博士后。如今，全国近万名神经外科医师中，近一半是他带领的神经外科团队培养出来的。

"一个刚毕业的医学生，分配到医院就能做开颅手术？专科医生需要丰富的临床经验，必须经过一定的培养周期。"他始终在探索一种神经外科专科医师的培养模式。2004年，成立了我国第一所神经外科专科医师训练机构——北京神经外科学院。

他出版了我国第一部《脑血管造影术》专著，将我国脑外科诊断水平与发达国家的差距缩短了30年

"王老强烈的使命感和坚强的党性，源自他深厚的家国情怀。"北京天坛医院党委书记宋茂民表示。

王忠诚1925年出生于山东烟台的一个普通家庭，1944年以优异成绩考入北平医学院。1950年毕业后分配到天津总医院外科任住院医生。1952年，年仅26岁的王忠诚作为天津医疗队一组组长，奔赴中朝边境。

一天，王忠诚接诊了一名头部中弹的年轻战士，脑外伤造成脑疝。如果放在今天，王忠诚通过开颅手术，只需两小时就能让小战士起死回生。而当时，中国没有一家医院有独立的神经外科，更没有专科医生。整个医疗队只能束手无策地眼看着年轻战士被死神夺走生命。王忠诚的心被刺疼了，他暗下决心：一定要做一名神经外科医生，开创中国的神经外科事业！

1952年，卫生部在天津总医院创建第一个脑系科。他主动报名，做了我国神经外科奠基人赵以成教授的助手，成为第一代为数不多的神经外科医生。

1955年，王忠诚随同赵以成教授一起调到北京同仁医院，创建我国第一个神经外科。

当时，诊断难是困扰神经外科界的一道难题。我国采用的检测手段"气脑造影"，比西方国家的"脑血管造影"落后30年。那时，西方国家对我们实行技术封锁，王忠诚决定靠中国人的自主创新去攻坚。

一切从零开始的王忠诚，手中连一个颅脑实体标本都没有。他就和助手们到无主坟地挖头骨，除去尸骨上的蛹，把它洗干净，再进行煮和漂白后，一个一个穿起来制成标本。

暑热逼人的夏天，他们就在一间没有通风设备的房间里忙碌着。尸体解剖发出的腐臭，令他们恶心得吃不下饭、喝不进水。医院的防护设备非常简陋，铅围裙都不够用。他们经常暴露在放射线中。由于超大剂量地反复接触放射线，王忠诚的白血球降到4000以下，远低于正常人6000至1万的水平，至今也未恢复正常值。他脱发、牙龈出血、体质下降，经常发烧，先后7次患肺炎，两次险些危及生命。一些同道陆续转行了，但性格坚忍的王忠诚没有退步。

七年的艰辛努力，王忠诚用健康代价积累了2500多份脑血管造影资料。1965年，出版了我国第一部《脑血管造影术》专著，大大缩短了中国脑外科诊断水平与发达国家的差距，实现30年的技术飞跃。

他和他带领的团队已做了1200余例脑干肿瘤手术，数量之多，死亡率之低，始终保持世界领先

"老师毕生追求创新，从不循规蹈矩，他敢于想别人不敢想的，做别人不敢做的。"天坛医院神经外科中心副主任张俊廷认为，王忠诚之所以能成为开创者，很大程度上在于他勇于创新的精神和坚韧不拔的毅力。

20世纪70年代，显微外科技术问世。当时国内神经外科界还很少有人对这种先进技术有所认识，王忠诚"第一个吃螃蟹"。

1977年，他从文献上看到国外医生用显微神经外科手术成功实施小脑血管吻合术，当即就把该课题列为攻关项目。半年后，就成功地完成了国内首例小脑血管吻合术。

病人的手术部位很深，通道狭窄，要在直径不到一毫米的血管吻合处悬腕缝合10针，颇有"万丈深渊上走钢丝"的意味。王忠诚端坐在手术凳上，透过10倍的手术显微镜，用持针器钳起和头发丝一般细的缝合针，在薄如蝉翼的血管壁上进针。损伤小、肿瘤切除干净，这个手术的成功，推进显微手术走向全国。

20世纪80年代以后，喜欢领跑的王忠诚又选择世界最前沿的课题，对脑干肿瘤手术、脊髓内肿瘤手术进行研究。

人的脑干充满了重要神经核团，在医学界一直被视为手术禁区，脑干肿瘤被视为"不治之症"。

王忠诚经过十几年攻关，突破了脑干肿瘤手术这个禁区。至今，他和他带领的团队已做了1200余例脑干肿瘤手术，数量之多，死亡率之低，始终保持世界领先。

长期以来，脊髓内肿瘤的治疗效果差，术后瘫痪多，往往"治不了聋又添哑"，国内外几乎无人问津。1995年春天，江苏淮阴一个叫范勇的病人被送进天坛医院。病人脊髓内长了一个巨大肿瘤，粗约2.5厘米，长约22厘米。查阅大量资料，制订周密方案，奋战10个小时，王忠诚终于把这个大瘤子干干净净地剥离下来。这是当时世界上成功切除的最大一例脊髓内肿瘤，病人没有留下一点后遗症，被国外同行惊为"世纪之作"。

凭借开拓创新，王忠诚带领他的团队一次次创造出世界神经外科上的奇迹，推动中国的神经外科步入世界医学先进行列。

《人民日报》（2012年9月30日，记者：李晓宏）

大医风范待来者

——追记我国著名神经外科专家王忠诚院士

2012年9月30日，我国神经外科事业的开拓者王忠诚院士在北京逝世，享年87岁。住院期间，老人念念不忘3件事：建一家大型的现代化神经外科医院，搭一座国家级神外研究平台，办一所培养神外专科医生的医学院。

"王老一生把神经外科事业看得比生命还重要，把病人看得比自己还重要。"北京天坛医院党委书记宋茂民说。

"病人的需要就是命令"

"王老行医60余载，学术风范可用四字概括：'守正出新'。"解放军总医院神经外科专家、中华医学会神经外科分会主任委员周定标说，"守正"就是求真务实，"出新"即开拓创新。

"老先生常说医生要'德才兼备，德为先'。在他眼里，病人生命高于一切。"北京天坛医院院长王晨介绍，王忠诚设计了一套独特的医德考核标准：手术该做到什么程度、该和病人怎样交流、该用什么样的药……细微之处都提炼出来。

王忠诚的第一个博士生、北京市神经外科研究所副所长吴中学说："他常叮嘱我们，'作为医生，应该时刻为病人着想，病人的需要就是对我们的命令'。"

"当医生必须有技术，但首先是要有服务精神，必须把病人放在第一位。"追忆王忠诚的指导，北京天坛医院神经外科中心副主任张俊廷感佩不已。

"病人的生命比医生的面子更重要"

王忠诚始终无法忘怀他第一个失败的手术。40多年前，他为一名脑干血管细胞瘤患者做了26个小时的手术，但病人最终没能救活。他为此总结出治愈该类病例的经验教训。他总说，在医生的成长过程中，病人付出了很多。

王忠诚认为："拿起手术刀，要不停地去掉病人身上的痛苦，但不能割断对病人的感情。"许多疑难重症，在别人那里可能就放弃了，但是落到王忠诚手上，只要有一丝机会，他就要试试看。

1997年6月，王忠诚接诊了一名大面积脑水肿、生命垂危的患者，由于患者肾功能严重衰竭会引发其他并发症，随时可能死亡。学生张俊廷担心这会给王忠诚抹黑，便建议由自己来做。王忠诚说："病人的生命比我的面子更重要。"最后，手术获得成功，病人转危为安。

"作为一名医生，任何时候都要为病人争取生的希望。"在挽救病人生命面前，王忠诚心无杂念，从不退缩，"治好病人是最高兴的事"。

"最大的心愿就是发展神经外科事业"

"如今，国外能做的神经外科高难度手术，我们都能完成。一些国外做不了或达不到治疗效果的手术，我们也能成功。"张俊廷说，在王忠诚院士的带领下，中国的神经外科已享有国际口碑。

53岁的美籍华人周先生，患上极其罕见的巨大颅底脑膜瘤，美国一家州立医院的医生告诉他这种高难度手术没有任何医生能做成功。抱着最后一线希望，周先生回国找到王忠诚。当时，近80岁高龄的王忠诚指导学生张俊廷等进行了13个小时的手术，肿瘤被完整地剥离取出。术后周先生不仅生活能够自理，还能给家人做饭。那位下过"死亡判决"的美国医生闻讯后，惊讶地竖起了大拇指。

成功治疗世界上最大的脑干血管母细胞瘤、成功治疗世界上最难的枕大孔脑膜瘤、一次成功切除10个脑干和髓内血管母细胞瘤……行医60余载，王忠诚率领他的团队创造了无数医学奇迹。

王忠诚曾获得世界神经外科联合会授予的世界神经外科最高荣誉奖，以及多个国际奖项。84岁本命年时，他荣获2008年度国家最高科学技术奖。

"我一生最大的心愿，就是发展神经外科事业，为患者多做一点事情。"王忠诚院士走了，他的大爱和忠诚挺立起医德和医术两座高峰。

《人民日报》（2012年10月1日，记者：李晓宏）

徐光宪

著名化学家、教育家

他发现了稀土溶剂萃取体系具有"恒定混合萃取比"基本规律，建立了具有普适性的串级萃取理论，并广泛应用于我国稀土分离工业，使我国实现从稀土资源大国到生产和应用大国的飞跃。

创造"中国冲击"

徐光宪，1920年11月出生于浙江绍兴。1980年被增选为中国科学院学部委员，他创建了北京大学稀土化学研究中心和稀土材料化学及应用国家重点实验室。

徐光宪将国家重大需求和学科发展前沿紧密结合，在稀土分离理论及其应用、稀土理论和配位化学、核燃料化学等方面作出了重要的科学贡献。

邓小平同志曾说过："中东有石油，中国有稀土，中国的稀土资源占世界已知储量的80%，其地位可与中东的石油相比，具有极其重要的战略意义，一定要把稀土的事情办好，把我国的稀土优势发挥出来。"

著名化学家、北京大学化学学院教授徐光宪院士，便是这样一位致力于我国稀土科学研究事业的科学家。采用徐院士科研成果生产的单一高纯稀土大量出口，使国际价格下降了30%~40%。现在，中国生产的单一高纯度稀土已占世界产量的80%以上。中国终于实现了稀土资源大国向稀土生产大国、稀土出口大国的转变。徐院士在这个领域取得的辉煌成就被外国同行称为"中国冲击"。

把国家需求作为最高追求

1951年，怀着报效祖国的理想，徐光宪偕夫人高小霞几经周折，终于从美国回到北大任教。

1972年，北大化学系接受了一项紧急任务——分离镨钕，纯度要求很高。徐光宪接下了这份任务——这已是徐光宪第四次改变研究方向了。

这是一项"前无古人"的尝试。镨、钕都属于稀土元素，它们的化学性质极为相似，尤其是15种镧系元素，犹如15个孪生兄弟一样，化学性质几乎一致，要将它们一一分离十分困难，而镨钕的分离又是难中之难。

徐光宪打了一个又一个"漂亮仗"——他建立自主创新的串级萃取理论，推导出100多个公式，并成功设计出了整套工艺流程，实现了稀土的回流串级萃取。他率先办起"全国串级萃取讲习班"，使新的理论和方法广泛用于实际生产，大大提高了中国稀土工业的竞争力。他还和同行们创建了"稀土萃取分离工艺一步放大"技术，使原本繁难的稀土生产工艺"傻瓜化"，可以免除费时费力的"摇漏斗"小试、中试等步骤，直接放大到实际生产……

在当时，一般萃取体系的镨钕分离系数只能达到1.4～1.5。徐光宪从改进稀土萃取分离工艺入手，使镨钕分离系数打破了当时的世界纪录，达到了相当高的4。一排排看似貌不惊人的萃取箱像流水线一样连接起来，你只需要在这边放入原料，在"流水线"的另一端的不同出口，就会源源不断地输出各种高纯度的稀土元素。原来那种耗时长、产量低、分离系数低、无法连续生产的生产工艺被彻底抛弃了。

视培养人才为人生乐事

在徐光宪院士60多年的科学研究生涯中，已发表期刊论文560余篇，论文被他人正面引用2200余次。作为一名化学教育家，他撰写了《物质结构》和《量子化学》等许多重要教材。其中《物质结构》自1959年出版以来，已经修订再版印刷了20余万册，迄今依然是化学领域重要的教学参考书，教育和培养了我国几代化学工作者。该书1988年荣获全国高等学校优秀教材特等奖，是化学领域唯一获此殊荣的教材。

几十年来，徐院士不仅培养了近百名博士生和硕士生，还为我国稀土产业界培养了大批工程技术人员。现在北大稀土国家重点实验室工作的学生中就有中国科学院院士3人、长江学者特聘教授3人。

谈起自己的学术成就，徐光宪院士总是说："我的工作都是团队集体的工作，我只是其中的一名代表而已。他们早已青出于蓝而胜于蓝，工作能力和成就大大超过我了。这是我最大的安慰和自豪。"

《人民日报》（2009年1月10日，记者：蒋建科）

他的世界"祖国最大"

2015年5月6日，稀土之父徐光宪遗体告别仪式在北京八宝山殡仪馆东礼堂举行。

他是我国著名化学家和教育家，他是国家最高科学技术奖获得者、中国科学院院士、中国稀土化学的奠基人之一，他是北京大学化学与分子工程学院教授……斯人已逝，精神长存，告别的时刻，感念先生作为一代科学巨匠走过的一生，人们发现，他留给科学世界的宝贵财富是如此厚重与绵长。

科学研究要胸怀祖国

"科学没有国界，但是科学家有祖国。"正是这一信念，支持徐光宪在朝鲜战争爆发后，放弃留在美国的优厚待遇和科研前景，放弃妻子高小霞一两年后可能得到的博士学位，毅然回国。他们回国所坐的邮轮，是美国政府"禁止中国留美学生归国"法案正式生效前，驶往中国的倒数第三艘邮轮。

回顾徐光宪先生一生，爱国，不仅是他个人崇高的情感，更成为他科学工作的最高准绳。他常说，做研究工作如果没有国家的需要，就是无本之木、无源之水，"科学研究应该时刻关注国家目标"，国家需要你改变方向时，科学家应该服从国家需要。他本人就曾在科学研究中四次改变科研方向，先是从量子化学转到络合物化学，再转入核燃料萃取方向，接着是稀土分离，最后又回到量子化学方向。

正是胸怀祖国的情怀，让徐光宪对基础研究和应用研究之间的关系有着深刻的理解和把握。

一方面，他强调要思考纯科学研究如何衍生出应用价值，考虑其远期的应用背景，使基础研究的成果尽可能应用到实际中去，产生社会和经济效益。

另一方面，他又特别强调基础研究，他常说，没有基础研究，引进国外的技术需要付出很大的代价，而且自己的基础研究不行，就没能力消化，更谈不上创新。

"事实上，他的这些看法和做法，一直是科学研究领域的重大问题和基础性问题，他这么做，完全站在'祖国最大'的高度上，非常了不起，所以我们看他，觉得他就是黄河，就是泰山，就是北斗。"北京大学党委书记朱善璐说。

科学家要有哲学思考

徐光宪生前经常讲他年轻时一段"塞翁失马"的经历。1939年夏，徐光宪从宁波高级工业职业学校土木科毕业，有机会获聘成为昆明铁路局的铁路练习工程员，铁路局派来一个人，把徐光宪及其他7个同学带到上海，并安排住进一家小旅馆，谁知这个人却带着8个人的路费趁着兵荒马乱跑了。没办法，徐光宪只能投奔在上海当初中教师的哥哥，得以有机会备考上海交大。每次回忆这段往事，他都会感慨"塞翁失马，焉知非福"。

从生活小事中也能看出哲学意义的徐光宪，在科学道路上有着非常宽广的学术视域，十分关注化学学科的基本问题，对科学史、传统文化均有所思考，其中哲学思考更是贯穿其一生的科研工作。

徐光宪是中华人民共和国成立后最早对化学哲学相关问题进行讨论的自然科学家之一，结合马克思主义哲学和恩格斯的《自然辩证法》等经典著作，他在20世纪50年代对"物质和运动"进行了考察，属于中国化学哲学最早问世的一批成果。

科学发展史也是徐光宪倍感兴趣的领域，他善于从科学史中的重大发现来获取科学研究中的科学方法，他的许多分类学与方法学思想即从科学史当中获取灵感。"徐爷爷做报告，是我们学生最喜欢的。记得有一次他说，科学理论应该得到实验的支撑，但在理论与实验发生矛盾时，所谓创新的契机就来了。当时听了真是醍醐灌顶，最让人崇拜的是，他在PPT上列出一大串方法，告诉大家当这个契机来的时候，我们可以用的一些处理方式。"一位北大化学学院校友告诉记者。

科学是传承的事业

徐光宪自美国留学回国后，一直在北京大学工作，既从事科研，也从事教学，两项工作都做得十分成功。他常说，作为教师，讲课比天大。徐光宪上课从不迟到，他曾说："我从学生的脸上，看到他们对我的讲课是满意的，我就感到很高兴，很幸福。"

就像他做科学研究一样，他的教育教学工作从来都不"单纯"。

正是因为意识到逻辑思维训练与科学创新的重要性，他编写的讲义与教材，都特别注重习题练习与训练，课前五分钟的习题测验，是他上课的特色。他希望学生做完习题，能够在潜移默化中学到科学的思想方法和研究方法，用学到的知识分析和解决问题。

还有，他的课程一般都是与科研需要结合起来的，在教学中引入自己研究的新成果，介绍研究领域所需的基本理论和知识，并及时反映国际学术界的最新研究成果。

徐光宪还非常关心青少年的科学教育，1999年8月北京青少年科技俱乐部初建时，他是俱乐部第一批学术指导中心导师。"徐老、黎乐民院士、严纯华院士（当时还是研究员），师徒三代用大手拉起我们这些热爱科学的小手，那时徐老年近八旬，亲自讲座、答疑，让我们尽情享受了科学的魅力与活力，那场景，仿佛就在昨天。那时我们就懂得了，科学是传承的事业。现在您走了，但我们知道您留下的期待有多深，也懂得中国未来的科学之路有多长，更清楚您的最大愿望是让我们有能力独立展翅飞翔。您放心，您开创的路，我们会继续走；更新的路，我们会用心力、智力、责任和激情开辟，未来的路我们不忘传承……"这些已经从人大附中、北京四中、北京二中毕业多年的俱乐部老会员和他们的老师闻讯来到灵堂祭奠，留下了这样的文字。

几年前，"老科学家学术成长资料采集工程"对徐光宪的学术成长经历进行采集、调研、分析后，将他的学术成长特点归结为以下7个方面：家学渊源、勤奋读书、基础扎实；立足基础研究、面向国家目标；研究找准突破口；宽广的学术视域、独特的科学思维方式；研究团队培养：合作、民主、鼓励、特色；教学和科研：位置等同、相互促进；始终有良师益友陪伴。"除了这些，我对老师最突出的感受是他的为人，他特别乐于助人，物质上捐钱捐物的事情做得真不少，帮助困难职工和学生；精神上，凡是向他求教的人，无论是不是他的学生，他都热心帮助。他对年轻人特别好，担负责任，给予帮助，让年轻人放手去干，成长起来。还有，他无论做什么都坚持不懈，遇到困难用几年的时间去解决也不怕。"黎乐民院士说。

《光明日报》（2015年5月7日，记者：王庆环）

闵恩泽

我国炼油催化应用科学的奠基者

他为我国炼油催化剂制造技术奠定了基础。20世纪80年代以来，他组织指导了多项催化新材料、新反应工程和新反应的导向性基础研究工作，是我国石油化工技术创新的先行者。

创新就像唐僧取经

50多年的科研生涯，最重要的体会有两点

"我50多年的科研生涯，是随着国家和行业发展需求不断调整的50年，"闵恩泽说，"我最重要的体会有两点：一是一直不断学习，积累科学知识；二是一直不断实践，在实践中锻炼，总结经验，增长才干。"

早年在美国时，闵恩泽的专业是化学工程，后来也从事过"燃煤锅炉中的结垢和腐蚀"的课题研究。那时，催化剂一词，闵院士只是从教科书上听到过。

闵恩泽1948年赴美国留学，获得博士学位后，放弃优厚待遇，于1955年回国，被分配到当时正在筹建的北京石油炼制研究所。1956年初在大连，闵恩泽才第一次看到了铂重整催化剂的实物。当时，我国催化剂严重依靠进口，研究领域更是一片空白。就是在这种环境下，闵恩泽和他的团队"临危受命"。

"我们这一批承担任务的科研人员，没有一个经历过催化剂的研发生产。从实验室的几十克催化剂开始，一直到成吨催化剂生产的过程，我们就这样摸索着前进。"闵恩泽说。

在石油炼制催化剂这片"未知领域"，闵恩泽带领团队在学习中不断前进、探索：从20世纪50年代开始，攻克难关，打破了国外技术的垄断，开发出了小球硅铝裂化、微球硅铝裂化、铂重整等炼油催化剂，奠定了我国炼油催化剂制造的技术基础；80年代走上自主创新之路，开发出我国独有的石油化工技术，达到国际领先水平；90年代之后，又率先进入绿色化学领域，开发出多项从源头根治环境污染的绿色新工艺……

在别人屁股后面跑，永远超不过人家

2008年1月，闵恩泽获得2007年度国家最高科学技术奖。在获奖感言中，

他表示将把研究重心放在绿色化学和生物质能源化工领域，并将奖金投入"中国石化发展战略性、前瞻性、基础性的课题，也就是明天、后天需要开展研究的课题中"。

他拿出属于个人的全部50万元奖金和个人积蓄50万元，设立了原始创新奖，奖励为石科院基础研究和开拓探索作出创新贡献的科技人员。"这个奖是奖励原始创新的人，就是第一个吃馒头的人，不仅是给一个馒头，我还要给他做个花卷。"闵恩泽说。

在闵恩泽看来，只有原始创新，才是一个国家科技发展的灵魂，支撑国家发展的筋骨。在他的科研生涯中，一直在孜孜不倦地追求原始创新的突破。

20世纪90年代，喷气燃料是民航和军用飞机燃料，其中的硫醇不仅使油品发出臭味，而且对飞机材质有腐蚀作用并影响燃料的热安定性，而当时采用的催化氧化脱硫醇工艺产生大量废碱、废渣，严重污染环境。1996年年底的一天，闵恩泽下班回家路上跟人讨论这项工艺时，突然想起硫醇最易于加氢脱除，可否利用这一原理，在更缓和的条件下加氢脱硫醇？他立即组织试验，通过原始创新，研发出了新工艺，不仅降低了成本，而且还解决了污染问题。

"在当今世界，绿色化学大有可为"，闵恩泽已经把视线瞄向了"开发生物柴油和生物质化学品"的国际新领域，"生物柴油是替代石油柴油的清洁燃料之一，要使其能在市场竞争中立足，就要配套开发高附加值的生物化学品。目前，世界各国生物柴油的发展步伐快得不得了，我们必须抓紧"。

"我们不仅要急起直追，而且要争取技术领先权易于我手。在别人屁股后面跑，永远超不过人家。"闵恩泽说。

如何在前沿领域做出原始创新的成果？闵恩泽在《石油化工——从案例探寻自主创新之路》一书中，总结出三条经验：原始创新必须转移技术的科学知识基础；创新来自联想，联想源于博学广识和集体智慧；要发挥各尽所能的团队精神和不断战胜困难坚持到底的精神。

"只有把勤勉的汗水滴进实践的土壤里，机遇的奇葩才会吐艳"

在谈到原始创新的构思如何形成时，闵恩泽说得最多的四个字是"孜孜以求"。他认为，这四个字是让原始创新从偶然变成必然的钥匙。

"原始创新的幼芽，是植根于必然性的沃土之中。只有把勤勉的汗水滴进实践的土壤里，机遇的奇葩才会吐艳。"闵恩泽说。

他是这样理解的，也是这样去做的。

1960年，闵恩泽研究磷酸硅藻土叠合催化剂。开始时，他采用"混捏法"，但挤条成型困难；后又改用"浸渍法"，但制造方法复杂；最后，通过不断努力，闵恩泽终于发明了"混捏—浸渍法"，并获得了国家创造发明奖励。他的夫人陆婉珍院士说："他非常勤奋，工作常常夜以继日的。"对此，闵院士笑着对记者说，"晚上我总能想起很好的构思。"

半个多世纪过去了，闵恩泽仍然保持着每天6点起床的习惯，每天早晨、下午、晚上都要投入工作。像其他老人一样，年迈的闵恩泽也是多病缠身：高血压、胆结石、胰腺炎……尽管如此，他还一直保持着多年养成的好习惯：认真学习国外资料。石科院图书馆订了许多石化能源方面的国外原版杂志，寄来后图书管理员先送到他办公室。闵恩泽一本一本地看，一篇一篇地浏览；凡是与自己的研究领域有关的，他都要复印下来，反复学习、研究。

正是这种孜孜求索的精神，使闵恩泽如此高龄仍发出"我还想再干点事"的感言。陆院士说："他能取得一些成绩，并不是他比别人聪明，只不过是他一辈子都在不停地钻研这件事。"他的女儿则说："他的脑子比较单纯，一天到晚就在想他那个催化剂的事。"

没有失败和挫折，就不会有成功

闵恩泽最喜欢网球，喜欢瑞士名将费德勒，也喜欢李娜。"费德勒最近老输球，不要紧。李娜得了法网冠军，以前她也遇到过很多失败和挫折，但是她挺过来了，一直打得很顽强。"

挫折，是闵恩泽在采访中多次提到的词。他经常告诫年轻人，科研不可能一帆风顺，总是充满了挫折。他甚至给研究生开了一门课，就叫"科研挫折率"。他说："错误和挫折教育我们，使我们变得聪明起来。"

在闵恩泽看来，没有失败和挫折，就不会有成功。遇到挫折是再正常不过的事情，克服了它，就会走向成功。

20世纪50年代，闵恩泽致力于小球硅铝催化剂的研发，试验过程中常蕴含着危险。第一次试运转时发生了掉带事故，闵恩泽亲自钻进高温烘烤的干燥室，重写设计了自动调带装置，才将问题解决。由于技术、经验的不足，他和同事们在几间简陋的平房里反复试验，失败、再试验、再失败……

　　闵恩泽认为那是一个"在战争中学习战争"的过程。经过3个多月的艰苦奋战，闵恩泽和他的团队最终生产出了高质量的小球硅铝催化剂，保证了我国催化剂的及时供应。

　　20世纪60年代，在一次过敏性鼻炎的体检中，医生发现闵恩泽患上了肺癌。40岁不到，病魔夺去了闵恩泽的两叶肺和一根肋骨。大病初愈后，闵恩泽并未放慢探索的脚步。在催化剂研制的过程中，他屡次遇到失败和挫折，又屡次克服了困境。1995年，他写出了《工业催化剂的研制与开发——我的实践与探索》一书，讲述了许多自己克服挫折的经历与感受。

　　"创新的过程就像唐僧西天取经"，满头银发的闵恩泽说，"取经要经过九九八十一难，唐僧就很执着，碰到再多困难和挫折，也没有动摇他取经的决心，最后终于到了西天，取得真经。"

《人民日报》（2011年8月4日，记者：赵亚辉、张文、吴超凡）

"国家需要什么，我就做什么"

"把自己的一生跟国家建设和人民需要结合起来，这是我最大的幸福。"

——闵恩泽

1948年3月，大学刚毕业的闵恩泽登上去往美国的"哥顿号"邮轮，途中切身感受了中国人被歧视的滋味，一股因屈辱而产生的愤懑充塞着他那颗热血沸腾的心。

8年之后，在美国取得博士学位并已工作的闵恩泽，毅然放弃优裕的生活，冲破重重阻挠，绕道香港踏上故土，并迅速来到石油工业部北京石油设计局工艺室研究组工作，投身新中国的石油炼化事业。

"闵先生回国时，新中国刚成立不久，百废待兴，百业待举。而石油炼制工业生产迫切需要催化剂。研制和生产炼油催化剂的任务，就落在了他的肩上。"中国工程院院士、石油化工科学研究院原院长李大东深情回忆道。

闵恩泽常说："国家需要什么，我就做什么。"归国之后的10年时间，他急国家所急，带领团队，白手起家，打破国外封锁，成功研发铂重整催化剂、磷酸—硅藻土叠合催化剂、小球硅铝裂化催化剂和微球硅铝裂化催化剂的生产技术，解决了国防之急、炼油之急。因种种突出贡献，闵恩泽也被誉为我国炼油催化应用科学的奠基人。

1980年4月，闵恩泽加入中国共产党，同年8月当选为中国科学院学部委员（院士）。此后，闵恩泽还提出了"新催化材料是创造发明新催化剂和新工艺的源泉，新反应工程是发明新工艺的必由之路，新催化材料与新反应工程的集成往往会带来集成创新"的见解。他主持新型分子筛、非晶态合金等新催化材料，磁稳定流化床、悬浮催化蒸馏等新反应工程领域开展导向性基础研究，取得多项重大突破，为中国石油化工技术赶超世界先进水平奠定了基础。

1993年，闵恩泽当选为发展中国家科学院院士；1994年，当选为中国工程院首批院士；1995年，荣获首届"何梁何利基金科学与技术进步奖"；2005

年，荣获国家技术发明奖一等奖；2007年，荣获国家最高科学技术奖；2011年5月3日，国际小行星中心发布公报，将第30991号小行星永久命名为"闵恩泽星"。

"在闵先生心里有两点是至高无上、神圣无比的，那就是国家的自强、民族的自尊。正是这种志气，促使他和一批科技人员，历时30年，为中国的石油化工开拓出了一片自主创新的天空，使中国人从此在世界石油化工领域扬眉吐气，抬头走路了。"李大东说。

《光明日报》（2021年6月14日，记者：晋浩天）

吴征镒

植物区系研究的权威学者

在他的考察下，我国摸清了植物资源的基本家底。他提出建立"自然保护区"和"野生种质资源库"，为我国生物多样性保护和资源可持续利用作出了杰出贡献。

愿以肩膀托后人

"我搞了一辈子植物科学的研究，今年92岁了，我感觉到学无止境，后来居上。"

对获得2007年度国家最高科学技术奖，吴征镒院士，这位中国植物学研究的杰出学者、世界著名的植物学家谦逊地说，"我的工作是大家齐心协力做的。我个人得到国家如此大的褒奖，更应该尽有生之力，把后学的同志能带多少带多少……"

"原本山川，极命草木"，是毕生的衷曲

"出生于九江、长于扬州、成人于北京、立业于昆明"，时空变迁，不变的是吴征镒对一草一木的钟爱。

孩提时代，他的最大爱好是逗留在家中的后花园芜园，并从父亲的书房里拿出清代植物学家吴其濬写的《植物名实图考》，同眼前花草一一比照，开始"看图识字"亲近植物。17岁中学毕业，吴征镒就执意选择并考取了清华大学生物系。

抗战开始，华北容不下一张书桌时，他随校南迁，在西南联大任助教期间根据所能收集的模式标本照片、植物学文献，写成近3万张植物卡片。到今天这些卡片还保存于昆明、北京和华南3处，成为编纂植物志的宝贵资料。

1958年，怀着对云南这个"植物王国"的向往和热爱，吴征镒又举家从北京迁到昆明，从此开始他在中国科学院昆明植物所"立志立题、殚精竭虑、上下求索"的生涯。

"原本山川，极命草木"，这句话被众多植物学研究者奉若圭臬。比吴征镒小16岁、与他共事已半个世纪的周俊院士说，"前人解释为'陈说山川之原本，尽名草木之所出'。吴先生说我们应遵循这种精神，并且亲笔书写这八个字，后刻石于昆明植物所内，他自己同时身体力行。"

在中国植物学家中，吴征镒是发现和命名植物最多的一位，发表和参与发表的植物新分类群（新种和新属）达1766个。他的学术生涯也被认为是现代植物学在中国本土化和中国植物学走向世界的缩影。

"吴老80岁高龄时还去台湾考察植物，走遍了全国所有省市。世界五大洲除了非洲都去过。"周俊院士提起有一次跟吴征镒去云南考察："在密林里一跌跤坐在地上，突然说，'唔，这里有个植物，是中国的新记录。'原来他坐在地上时见到一种白色寄生植物，拿在手上一看，就认出了是锡杖兰。"

和吴征镒一起主编《中国植物志》英文和修订版 *Flora of China* 的美国 Peter H.Raven 院士评价说，吴征镒院士是世界上最杰出的植物学家，是一位对中国，同时对全世界其他地方的植物有着广泛而深入认识的真正的学者。

历时45年编纂完成的鸿篇巨制《中国植物志》80卷126册，共有5000万字、5000余幅图，是三代植物学家集体工作的结晶，其中2/3的卷册是由吴征镒1987年担任主编后最终完成的。

基本摸清中国高等植物的家底之后，吴征镒造诣日深，开始追索中国植物的来龙去脉，提出了中国植物区系的热带亲缘、植物分布区类型的划分及其历史来源、以及东亚植物区等一系列创新观点。1964年，他在亚非科学讨论会上提出，在北纬20°～40°的中国南部、西南部和印度支那地区是东亚植物区系的摇篮，甚至也是北美洲和欧洲等北温带植物区系的发源地。这个论断被广为引用。

"博闻强记不足挂齿"，天才也离不开勤奋

吴征镒被中外同行誉为中国植物的"活词典"。同事和身边的学生、助手都形容他博闻强记、博古通今。编《中国植物志》时，他脑子里记得文献的出处，在手稿里写个人名注上年代，助手去查对应文献时，往往一丝不差。

"他的记忆力好到什么程度呢？有一次去西宁，一个年轻人采了一大捧植物标本来请教。吴先生有个习惯，凡是有人来请他定学名，都是来者不拒。结果那天他给那些标本写拉丁文名、中文名，整整忙了两个多小时之久。"周俊院士说，"我们问吴老你的记忆力怎么这么好，他却说博闻强记不足挂齿。"

"吴先生的勤奋和严谨非常了不起。"长期跟随在吴征镒身边工作的武素功研究员说。吴征镒在北京工作时，40多岁，就担任中科院植物所副所长，任务

很重。开会休息时间10分钟，他还去标本室看标本。晚上电话比较多，他有时候就把电话搁一边。"正是他这样不断的积累，基础扎实了，晚年才能继续不断地出大成果。"

昆明植物所所长李德铢博士是吴征镒的23名弟子之一。他记得有一段时间吴征镒住在医院没办法工作，非常着急。"他还经常批评我们有点事务主义，做了行政工作不能浮在上面，而要沉下来多点时间做学问……他是那种沉得下来的人。"

"80岁后，吴先生的眼、耳渐不如前，但他在2000年后出的4本著作都是亲自执笔。有些著作本来一年能完成，结果花了三四年时间，因为他随时会把新的文献插到稿子里去。"做过吴征镒学术秘书的昆明植物所生物地理与生态学研究室副主任彭华说。

"有一分力发一分力"，更多的工作需要大家做

"人生有限，我要在我有限的时间里，有一分力发一分力，有一分光发一分光。"这或许可以作为吴征镒对众多评价的回答。他说，"我的能力有限，尽可能几十年如一日向前。"

2007年1月，年届九旬高龄的吴征镒被力邀担任《中华大典·生物学典》的主编。"我的工作过去主要靠观察，现在青光眼后期，不能再做新的工作了，能够把现在承担的中华大典任务承担到底，我就心满意足了，更多的工作需要大家做。"

之前，国家重大科学工程"中国西南野生生物种质资源库"竣工并投入使用，他提出的建立"野生生物种质资源库"变为现实。

往前追溯，解放初当国家急需橡胶，他就参加和领导了海南和云南的橡胶宜林地考察，又同其他科学家一道发起了建立我国自然保护区的倡议……从科学救国到科技兴国，吴征镒爱国之心拳拳。

"总之我的能力有限，人生不过几十年，诸位还要获得比我们更长的时间，取得更大的成就。年轻的科学工作者，一定要在比我们还要艰难的路上去攀登，我愿意提供肩膀做垫脚石。"这是吴征镒对青年人的寄语。

现在，这位九旬老人，每天还要坚持工作3个小时。

《人民日报》（2008年1月9日，记者：余建斌）

为学无他，争千秋勿争一日

做学问，一定得沉下去，做"大"事，不要看眼前的小利。

——吴征镒

　　1933年，吴征镒准备报考清华大学生物系专修植物学时，父亲紧锁眉头问他："学这个有什么用？"当时，很少人关注植物学，他回答不了父亲，单纯地觉得：我爱花草、做标本，想学好它。

　　植物志既是记载植物"户口簿"，也是研究植物的信息库。长久以来，我国没有自己的植物志，想了解在我国生长的植物，不得不翻阅国外的资料。

　　抗战时期，清华大学迁往云南。在昆明，吴征镒在茅草房里，用破木箱和洋油桶搭建了一间标本室。从1939年起，历时10年，他系统整理出3万多张植物卡片。1959年，我国启动《中国植物志》编纂，这些小卡片成为基础材料。

　　2004年，前后4代科学家接力，126册、5000多万字、9000多幅图版的皇皇巨著《中国植物志》全套出版。至此，我国摸清了植物资源的基本家底，改变了中国植物主要由外国学者命名的历史。"中国植物学界终于站起来了！"当时，年近90岁，平日寡言少语的吴征镒豪迈地说。

　　从编委到第四任主编，吴征镒完成了《中国植物志》2/3的编纂任务。他发表和参与发表的植物新分类群1700多个，是我国发现和命名植物最多的一位植物学家。"为学无他，争千秋勿争一日。"这是吴征镒治学的座右铭。"做学问，一定得沉下去，做'大'事，不要看眼前的小利。"吴征镒说，搞清楚我国高等植物到底有多少，看上去很简单，但需要静下心来认真钻研，才可能做好。

　　吴征镒是中国植物的"活词典"。1983年，他到英国考察。在大英博物馆，有一些过去从中国采集，但至今未能鉴定的标本。他用放大镜观察后，流利地说出了每一种植物的拉丁学名，以及科、属、种、地理分布、曾经记录过的文献等，现场英国专家赞叹不已。

　　了解植物资源家底，有助于资源合理利用与保护。吴征镒还向国家建议建立"自然保护区"和"野生种质资源库"，推动了我国生物多样性的保护和资源可持续利用。

2008年1月，凭借对植物学研究的杰出贡献，92岁的吴征镒获得2007年度国家最高科学技术奖。他在接受媒体采访时说："父亲曾经问我，学植物有什么用？当时我答不出来，现在我可以回答了。"

2007年，他应著名文史学家任继愈先生之邀，出任《中华大典·生物学典》主编，即便眼疾严重，仍坚持每天工作3个小时，搭好了大典的基本框架。2012年春节前夕，他因身体不适入院，在病床上对来探望的学生说："很遗憾，工作只开了个头，我恐怕做不完了……"2013年6月20日，中国植物的"活词典"、中国科学院资深院士吴征镒因病在昆明逝世，享年97岁。

《人民日报》（2021年4月2日，记者：喻思南）

李振声

著名遗传学家、小麦育种学家

系统研究了小麦与偃麦草远缘杂交并育成了"小偃"系列品种，开创了小麦磷、氮营养高效利用的育种新方向，是我国有重要影响的农业发展战略专家。

惟愿天下仓廪实

——记中国小麦远缘杂交育种奠基人

尽管已年过八旬，中国科学院院士李振声仍旧最热衷到田间地头去看小麦。他是通过小麦育种登上国家最高科技领奖台的科学家，最爱谈的话题是小麦，甚至连家里阳台上也种着小麦。

如此钟情于小麦，源自他对土地的热爱，对"三农"的深厚感情。

1956年，李振声响应国家支援大西北的号召，奔赴陕西杨凌镇，进入当时的中国科学院西北农业生物研究所工作。这一去，就是31载。

那一年，恰逢我国历史上最严重的小麦条锈病大流行，西北地区有的地方小麦因此减产20%~30%。经历过自然灾害、饿过肚子的李振声内心受到很大触动，他决定从事小麦改良研究，为农民培育优良抗病小麦。

"农民精心栽培小麦几千年，但小麦还是这么体弱多病；野草没人管，却生长得很好。"能不能通过小麦与天然牧草的杂交来培育一种抗病性强的小麦品种呢？李振声开始对小麦远缘杂交进行研究。说时容易做时难，小麦和野草是风马牛不相及的两个生物物种。

经过大量深入细致的研究，李振声带领课题组终于育成优质小麦新品种——"小偃6号"。"小偃6号"作为陕西省小麦骨干品种长达16年以上，农村流传着"要吃面，种小偃"的说法。"小偃6号"已成为我国小麦育种的重要骨干亲本，其衍生品种50多个，累计推广3亿多亩，增产小麦超过150亿斤。李振声也因此被称为"中国小麦远缘杂交之父"。

仅凭这一项成就，李振声就足以赢得世人的尊敬。但，他并没有停下科研的脚步，而是不懈探索着中国粮食的增产之路。

1987年，李振声调回中国科学院。在院长周光召的全力支持下，李振声与中科院的农业专家一起，提出了黄淮海中低产田治理方案。经过6年的治理，到1993年，全国粮食从8000亿斤增长到9000亿斤时，仅黄淮海地区就增产了

504.8亿斤。

20世纪末，美国人布朗"谁来养活中国"的疑问，引发世界关注。在2005年4月的博鳌论坛上，李振声汇集了我国近15年的有关数据，与布朗预测的情况进行对比，结果发现布朗的三个推论都不正确，都不符合中国实际。"我们相信，凭着正确的政策和科技、经济的发展，中国人能够自己养活自己。"

如今，已是耄耋之龄的李振声院士，仍奋战在一线。他带领团队相继培育出的"小偃54""小偃81""小偃60"等优质品种，屡屡创下高产纪录。李振声又与中科院的农业专家筹划组织"渤海粮仓"工作，2013年4月，科技部与中科院联合组织的"渤海粮仓"项目启动。

1985年获国家技术发明一等奖，1988年获陈嘉庚农业科学奖，1995年获何梁何利科学与进步奖，2005年获首届"中华农业英才奖"，2006年获得国家最高科技奖……面对纷至沓来的荣誉，李振声却始终不忘初心："真正给我打分的是农民！"

《人民日报》（2014年5月17日，记者：冯华）

小麦人生

"6月正午的太阳照得人眼花，几个年轻人都躲在树荫下。可李振声戴着一顶草帽，从一大早就在田里查看麦苗，蹲下、起来，换个地方再蹲下、起来……整整一上午三四个小时就这样重复做蹲起运动。"

谁能相信，同行用这段文字描述的李振声，已近八十之龄！

谁能相信，李振声院士作为2006年度国家最高科学技术奖的唯一得主、小麦遗传育种学家，谦逊低调，以至于难于采访！

记者只得采取迂回战术，既采访本人，也采访他人，尽量立体再现李振声的"小麦人生"。

陈宜瑜："李振声开创了一个新领域"

2007年伊始，《李振声院士论文选集》要付梓出版。国家自然科学基金委主任陈宜瑜院士在序言中写道："李振声院士……在小麦遗传育种方面取得了具有创新性和实用性的系统研究成果，为提高我国在小麦遗传育种方面的国际影响和我国小麦的生产水平作出了突出贡献"，李振声"开创了一个新领域，打造了一个新的科研平台。沿着他开创的事业，后来者云集，极大地提高了我国遗传育种水平。"

往事，发生在20世纪50年代初：我国黄淮流域和北方冬麦区条锈病大流行，造成小麦严重减产。

"得了条锈病的小麦叶子会变黄，我们到田里转一圈，蓝裤子就变成黄裤子了。"李振声回忆说。

条锈病菌平均5.5年就产生一个新的生理小种，可小麦品种间杂交育种的常规方法要8年才能育成一个新品种——小麦新品种选育的速度远远赶不上病菌变异的速度。"小麦也是三种野生植物杂交后，经过9000多年的自然选择和人工选择的结果。那我们能不能让小麦同抗病、抗旱的野生草种再次杂交呢？"

望着颗粒无收的麦田，年轻的李振声把目光聚焦在远缘杂交育种上。

从1956年开始，李振声用20年时间，攻克了远缘杂交不亲和、杂种不育、杂种后代疯狂分离三大困难，成功地将偃麦草的染色体组、染色体、染色体片段导入小麦，育成了高产、抗病、优质的小偃系列小麦新品种。其中小偃6号不仅对当时流行的8个条锈病生理小种都有较好的抗性，而且抗干热风、耐旱、产量稳定，在陕西、山西、河南、山东、河北等十余个省市已累计推广面积达1.5亿亩，增产小麦80亿斤，开创了小麦远缘杂交育种在生产上大面积推广的先例。小偃6号也是我国小麦育种重要的骨干亲本之一，用其作为亲本或直接系统选育成的品种达40余个。这些品种累计推广面积3亿亩以上，增产小麦已超过150亿斤。

"小偃6号的育成和大面积推广，证明远缘杂交确实是改良小麦品种的重要途径。但是20年的育种时间太长，这种成功别人很难重复，于是我想能不能另寻捷径"，李振声回忆说。

20世纪70年代后期，李振声研究出蓝粒单体小麦系统，在一个麦穗上可以长出深蓝、中蓝、浅蓝和白粒四种颜色的种子。李振声解释说："根据种子颜色，我们就能知道它染色体的数目。白色的只有40条染色体，叫缺体。可用它与远缘植物杂交，较易将外源染色体转移到小麦中。"

应用这个方法，他只用三年半就育成了小麦—黑麦异代换系，陕西长武农技站以它为亲本杂交育成了小麦新品种"长武134"，累计推广面积1000万亩以上。

陕西民谣："要吃面，种小偃"

羊肉泡馍、猫耳朵……陕西人爱吃面，可由于自然条件限制，过去陕西的小麦产量并不高。李振声培育出小偃系列后，陕西农村就流传开了这样一句民谣："要吃面，种小偃。"小偃6号作为陕西省骨干小麦品种，迄今种了16年，每年种植面积有50多万亩，为陕西小麦增产继续贡献着力量。

1987年，李振声调任中科院副院长，在更宽广的舞台上从事农业科技工作。

"从1984年到1987年，三年间，我国粮食产量出现三年徘徊，而人口增加了5000多万。党和政府急于找到打破徘徊的方案。"李振声回忆说。"我同科学院的农业专家，通过三个月的调查，提出了黄淮海中低产田治理方案。"

在时任中国科学院院长的周光召全力推动下，李振声带领着科学院25个研究所的400多名科技人员深入农村，打响了农业科技的"黄淮海战役"。1993年，全国粮食从8000亿斤增长到9000亿斤，其中黄淮海地区增产504.8亿斤，与李振声等500亿斤的预计十分吻合。

每当我国粮食产量出现徘徊，李振声都能及时给大家敲响警钟，指出问题所在，分析潜力和对策。

1995年，针对我国粮食产量出现连续4年徘徊的局面，李振声率领中科院组织的农业问题专家组进行调研，从具体国情出发写出了《我国农业生产的问题、潜力与对策》报告，重点分析了由9000亿斤增长到10000亿斤的潜力，并提出了相应的对策和实现目标的建议。

1999年至2003年，我国粮食生产出现连续5年减产。2004年4月，李振声发表题为"我国粮食生产的问题、原因与对策"的主题报告，分析了连续5年减产的原因，提出争取三年实现粮食恢复性增长的建议。

李振声，还在为中国人民"吃粮"奔忙。

李滨："我始终记得父亲卧室里深夜透出的灯光"

"亲人眼里无伟人。"

可在女儿李滨的心里，父亲李振声永远高大。"父亲为人正直严谨，谦和宽容。工作时一丝不苟，生活上但求温饱，他几乎是个完美的人。"

李滨女承父业，和父亲在一个实验室工作了近20年，她印象最深的就是父亲对工作的严谨。她说："记得有一年写调查报告，父亲每天都睡得很晚，似乎梦里也在思考，想到什么问题，醒了马上扭开台灯把问题记下来。那段时间，父亲的卧室经常在半夜或凌晨透出光亮。"

"父亲对工作的严谨贯彻始终。他64岁时，因工作需要向沈允钢院士、匡廷云院士请教有关光合作用的知识和研究方法。他听说中午时叶子的气孔会关闭，就和匡院士大日头底下一起跑到田里观察叶子。"李滨说。

1992年，李振声退居二线，而工作却没有停止。他在昌平平西府建立了一个育种基地。陈宜瑜回忆说："基地刚建起来的时候，没有食堂、没有卫生间、没有围墙，连路都不通。李振声就带个饭盒，在田里一呆就是一天。"就是在这个基地，李振声开创了小麦磷、氮营养高效利用的育种新方向，发现了一批

"磷高效"和"氮高效"小麦种质资源，揭示了其生理机制与遗传基础。如今，他针对我国国情提出的"少投入、多产出、保护环境、持续发展"育种目标，已经成为农业973项目研究的重要指导原则。

"我来自一个普通的农民家庭，靠着亲戚的接济读到高中二年级，要不是1948年济南解放，山东农学院免费招生还提供吃住，也许我就随便找个工作了。"李振声说。"1942年山东大旱我挨过饿，知道粮食的珍贵。上大学时，我将一些优良品种引回家乡，确实增产了，乡亲们都来换。从那时起，我就决心将来从事小麦育种研究。"

"社会培养了我，我应该向社会做出回报"——就是这种朴素的感情，支持着李振声。无论是小偃系列那20年的默默无闻，还是功成名就后，李振声对工作从未有一丝的放松。

陈宜瑜说："在远缘杂交研究最初的20年里，振声先生面临的不仅仅是没有成果的寂寞，更有险遭批判的厄运。现在的年轻人总想着快出文章、快出成果，缺的就是这种对科研的执著。我想归根结底，也许是想个人想得太多，没有像振声先生一样以国计民生为己任，始终围绕国家需要开展自己的研究工作。"

李振声："学点哲学，少犯错误，少走弯路"

2006年元旦，学生到李振声家里拜年。李振声送给他们的礼物是影响自己的人生格言。学生童依平说："老师亲自念给我们听，每念完一条又给我们讲他对这句话的理解，这里面饱含他对事业、家庭的感悟以及对待失败和成功的正确态度。"

李振声说："几十年的经验使我深刻体会到，学点哲学可以少犯错误，少走弯路。"其中，艾思奇有关唯物论和辩证法的论述对他影响深刻。李振声说："对科学研究来说，具有重要指导作用的哲学原理是：世界是物质的，物质世界是可以认识的。人的认识，如果能正确反映客观规律，就是正确的认识，否则就是错误的。按照客观规律办事就能成功，否则就会失败。"

李振声说："回顾50多年来的历程，我觉得有四点在工作中发挥了重要作用。第一，社会责任感。第二，明确的工作目标，人的精力有限，一辈子能集中时间和精力做成一两件对社会真正有益的事情就不错了。第三，持之以恒的毅力。我欣赏顾炎武的名言：以兴趣始，以毅力终。我认为这对加强科技工作者的个人修养很有帮助。第四，依靠集体和团队，这是成功的保证。"

如今，李振声工作的重心主要放在培育青年一代和农业咨询工作上。他决定将全部奖金捐献给单位，建立助学基金，对经济困难的学生助一臂之力。

"荣誉首先应归于集体，没有集体的艰苦奋斗，就不可能有我今天的成就。"2月27日，站在领奖台上，李振声憧憬明天："发展农业是一个永恒的主题，我将继续为国家粮食安全和农民增收作出新的贡献。"

"小麦人生"，沉甸甸，亮闪闪。

《光明日报》（2007年2月28日，记者：齐芳）

叶笃正

——中国现代气象学的主要奠基人之一

开创了青藏高原气象学，创立了东亚大气环流和季节突变理论，创立了大气运动的适应理论，为我国现代气象业务事业发展作出了卓越贡献。

"气象"万千　与国同运

"我不认为这个奖是给我个人的，它是给大气科学工作者群体的。"2006年1月9日，年届九旬的叶笃正院士在获得国家最高科技奖后对记者说，"科技工作不是一个人的事业，没有别人的帮助，我不可能完成研究。"

1916年出生的叶笃正与中国的第一份气候纪录同年。90年后，作为我国现代气象学和全球变化学科的奠基人之一，因为在大气动力学、青藏高原气象学、东亚大气环流、全球变化科学、大气运动适应理论等领域的开拓性贡献，获得2005年度国家最高科技奖。

说起"成功的秘诀"，这位老科学家的话语异常平实："第一，治学上，要求实、求实、再求实，认真、认真、再认真。这也是每个科技工作者应当遵循的原则。""第二，国家需求是第一位的。科学研究一定要符合国家需求，同时要把世界最先进的方法用起来。""第三，一个人搞不成科研，要培养一个团队，大家一起做。"这三句话正是叶笃正人生的写照。

1935年，"一二·九"运动爆发，刚刚考入清华大学的叶笃正，很快就加入了这场爱国运动。两年后，他回到学校，在乒乓球台边结识的学长钱三强的劝说下，叶笃正放弃了喜爱的物理，选择了对国家更为实用的气象学。1945年，叶笃正来到美国，师从世界著名气象和海洋学家罗斯贝，并于1948年在芝加哥大学获得博士学位。

当中华人民共和国成立的消息传到美国，叶笃正几乎想都没想，就决定启程回国。1950年，叶笃正回国后立刻投身到大气科学研究机构的筹建工作。经过几十年艰苦创业，当初只有十几个人的科研小组，发展成现在国际知名的大气科学研究所。故乡的土地为叶笃正提供了源源不绝的灵感，在超过半个世纪的科学研究中，叶笃正取得了一个又一个开创性研究成果。

叶笃正创立了大气长波能量频散理论，至今仍用于天气预报。他和合作者于1953年首先提出了东亚大气环流突变概念，并展开了气候突变问题的系统研究，揭示了急流突变对季风和雨带变化的影响，对提高我国天气和气候预报的水平提供了重要参考依据。

　　他于1957年首先发现了冬季高原南北两侧的两支西风急流，并揭示了其对东亚大气环流和气候变化的重要作用，随后又率先提出高原对大气夏季是热源，冬季是冷源。他的奠基性发现和系统的理论研究开拓了一个科学研究领域——高原气象学，成为当代气象科学的重要研究方向。他是国际全球变化科学的少数几个主要倡导者和开拓者之一，也是我国全球变化研究领域的奠基人，并创立了"有序人类活动"研究的理论框架。

　　"我现在的时间总是不够用，还有很多工作要做。"如今，年届九旬的叶笃正仍然没有停止钟爱的科研工作，随身带着本子，经常记下想到的问题和偶尔出现的灵感。上个月，他还刚刚完成并发表了一篇关于"有序人类活动"方面的论文。

　　多年来，叶笃正不遗余力地培养学生、提携后辈，桃李满天下。他培养的几代气象工作者，分别成为各个时期中国气象科研和业务发展的骨干力量。他的弟子黄荣辉院士说："叶先生教会我们很多东西。他不仅是学问的大师，也是做人的大师。"

　　"我希望自己的学生有独立的学术见解，敢于和我说不。"叶笃正对记者说，"他们的成果比我大，才是我的成功！"

《人民日报》（2006年1月10日，记者：赵亚辉）

坐看风云七十载

2013年10月16日晚，叶笃正先生在北京去世，享年98岁。叶先生的学生接受记者采访时，回忆起他生前的点滴。

"科研要更加贴近老百姓所关心的东西"

"叶先生之所以伟大，原因之一是他的视野非常开阔。"叶笃正的学生、中科院大气物理研究所研究员黄刚说，"有的学者在某个领域研究得很深，有的学者能够开创新的领域并攻克该领域的难关，叶先生在两方面都极为出色。"

中科院大气物理研究所研究员严中伟说，20世纪80年代末，叶笃正就提出要研究全球气象变化的设想。当时有人反对：中国的事情还没有做好，怎么就开始做全世界的？事实证明了叶笃正的预见性。

著名动力气象学家李崇银曾经如此评价他的老师叶笃正：叶先生考虑问题是从国家、世界科学的发展着想。20世纪90年代，叶笃正曾自筹资金开展"中国全球气候变化"预研究，为现在很多研究打下了基础。

黄刚说，叶先生具有超前的学术眼光。他提出"天气预报服务体系"，还告诫学生："我们的科研要更加贴近老百姓所关心的东西，真正做到为国家排忧解难。"

叶笃正先生2004年获得了有"气象诺贝尔奖"之称的国际气象组织奖，2005年获得国家最高科学技术奖。2010年，经国际天文学联合会小天体命名委员会批准，一颗小行星被以叶笃正的名字命名。

"我的学生超过我，我才有成功的感受"

1950年，叶笃正回国投身我国大气科学研究机构的筹建工作。当初只有十几个人的科研小组，经过几十年的艰苦创业，发展成现在国际知名的大气科学研究所。

　　黄刚和他的父亲、中科院院士黄荣辉都是叶先生的学生。黄刚说，20世纪90年代中后期，八十高龄的叶先生仍然坚持每周一、三、五去大气所办公，而且喜欢和学生交流。"他把很多想法写到小本上，跟我们交流一些看法，并且鼓励我们去钻研这些难题。"

　　1986年至1989年，严中伟跟随叶先生读博士。他回忆，叶先生几乎每个礼拜都会要求学生到自己家里汇报研究工作。

　　而给严中伟和黄刚留下最深刻印象的，则是叶先生鼓励创新的精神。"叶先生鼓励学生独立思考。"严中伟说。"他说什么，你质疑他，他会很高兴。对学生的任何进步，他都会由衷地感到高兴。"黄刚说，叶先生常说，"学生超不过老师，那就没有发展了"。

　　叶笃正曾说："我喜欢敢于和我对话的学生。他应该有自己的见解，敢和我说'不'，敢于向权威挑战。我的学生超过我，我才有成功的感受。"

　　　　　　　　　　《人民日报》(2013年10月18日，记者：喻思娈、程晨)

吴孟超

——————— 我国肝胆外科奠基人

　　创立了肝脏"五叶四段"理论，奠定了我国肝脏外科的解剖和理念基础，开辟了肝癌基础与临床研究的新领域，创建了世界上规模最大的肝脏疾病研究和诊疗中心。

一个九旬老人还可以做些什么

——听吴孟超院士讲述手术室的幸福故事

一个人在94岁的时候，可以做些什么？

吴孟超院士在这样的高龄，依然每周亲自主刀多台高难度的肝胆手术，坐堂周二上午的专家门诊，主持着第二军医大学东方肝胆外科医院院长的日常事务，并亲自带教着多名研究生。

是什么力量，使这位年逾九旬的老科学家依然充溢如此的生机？

"朴素的报国心，伴随一生的选择。为人民服务，则是一生的信仰！"回想走过的人生路，从医73年、有着60年军龄和党龄的吴孟超告诉记者："选择回国，我的理想有了深厚的土壤；选择从医，我的追求有了奋斗的平台；选择跟党走，我的人生有了崇高的信仰；选择参军，我的成长有了一所伟大的学校。"

在自己选择的路上，吴孟超老人执着地前行着。他说，"即使有一天，倒在手术室里，也将是我一生最大的幸福！"

手中一把刀

"啪"，护士递来的手术刀，与他的手掌轻轻相击。

5月26日上午，东方肝胆外科医院6号手术室。又一次，老人的手伸向血肉深处，剥离、阻断、切除，双手取出肿瘤，缓缓托起。这一刻，一个5厘米×6厘米的肿瘤被分离出肝脏。整台手术操作沉稳笃定，动作熟练灵活。若非亲眼见证，记者很难相信，此时，这位94岁高龄的老人在手术台前已经整整站立了1个多小时。而这，是老人工作的常态。

吴孟超走路从容而矫健，说话思路清晰，声音洪亮，握手时还很有力量。

记者发现，这是一双白皙、修长的手，不颤不曲，灵巧有力。唯有右手食指指尖微微向内侧弯，那是常年握止血钳的结果。

这双手曾在马来西亚割过橡胶，曾在抗战烽火中为建筑大师梁思成描过图。也正是这双手，在肝脏的方寸之地破译生命密码，创造了中国肝胆外科的无数个第一，把近1.5万名病人拉出了生命的绝境。

一场手术，生死之间。参与手术的医生、肝外二科主任王葵说，吴老平时态度温和，但一站在手术台上自然就会流露出一种威严，紧握手术刀的双手有力又坚定。

从拿起手术刀，吴孟超就从来没有放下，至今仍保持着年平均200台的手术量。手中一把刀，游刃肝胆，94岁高龄依然精准无误。吴老说："我现在的身体情况，自己还能坚持。我的锻炼是看病、查房、看门诊，时间用在看病上，我高兴。"

"吴院士是我们的精神领袖，很多医生护士面对苦和累，想想吴老专注的神态，自己也会打起精神加倍努力工作！"王葵说。

心里一团火

1922年8月，吴孟超出生于福建闽清一贫苦农户家。5岁时他跟随母亲来到马来西亚投奔前期过来打工赚钱的父亲。在马来西亚，幼年吴孟超一边帮父亲割橡胶一边读书。

吴孟超就读的光华学校，是华侨创办的。孙中山亲自题写校名，并写下校训"求知求义最重实践，做人做事全凭真诚"。

1936年，吴孟超升入本校初中。他自己做主，把名字由"孟秋"改为"孟超"。那时，从国内来了一位新校长，他经常给学生讲国内的形势。1937年，抗日战争爆发。中国共产党的抗日主张和英勇作战的事迹，成为马来西亚华侨们的热议话题。

初中毕业，按照当地习俗，校方和家长是要出资让毕业生聚餐一次的。当钱收齐之后，身为班长的吴孟超建议，把聚餐的钱捐给祖国正在浴血抗战的前方将士。建议立刻得到全班同学的拥护，于是一份以"北婆罗洲萨拉瓦国第二省诗巫光华初级中学39届全体毕业生"名义的抗日捐款，通过爱国人士陈嘉庚的传递，送往抗日根据地延安。令所有人都没有想到的是，在毕业典礼时，学校收到了八路军总部以毛泽东、朱德的名义发来的感谢电。校长和老师激动万分，立即把电文抄成大字报贴在公告栏上，这件事引起了全校的轰动。

受到这次事件的鼓舞，1940年，18岁的吴孟超和6名同学相约回国抗日。到达云南后，他们一时去不了延安，留在昆明求学。他后来师从被誉为"中国外科之父"的裘法祖院士。

"是党让人民看到中国的希望，是毛泽东和朱德为我们捐钱给延安的事专门回信，坚定了我为党奋斗终生的决心。"吴孟超沉浸在无尽的感慨之中。从回到祖国的那一天起，从目睹解放上海的大军露宿街头的那一刻起，他已为自己的忠诚、自己的挚爱找到了扎根一生的土壤。心中一团火，守着誓言，从未熄灭。

1949年中华人民共和国成立时，同济大学毕业的吴孟超成为第二军医大的前身华东军区医院的住院医生。从那时起，他就申请入党。此后年年写申请。直到1956年，吴孟超迎来人生最为重要的一年，他称之为"三喜临门"：参军、入党，还成为一名主治医生。

身上一股气

"在实践中始终坚持共产党人的理想信念，忠实践行全心全意为人民服务的宗旨，为党的事业忘我工作。这才是一名合格的共产党员。"

吴孟超是这么说，也是这样做的。他牢牢记得，在入医学院之初，恩师裘法祖就讲过这样一句话：医术有高有低，医德最是要紧。

"病人生病已经非常不幸了，为了治病他们可能已经花光了家里的钱，有的还负债累累。作为医生，一定要设身处地为病人着想，替病人算账。"这是吴孟超对年轻医生说得最多的话。

王葵告诉记者，平时，吴老总是反复强调，要求医生在保证疗效的前提下，哪种药便宜用哪种。

吴孟超创立的"吴氏刀法"对待肿瘤"快、准、狠"，对病人则是"慢、拙、仁"。

"你是哪里人，家里有几口人？"面对千里迢迢前来求医的病人，他总是会先跟病人聊聊家常，让病人消除紧张的情绪。冬天的时候，他会先把手焐热，再去触碰病人的腹部做检查；检查时顺手拉上屏风，检查完后顺手掖好被角，并弯腰将鞋子摆放好……吴老不经意间的动作，常常感动患者。

"我现在94岁了，攻克肝癌，在我这辈子大概还实现不了，我要培养更多人才，让以后的人继续往前走。"吴孟超动情地说。

吴孟超亲手带过的徒弟已是第四代了，仅培养的博士研究生和博士后研究人员就有70多名，绝大多数已成为我国肝脏外科的中坚力量。他常对学生说：看病是人文医学，一定要关心病人，爱护病人，热情接待病人，"医学是一门以心灵温暖心灵的科学。"

《人民日报》（2016年6月3日，记者：倪光辉）

披肝沥胆　医者仁心

2021年5月22日13时02分，中国科学院院士、我国肝胆外科的开拓者和主要创始人之一、原第二军医大学副校长吴孟超同志，因病医治无效在上海逝世，享年99岁。

听闻噩耗，大家悲痛万分。5年前也是在5月份，上海阴雨绵绵，经吴孟超院士允许，记者穿上医学防护服与他一同走进原第二军医大学东方肝胆外科医院6号手术室。在手术台前，94岁高龄的吴孟超院士站立了1个多小时。剥离、阻断、切除，他双手探入，一个肿瘤被分离出肝脏。

整台手术，吴孟超院士操作沉稳笃定，动作熟练灵活。记者了解到，在这样的高龄，吴孟超院士依然每周亲自主刀多台高难度的肝胆手术，坐堂周二上午的专家门诊，主持着原第二军医大学东方肝胆外科医院院长的日常事务，并亲自带教多名研究生。

吴孟超院士被誉为"中国肝胆外科之父"，从医70多年来，成功救治了1.6万余名患者。尽管这在世人眼中已是天文数字，他却常感慨地说："我老了，能工作的时间不像年轻人一样多了，所以更要争分夺秒！"

吴孟超院士不仅医术高超，而且医德高尚。2017年春，"时代楷模"获得者、"不忘初心的好民警"陈清洲被查出肝癌。吴孟超当即表态："这样的人民公仆要得到好报！"认真研究病情后，他决定主刀手术，为陈清洲切除了巨大肿瘤和门静脉癌栓。

在吴孟超看来，"一个好医生，眼里看的是病，心里装的是人。"冬天查房，他会先把听诊器焐热了再使用；每次为病人做完检查，他都帮他们把衣服拉好、把腰带系好。

吴孟超院士1922年8月出生，福建闽清人，1949年8月参加工作，1956年3月入党，1956年6月入伍。1991年当选中国科学院院士，2005年荣获国家最高科技奖。

他首创肝脏外科"五叶四段"解剖学理论和间歇性肝门阻断切肝法，完成了以世界首例中肝叶肿瘤切除为代表的一系列标志性手术，创造切除肿瘤重量最大、肝脏手术年龄最小、肝癌术后存活时间最长等世界纪录。

他主编出版专著20余部，在国内外学术刊物发表论文1200多篇，先后获国家、军队科技进步奖24项，2005年成为荣获"国家最高科技奖"的医学界第一人。

他开辟肝癌基础与临床研究新领域，主持创建世界最大肝脏疾病研究诊疗中心，在肝癌信号转导、免疫治疗等方面取得重大突破性成果，带领中国肝脏外科迈向世界领先地位。

今日，由他主持建成的国家肝癌科学中心早已屹立在上海安亭，成为亚洲最大的肝癌研究和防治基地。

"今天听闻噩耗，感到无比悲伤。"吴孟超院士的学生、海军军医大学第三附属医院肝外二科主任王葵告诉记者，做一名好的外科医生不易，吴老坚持了一辈子，是一位了不起的医学家、开拓者。

听闻校友吴孟超院士逝世的消息，华中科技大学官方微信公众号发布内容追忆，该校师生纷纷在文章下方留言。

海军军医大学的师生表示，吴孟超院士的先进事迹和崇高精神永远是大家学习的榜样，激励着大家在强军征程上开拓奋进、砥砺前行。

《人民日报》（2021年5月23日，记者：倪光辉）

刘东生

著名地球环境科学家、地质学家

在中国的古脊椎动物学和第四纪地质学等科学研究领域中，特别是黄土研究方面取得了大量的研究成果，使中国在古全球变化研究领域中跻身世界前列。

"黄土之父"刘东生

素有"世界屋脊"之称的青藏高原是怎么形成的？它的隆升，对人类生存环境有什么影响？这是国内外科学家梦寐求解之谜。

今年87岁的中国科学院院士刘东生自20世纪50年代初开始，数十年如一日，解开了这个谜，开辟了青藏高原隆升与环境演变的新领域，被誉为"黄土之父"。

不久前，他荣获了2003年度国家最高科学技术奖。

"坚、毅、刚、卓"

1937年7月，刘东生从天津南开中学乘火车赶回北京的家时，车到卢沟桥，过不去了。"七七事变"的烽火阻断了他的回家之路。辗转多日，他才得与母亲团聚，一同到天津避难。

后来，在西南联大强烈的爱国主义精神和民主自由氛围的感召下，刘东生报了西南联大机械系。

那时，昆明有个易门铁矿，但谁也不知道它能不能开采、值不值得开采。见西南联大有能人，当地人请地质系老师去看看。老师看后断定：这矿很好，可以开采。

听说此事，刘东生赶忙去找清华大学的老师，要求转到地质系："老师，现在昆明连墨水都不能造，牙膏、肥皂也没有，学机械没有用！"老师告诉他："现在学机械没用，以后有用。以后有了工厂，还要造飞机呢！"

刘东生不死心，再去找北大管理一年级学生的叶公超老师，叶老师爽快地签了字，刘东生顺利转到地质系1938级。

回想当时情景，刘东生不禁笑着说："我报的是清华大学机械系，却又转到了北京大学地质系上课，是名副其实的联大学生了！"

西南联大的校训是"坚、毅、刚、卓"，这短短的几个字，让刘东生一生受益。他说，"当年艰苦的学习条件和生活激励我们，要严格要求自己，认真读书，认真做人，坚持进步，坚持革命。坚持就是胜利！"

"66年来，我感觉自己从来没有离开过西南联大。"刘东生慨叹。

"超级老头"

正是在西南联大"坚、毅、刚、卓"精神的指引下，66年来，刘东生不仅首创了黄土"新风成说"和环境演化的"多回旋学说"，而且开辟了青藏高原隆升与环境演变新领域，建立了全球变化国际对比标准。

伴随一个又一个研究成果，他荣获的奖项已经不胜枚举。不过，他始终认为自己的成就离不开集体的力量。当他荣获国家最高科学技术奖后，曾经通过《科学新闻》杂志转达了对科技界同行们的感谢："你们在过去几十年里对我的教诲，对我的工作给予支持、帮助和合作，是今天我们取得一点成绩的重要基础。荣誉属于大家。"

与刘东生相处多年的地质科学家们亲切地称刘东生为"超级老头"。他那执著的科学追求，扎实的学风，持之以恒的毅力，给人们留下了深刻印象。

这位"超级老头"穿越黄土高原、从南到北、从东到西完成十条1000多公里的剖面，吃住都在野外，而且全是步行考察；从北京开车去西部进行野外科考，每天早上6点起床，夜里还要召集开会，研究问题；在长白山考察时，天气恶劣，学生草草画完图就跑到车里，可等了半天也不见老师回来。原来，他仍在仔细画图、记录。

刘东生的夫人胡长康也是一位地质科学工作者。夫妻俩顾不得一家老小，长年在野外考察，他们深感欠家人的"感情债"太多太多。

作为青藏高原考察研究的旗手，不服老的刘东生还将继续攀登科学高峰。

《人民日报》（2004年9月8日，作者：朱锡莹）

无疆的远行者

——追记国家最高科技奖获得者刘东生院士

"国家最高科技奖得主刘东生院士去世了！"

外出回来的同学，一进门就带来了这个消息。一阵惊讶之后，我们立即上网寻找，从科学网搜索到的文章证实了消息的真实性：中国科学院院士刘东生因病于2008年3月6日11时52分在京逝世，享年91岁。

曾听人提过，他说自己好歹要活过2008年的奥运会。然而，2008年的春天刚到，先生却走了。

听过先生高足丁仲礼院士的讲座"刘东生院士和中国地质学"，才开始了解这位科学家的一生有着怎样的厚度和广度。1947年，他因鱼化石的研究成果获得中国地质学会马以思奖。1955年，一个偶然的机会让他开始与黄土结缘，成为中国第四纪科学界的一面旗帜。2002年，他获得素有"环境科学领域的诺贝尔奖"之称的"泰勒环境奖"，成为第一个获得此奖的中国人。2003年，获得第四届"国家最高科学技术奖"，此前，只有王选、袁隆平等5位科学家获此殊荣。2007年，他又荣获欧洲地球科学联合会（EGU）颁发的"洪堡奖章"。同黄土高原一样，他通过黄土积累自己人生的厚度。

德国地质学家李希霍芬曾说："中国所谓学地质的人都喜欢坐在家里吟诗作画，根本就不会到自然当中去探求和学习。"这句话在刘东生知道之后，被瓦解了。从西南联大地质系毕业的刘东生，从一开始，就极其注重实地考察的作用。1995年在德国参加"国际第四纪地质大会"时，早已经是院士的刘东生，是参会的中国学者中唯一一个随身带铁锤的人。每一次的野外调查，对他来说都是不能错过的机会。而他进行野外调查的范围之广，很难有人超越。47岁时，他参加了希夏邦玛科学考察团；73岁时，他到达南极；79岁时，他的双脚踏上北极的土地；87岁时，这位科学界的"老顽童"，跑去"生命的禁区"罗布泊进行考察。

"他是一个很正直的科学家。对工作最重视，对科学很执着，而其他的东西，都被他看得很平淡。"作为刘东生传记的作者，潘云唐与刘东生相识已超过20年。

"2月15号和他夫人通电话的时候，还说身体好转，想着再过一阵子可能就出院了，谁知道这么突然……"作为刘东生在中科院研究生院共事30多年的朋友，林秋雁老师听到先生去世的消息，实在难以接受。

"他是一个大科学家，但是，他从来不认为自己是个大人物。"从1982年到2006年的春天，刘东生在中科院研究生院的课一次也未缺过。林秋雁曾经问身为人大代表的他："你两会期间那么忙，怎么还赶回来上课？"刘东生笑着说："学生的课是不能落的！"

刘东生曾经指导过很多学生，目前已经有4人当选为中国科学院院士，5人担任过科学院研究所所长，桃李芬芳。作为刘东生学生中比较年轻一辈的李玉梅，现任职于中科院研究生院。得知导师去世的消息后，李玉梅就跑到老师家里，陪着师母，帮着料理一些事情。星期一的上午，当我推开李玉梅办公室的门时，看到她竟然累得趴在办公室的桌子上睡着了。

"作为我的导师，刘老师一直认为身教重于言传，他给我的照顾也是多方面的。"李老师说，"但老人家刚刚离开，对师母、对我们都是太大的打击。高山仰止，也许再过一些时候，我才可以讲出来。"

《人民日报》（2008年3月13日，作者：王姝）

王永志

我国载人航天工程的开创者之一

参与我国第一代、第二代战略火箭的研制工作，主持完成"长征"二号E大推力捆绑火箭研制任务，为首次载人航天飞行圆满成功、实现载人航天的历史性突破，作出巨大贡献。

使命高于一切

　　"这是全体航天人的荣誉，我是代表他们来领这个奖。"面对祖国给予科技工作者的最高荣誉，年过七旬，操着浓重东北口音的王永志说出了自己的心里话。"这些年来我一直处于很兴奋的状态。使命高于一切，载人航天是一项历史使命，党中央、全国人民都寄予了重托。"王永志强调说，"载人航天工程是千军万马的事情，不是几个人能够干得了的，我个人也就起到一部分作用。"

　　"实际上，我的一生我自己选择的机会并不多，基本上都是党和国家给安排的。"王永志对记者说。但是在半个世纪前，王永志自己作出了人生最大的一次选择。

　　"我从小生活在农村，特别喜欢生物，想搞物种改良，现在说就是生命科学，但正赶上抗美援朝。"王永志回忆说，"当时就想，只想改良物种是不行的，有国无防是不行的，得有强大的国防，叫别人不敢欺负。"抱着"不让人欺负"的目标，王永志考入了清华大学航空系。1957年，王永志迎来人生的一大转折，他经常称之为"难忘的1957"：这一年，他在莫斯科航空学院改学火箭导弹设计，从此，王永志的命运与中国航天紧紧相连。半个多世纪里，他先后领导和主持过多种新型运载火箭的研制，亲手创造了中国航天一次次创举。1992年，花甲之年的王永志接受了人生最大的一次挑战——担任载人航天工程总设计师。

　　"载人航天是当今世界非常'坐得住'的高技术领域，它被看作是一个国家综合实力的体现。"王永志说。但是，作为载人航天的领军人物，王永志感受最多的是压力："因为这是搞载人航天，上头有人，怎么能确保它安全地返回，是非常关键的。另外，我国是在俄罗斯、美国已经搞了40年之后搞飞船，要搞一个什么样的飞船才能满足中国人民的愿望？怎么才能显示中国的综合实力？才能不使中国人感到失望？"

　　"因此，在拟制整个飞船工程方案的时候有一条要求：在确保安全可靠的前提下，从总体上体现中国特色和技术进步。"王永志说，"中国的飞船一上天，就要和国外搞了40年的飞船比翼齐飞，不相上下。"事实给了这句话最好的注解。

"认准了的事情，王永志就一定要干到底。"王永志的同事这样评价他。

20世纪80年代中期，国际发射市场出现运力短缺，为将中国的火箭打入国际发射市场，时任中国运载火箭研究院院长的王永志和他的同事们筹划着一个大胆的方案——以"长征"二号火箭为基础，研制大推力捆绑式火箭。1988年11月，在决策的关键时刻，王永志代表火箭研究院立下了"军令状"：一旦决定研制保证在规定的时间内将火箭竖立在发射台上。同年12月，国务院批准了这项任务，此时距离"规定的时间"仅有18个月。一些外国同行都认为他"疯"了，在他们看来，"没有3年是不可能完成的"。"成功"替王永志作出了最好的回答。1990年7月16日，"长二捆"火箭首飞获得成功。"长二捆"的研制成功，将原来的"长征"二号火箭的运载能力提高了近两倍，不仅加强了中国运载火箭在国际商业市场上的竞争力，也为今后载人航天工程奠定了坚实的基础。"这是怎样的18个月啊"，人们形容王永志和他的同事是"没了亲戚，没了朋友，什么都顾不上了"。18个月时间，仅设计出来的图纸就有44万张，设计人员平均一人一天要画17张。从立下"军令状"到火箭冲上九霄，王永志的体重整整减了11斤。

"我觉得这些年来我是非常投入的。国家在飞速发展，只要你努力，做一个有准备的人，机遇总是有的。"王永志说，很多机遇自己都"碰"上了，"但是这些机遇的获得并不完全取决于我个人的条件，很重要的一个，是我个人的愿望和国家的发展、国家的利益是一致的，所以它才总能实现。"

"'神舟'五号的成功，这是一个伟大的壮举。但是我想，更伟大的事情还在后头，宇宙是无边无际的，探索宇宙和利用宇宙空间也是无穷无尽的。"王永志说，"我已经过了70了，如果我是50岁就好了。但是，我很欣慰的是，通过搞了20多年的航天工作，我们一批年轻的航天人才已经起来了，他们完全有能力把这个事业推向更高的水平。"

《人民日报》（2004年2月21日，作者：廖文根）

中国飞船

——中国载人航天工程总设计师王永志访谈录

王永志，中国载人航天工程总设计师，国际知名的航天科学家。辽宁省昌图县人。1932年11月17日出生，1952年考入清华大学航空系飞机设计专业。1955年至1961年在苏联莫斯科航空学院留学，攻读火箭与导弹设计专业。几十年来，为发展中国航天事业作出了杰出贡献。1987年起成为"863计划"航天领域专家委员会成员，1992年担任载人飞船工程可行性论证组组长，立项后担任中国载人航天工程总设计师。

总装备部副政委、中国作家协会会员朱增泉对中国载人航天工程总设计师王永志进行了访谈，请他就一些人们所关注的问题发表了见解。下面是这次访谈的实录。（朱增泉简称"朱"，总设计师王永志简称"王总"）

大思路是跨越式发展

朱：王总，中国载人航天"首飞"获得圆满成功，举国欢庆，举世瞩目。你作为总设计师，我想请你谈一个问题：我国载人航天工程有什么主要特点？有哪些中国特色？为什么要请你谈谈这个问题呢，因为国外有的舆论认为，中国载人飞船"基本上是在模仿美国和俄罗斯的设计"，是这样吗？

王总：好吧。我理解你的意思。我首先说明两点：第一，中国载人航天工程是一个庞大的系统工程，它完全是依靠我国自己的力量独立自主完成的。第二，我们搞载人航天工程是一个很大的队伍，大家都付出了艰辛劳动，许多人都作出了很大贡献，不是我一个人的功劳。

朱：王总豁达大度。

王总：下面谈正题。关于中国载人航天工程的一些特点，可以从我参与这个工程的论证决策过程说起。1992年1月8日中央专委会议上，明确了一个前提：中国载人航天以飞船起步。1月17日，指定我为中国载人飞船工程技术经济可行性论证组组长。1992年9月21日工程立项后，正式任命了4位工程负责人：总指挥丁衡高，副总指挥沈荣骏、刘纪元，我是工程总设计师。从那时起，我一直是中国载人航天工程的技术负责人，对中国载人航天工程的许多独创性，我有切身体会。

朱：中国载人航天以飞船起步，是不是相对航天飞机而言？

王总：是的。中国载人航天工程的起点究竟定在哪里？一种意见是从飞船起步；另一种意见认为，能不能把起点再抬得高一点？最后中央批准，根据中国国情，还是以飞船起步更为合适。但是，以飞船起步，也面临一个40年差距问题。我们1992年开始论证的时候，预计经过10年努力奋斗，到2002年我们的飞船可以上天。但是，到2002年的时候，苏联第一位宇航员加加林上天已经41年了，美国宇航员也上天40年了。当时就考虑一个问题，如果我们再去搞一艘和俄罗斯40年前同样水平的飞船，它能极大地增强我国人民的民族自豪感吗？

朱：你们这些中国航天科学家们恐怕也不甘心啊。

王总：可不是嘛！加加林40年前就上天了，全世界都轰动。如果我们40年后再搞出一个同加加林乘坐的飞船差不多水平的东西，我们还能有激情吗？

朱：你这句话就充满了激情，充满了爱国主义的激情。

王总：这样，我们就给自己出了一个难题：怎样才能有所跨越，有所创新？怎样才能在人家的飞船上天40年之后，我们搞出一个飞船来还能让中国人民感到自豪，还能壮了国威、振了民心？这对我是一个挺大的压力。当时，行政领导小组在研究这个问题，我们技术线也在思考这个问题。

朱：这是你们当年在论证决策过程中遇到的第一个重大问题。

王总：经过几次讨论，最后归纳起来，我们对中国载人航天工程提出的总体要求是：必须在确保安全可靠的前提下，在总体上体现出中国特色，体现出比苏联和美国早期飞船的技术进步。中国特色必须体现在总体上，不是体现在某个局部上。如果体现在某个局部上，如体现在计算机进步上，这个比较容易做到。

朱：今天的计算机水平肯定比加加林时代高得多。

王总：我们要的是在总体上体现出中国特色，体现出技术进步。我们的大思路是要跨越式发展。1992年9月21日党中央做出了重大决策：我国载人航天工程分三步走：第一步，发射两艘无人飞船和一艘载人飞船，建立初步配套的试验性载人飞船工程，开展空间应用研究。第二步，在第一艘载人飞船发射成功后，突破载人飞船和空间飞行器的交会对接技术，发射一个空间实验室，解决有一定规模的、短期有人照料的空间应用问题。第三步，建造20吨级的空间站，解决有较大规模的、长期有人照料的空间应用问题。党中央那次重要会议后，第一步工程正式立项，简称"921工程"。它要完成四项基本任务：一是突破载人航天基本技术；二是进行空间对地观测、空间科学及技术研究；三是提供初期的天地往返运输工具；四是为空间站工程大系统积累经验。

朱： 你的思路都是从宏观上考虑问题，这就是总设计师的工作特点吧？

王总笑道： 在我这个层次上，必须首先从宏观上理清思路，确立前进目标。如果我天天去编软件，那我就失职了。编软件不是我总设计师的职责，我要从宏观上解决比这更重大的事情。跨越式发展这篇文章靠谁去做呢？首先要靠制订方案的人。我是论证组的组长，后来又担任工程的总设计师，这个责任对我来说是义不容辞的。各大系统的主要技术方案我得提出来；或者由别人提出来，我得综合，把它肯定下来。我是管总体的，中国特色要从总体上去把握、去体现。这是我主持这个大工程的重大责任，也是一种很大的压力。脑子里一直在考虑，怎样才能在人家的飞船上天40年之后，我们做出一个飞船来还能振奋人心呢？不能让人家说："啊唷，这不是苏联的那个飞船嘛，搞出那么个玩意儿啊？"如果在我的主持下，国家花了这么多钱，结果搞出那么个玩意儿来，不是让人泄气吗？在这一点上，整个设计队伍都有压力。

朱： 今天回过头去看，这样的压力反过来变成了追赶和超越的动力。

王总： 是的，我们就是要跨越式地发展，要搞出新意来。我作为搞顶层设计的人，责任更大，压力也挺大。我们能搞出一些什么样的中国特色呢？当时确定的目标是：我们起步虽晚，但起点要高。我们要跨越式地发展，迎头赶超。我们必须达到这样一个目的：我们的飞船一面世，就要和人家搞了40年的飞船基本上处在同一个档次，能够和它并驾齐驱，一步到位，甚至某些局部还可能有所赶超。

朱： 这就叫雄心壮志。看来，没有这种豪情，没有这种雄心壮志，就别想搞出中国飞船来。

跨越从追赶开始

王总： 拿谁作为赶超目标呢？在世界上，近地轨道载人飞船搞得最好的是俄罗斯。从苏联开始，到去年为止，俄罗斯飞船已经载人飞行92次，现在可能已经达到百次了。再加上它的运货飞船，飞行次数就更多了。俄罗斯飞船的性能最可靠，使用时间最长，使用效果最好。美国的飞船只用几次就不用了，完成试验任务以后再没有用过。直到今天，越看越觉得俄罗斯的飞船有它的优越性。所以，我们就拿它作为赶超目标。

朱：俄罗斯飞船从苏联搞到现在，是第几代了？

王总：苏联的第一代飞船是加加林上天用的"东方"号，第二代是列昂诺夫出舱活动用的"上升"号，第三代是"联盟"号。后来"联盟"号又经过了两次改进，这就是"联盟—T"和"联盟—TM"。它经过了三代加两种改进型，相当于第五代飞船了。应该说，俄罗斯的飞船技术是越来越完善、越来越成熟、越来越先进了。

朱：我们赶超的是俄罗斯第几代飞船？

王总：我们在1992年论证的时候，瞄准的赶超目标就是当时最先进的俄罗斯"联盟—TM"飞船，这是俄罗斯第三代飞船的第二种改进型，相当于第五代飞船，当时它是世界上最先进的飞船。要知道，俄罗斯是搞了30多年，对飞船技术不断改进和完善，才走到"联盟—TM"这一步的。我们把"联盟—TM"作为赶超目标，力争一步到位，赶上它的先进水平。

朱："联盟—TM"有什么主要技术特点呢？

王总：第一，它是三座飞船，一次可以上3个人。第二，它是三舱飞船，有三个舱段。它同加加林上天用的"东方"号和列昂诺夫出舱活动用的"上升"号相比，除了推进舱、返回舱外，又多了一个生活舱，航天员在太空的舒适性大大提高。飞船入轨以后，航天员可以解开身上的各种束缚带，到生活舱里去自由活动。此前的飞船，航天员只能在狭小的返回舱里待着，舒适性不行。后来贯彻以人为本的设计思想，多了一个生活舱，使航天员在太空有了一定活动空间，可以把腰伸直了，可以活动了，这是"联盟—TM"的一大特点。第三，它功能齐全，技术先进。在"联盟—TM"生活舱前头，有一个对接机构，可以和空间站对接。也就是说，它可以往返于地面和太空之间，成为天地间的运输工具，用它来回运人、运东西，为空间站接送宇航员，运送补给物资。如果没有这样完善的天地往返系统，空间站就没有支撑了。"联盟—TM"的这些先进功能一直用到今天。第四，从"联盟"号开始增加了逃逸塔，有了救生工具。过去加加林坐的"东方"号和列昂诺夫出舱用的"上升"号都没有逃逸塔，没有救生工具，一旦出了事就毫无办法。当时只有低空弹射座椅，它只有在低空马赫数很低的情况下才有用，马赫数高到一定程度，人一弹出来马上会丧命，所以它实际上不能救生。"联盟"号增加了逃逸塔，在待发段、低空、高空，一旦出事，它都可以救人了。"联盟"号出过两次事，都把人救出来了，显示了它技术上的先进性。总之，"联盟—TM"功能齐全、系统完善、技术先进、性能可靠。所以，我们就瞄准它来干，争取一步到位，这就是在总体设计上体现出来的跨越式发展。

朱：人家搞了40年才达到的水平，我们一步追赶到位，是非常了不起的跨越。

王总：我们的飞船一起步就搞三舱方案，刚开始我们内部也有不同意见。有人曾觉得三舱不如两舱简单、保险，因为两舱好做，加上第三舱就复杂多了。当时要统一大家思想还挺难。

朱：看来你是主张迎难而上的。

王总：由我主持向中央专委写的论证报告就是三舱方案。可是，方案复审过程中，意见不一致，天天吵啊，老是定不下来。这怎么办呢，我心里挺着急。最后航天部领导决定成立一个五人专家小组，把决定权交给了五人小组，说是"他们定啥就是啥"。

朱：集中了航天界的五位权威吗？

王总：是啊。组长是任新民老总，因为他是可行性论证的评审组组长。大家经过一段准备，任老总主持五人小组开会讨论，让大家表态。结果，四位组员的意见是两票对两票，二比二。这怎么办呢，任老总就很难表态啦，就说："这事今天就到这里，再等等。"就这样放下了。后来任老总也不开会了，在会外投了我一票，同意搞三舱方案，支持了我一把，我挺感激他的。

朱：好事多磨啊！

王总：最后确定搞三舱方案，我是挺高兴的。所以说，要赶超三四十年差距，要想一步到位，也不是很容易的事。当然，搞工程嘛，不能说谁的思路一定比谁的思路好，多种途径都可以达到目的，并不是只有一条路子可走。问题是侧重什么，选择什么。

朱：你刚才谈到，三舱方案是俄罗斯"联盟—TM"的先进性之一，我们的飞船也搞三舱方案，这里面的中国特色和技术进步又体现在哪里呢？

王总：我们的三舱方案是有自己特点的。我们的三舱，最前头是轨道舱，中间是返回舱，后头是推进舱。推进舱外国也叫设备舱，里面有发动机的推进剂储箱，有各种气瓶，氧气啊，氮气啊，都在后头这个舱里。推进舱不是气密的，返回舱和留轨舱有航天员活动，所以必须气密，要供氧的。我们同"联盟—TM"的最大不同，就在前头那个轨道舱。我们在轨道舱前头还有一个附加段，俄罗斯是没有的。要说赶超和跨越，这个多功能的轨道舱应该是赶超和跨越的主要标志。

朱：我一下子还弄不懂，你能否具体介绍一下？

王总：我刚才不是说，我们的载人航天工程是一个前提、两个体现、要完成四项基本任务吗？一个前提就是以飞船起步；两个体现就是体现中国特色和技术进步；四项基本任务我就不重复了。我坚持一上来就搞三舱方案，主要是考虑到同第二步发展目标相衔接，这是追赶和超越的关键所在。要追赶，要跨越，就必须在实施第一步时考虑到第二步、第三步。我当时考虑的问题是，我们的载人飞船一旦打成之后，能够留下一个初步的天地往返系统。只要对它稍加完善，它就是一个天地往返运输工具，可以直接向空间站过渡，到时候就不必再单独立项为解决空间对接技术搞一个独立工程了。如果先搞两舱，那就得在两舱搞成之后再干一次，再立项，搞三舱对接试验，解决天地往返运输问题。我这样搞三舱方案，一次就完成了，一步到位了。

朱：什么叫跨越，连我这个外行也听懂了。

跨越"猴子阶段"

王总：我们的载人航天工程搞跨越式发展，还有一个体现，就是不做大动物试验。

朱：什么叫大动物试验？

王总：就是在飞船里面先放一个猴子什么的，打上去试验，看它能不能存活。我们没有搞这一步，把它跨越了。

朱：是啊，人们总是把飞船同猴子联系在一起。我们的"神舟"一号无人飞船打成以后，不少人见了我都问："里面放没放猴子？"有的人干脆问："里面的猴子死没死？"从"神舟"一号一直问到"神舟"四号，都在关心我们的飞船里面放没放猴子。

王总：中国载人航天工程不做大动物试验，理由是什么呢？你想想嘛，到我们的飞船上人的时候，俄罗斯宇航员已经上天40多年了，美国宇航员也上天40年了。我们论证的时候，美俄两家已经有上百人上过天了。到2001年底，世界各国的航天员已经有426人上过天了。要讲人次那就更多了，到2002年8月已经有906人次上过天了。最多的一位宇航员已经上天7次了。男的上去过，女的上去过，而且这些人上天回来都生儿育女，一切都正常。岁数最大的77岁都上去了。在太空时间最长的达到两年零17天15小时。人能不能适应升空和返回段的过载，能不能适应飞船在轨运行时的失重状态，这些问题都已经有了明确结论了，能行，没问题。难道我们还需要从头做试验，看看人进入太空行不行？显然没有这个必要了。要是连这一步都不敢跨越，我们岂不是只能永远跟在别人屁股后面亦步亦趋吗？人家干啥，我们也得干啥。人家先打上去一只狗，我们也得先打一只狗。他们先打一个猴，我们也得先打一个猴。他们再打个猩猩，我们也得打个猩猩。这实在没有必要。

朱：你讲得好，不能墨守陈规。

王总：但是，人家的飞船上人行，并不等于我们的飞船上人也一定行。问题在于我们飞船舱内的生命环境是不是可靠，它必须保证航天员的生存条件。特别是舱内的供氧怎么样，温度、湿度、大气成分、大气压力怎么样，都得有保证。我们的舱内条件究竟有没有保证，必须经过严格试验。怎么试验？老办法就是做大动物试验。

朱：先上猴子，先叫猴子做给人看。

王总：我们对上猴子的办法也进行过分析，实在不怎么样。据说，中国最聪明、最好训练的是云南的猴子。有人主张从云南买一批猴子回来训练。这就要搞动物饲养房、动物训练室。一算账，建一个猕猴饲养房就得3000万。其实猴子也不是很好训练的。飞船升空，有过载，有噪声，它一过载，一受惊，一害怕，不吃不喝怎么办。我们的飞船按设计可以在太空自主飞行7昼夜，如果猴子7天7夜不吃不喝，下来它死了，这算谁的账？究竟是飞船的问题，还是猴子自身的问题？很难说得清楚。反倒会给航天员增加思想负担，有顾虑了，不敢上了。另外，用猕猴也不能完全模拟出人的生存条件来，因为猴子的最大代谢能力只有人的1/6，对氧的消耗很慢。我们的飞船返回舱设计的是3名乘员，如果要模拟出3个人的生存条件，那就得用18只猴子，返回舱内也装不下啊（笑）。

朱：要是18只猴子上天，真是大闹天宫了。

王总大笑：可不是嘛！只能上一只猴、两只猴，这样消耗氧的速度很慢，舱内自动供氧的系统一下子启动不起来，得到的试验结果也就不太真实。

朱：那么，我们用什么办法来检验舱内的生存环境呢？

王总：我们用一台代谢模拟装置来检验，让这台科学仪器像人的呼吸一样，消耗氧，排出二氧化碳，然后再用另一台设备把排出的二氧化碳吸附、转化。根据上几个人、上多少天，把氧分压消耗到下限，这台仪器的氧传感器就会敏感到，自动补氧，补到上限。我们利用无人飞船连续试验了几次，模拟3个人飞行7天，供氧情况非常好。所以，我们就下决心跨越大动物试验阶段。直到去年，有些不太了解情况的人还通过领导向我传话，说美苏两家都是先做大动物试验，你怎么一下子就把人弄上去啊，是不是风险太大，要不要先做大动物试验啊。我告诉他们，没有事，没有风险。我给他们讲了上面这个道理，他们一听，哦，那可以。我们总得学会创造性地前进，不能永远跟在别人屁股后面走。否则，我们啥时候才能赶上人家，40年的差距啥时候才能缩小？

朱：听了你这一段生动的讲述，我觉得这里面有一个人类文明的继承和创新的关系。人能不能上太空，美苏两家试验过不知多少次了，我们没有必要再从头来过。后人的实践活动中从来都会包含前人的经验，就像中国古人发明的火箭为人类搞载人航天提供了最重要的启示一样。但是，继承中又必须有所创造，有所发明，有所突破，才能有所超越。正是这种继承和创新的结合，形成了我国载人航天工程的许多独特做法。

王总：我们用我们的办法干，不用猴子，直接上人。

朱：打个比方，猴子变人，从爬行到直立。我们不再爬行了，一下子直立起来了。

轨道舱的妙用

王总：中国载人航天的另一个重要特点，就是突出了空间应用。我们搞载人航天，不仅是为了在政治上产生重大影响，而是必须拿到实实在在的效益，这一点也是中国特色。

朱：我国载人飞船获得圆满成功，必将极大地增强全国人民的民族自豪感，增强民族凝聚力，这就是重大的政治意义，也是重大的社会效益，它对我们各方面的事业都会产生推动和促进作用。

王总：是的。但是，我们没有停留在这一点上，我们还要得到实实在在的效益。我们的实效体现在哪里呢？就是飞船上那个生活舱，我们叫它轨道舱，它实际上是个多功能舱。俄罗斯的"联盟"号飞5天之后，3个舱一起返回，先把前头的生活舱分离掉，在大气层烧毁了。接着又把后头的推进舱也分离掉，也在大气层烧毁了。它只有返回舱是带防热层的，人在里头坐着不烧毁，回收了。"联盟"号的生活舱只用5天就报废了，我们"神舟"号的轨道舱要在轨道上再飞半年，用它做科学实验。我们很多空间应用和研究项目都在轨道舱内，等于发射了一颗科学实验卫星。两三吨重的东西，把它推到8公里的速度，送上轨道，那是付出了巨大代价的。所以不能随便把它烧了，让它留轨运行，作为一个试验舱来利用。这样，我们就可以额外得到大量的科学实验数据，非常宝贵，这也是对社会很大的回报。

朱：这是一举多得。

王总：我们把轨道舱留在轨道上继续飞，也是为下一步研制工作做准备。什么东西适合放在空间站上，什么东西不适合，在轨道舱上做了许多试验。这样一来，也为中国科学院带起了一支搞空间科学和空间应用研究的队伍，他们的研究工作不再是从理论到理论，而是已经介入工程研究里去了。这十几年积累的东西是很可贵的，它为将来大规模的空间应用准备了技术基础、人才基础。我们在搞第一步的时候，就考虑到后面几步，叫做"步步衔接"。我们的飞船一起步，就要让它和后面的工程一步一步衔接起来。也就是说，我迈出左脚，不仅仅是为了向前跨进半米，同时也是为了向前迈出右脚找到一个支点。

朱：精彩！走一步看两步、看三步，步步衔接，这盘棋就下得越来越精彩了。这样一来，实际上把几个发展阶段的间隔缩短了，追赶40年差距的时间也缩短了。

王总：这样，我们的载人航天工程就可以一步一步往前走。我们把轨道舱留在轨道上继续飞，还有另一个更重要的目的，就是下一步要利用它搞太空交会对接。苏联和美国，交会对接试验都做过5次。因为如果不解决太空交会对接技术，航天员就无法来往于天地之间，就不能搞空间站。所以，搞空间站之前，非得在技术上解决交会对接不可。能对接上，人能进到空间站里去，还要能退出来，能回来。这一关非过不可。所以，苏联和美国载人飞船成功后，都很快做了交会对接试验，各做了5次。试验成功了，然后才敢发射空间实验室，才能建立空间站。美苏两家的交会对接试验是怎么做的呢？先发射一艘飞船到轨道上，紧接着再发射另一艘，与它同轨，然后前面一艘掉头，后头一艘同它对接上。然后再撤下来，再一个一个返回。发射第二艘的动作非得快不可，最迟第二天就得发射，因为他们的飞船只能在空间飞行5天，必须在5天以内把它对上。否则前面那一艘到了5天就会往下掉，后面一艘就追不上了，对接不成了。他们都是这么做的。

朱：我们准备怎么做呢？

王总：我们是先发射一艘飞船，把轨道舱留在轨道上，它可以飞行半年。我们要做对接试验时，只要发射一艘飞船，去和轨道舱对接。这里面可以有两个做法。一个做法是，如果我们搞一个轨道舱可以留轨飞行两年，那么两年内发射的飞船都可以和这个轨道舱去对接。另一个办法是，如果轨道舱只能留轨飞行半年，我们可以发射第二艘飞船去和第一艘飞船的轨道舱对接，然后把第二艘飞船的轨道舱留轨，把第一艘的轨道舱分离掉，因为它半年寿命已经到了。后面再发射第三个去和第二个对接，第四个再去和第三个对接。这样一艘一艘更替，轨道上始终有一个轨道舱可供对接。这样，我们每搞一次对接试验，只要发射一艘飞船就行了，不必每次都发射两艘。前提就是先放一个轨道舱在上头。因此，他们做5次交会对接试验都得发射10次，我们做5次交会对接试验只要发射6次就行了。如果n代表发射次数，他们是2n，我们是n+1。他们每做一次交会对接都得发射两艘飞船，我只要n+1就行，只要n>1我就占便宜。如果n是2我就少发射一个，如果n是5我就少发射4个。你想想，现在发射一次就是好几个亿啊，这样不就省钱了吗？

朱：既要省钱，又能把事情办好，这就是中国特色。

王总：还不止是省了发射飞船的钱，要是接二连三地发射，还得建设第二个发射工位。因为一个发射台今天发射了，明天不能接着又发射，必须在另一个工位上发射。那我们还得再建一个工位，建一个工位又得花多少钱啊。我们把这个钱也省了。这也是一个创新吧。这个主意是我出的。有一次我和王壮去莫斯科，俄罗斯飞控中心的技术主任巴丘卡耶夫，他是搞飞行控制的，是我和王壮的同学。王壮就问他，我们用这种方法搞交会对接行不行？巴丘卡耶夫先是一愣："嗯？咋不行，完全行啊。"王壮指着我说："这就是他出的主意。"巴丘卡耶夫感叹了一声，说："唉哟，都说中国人聪明，名不虚传！"

朱：你为中国人争了光，让人听着长志气。王总笑道：要不总是当人家"儿子"，那算什么！

把航天员安全放在第一位

朱：今年2月1日，美国"哥伦比亚"号航天飞机失事，对国际航天界震动很大。我们在飞船的安全性上有哪些有效措施？

王总：确保航天员的生命安全是头等大事，这一点我们是非常明确的，就是要安全至上。现在回头去看，我们的飞船在设计上对安全措施考虑得比较周到，这也是我们的特点之一。在待发段就有4种救生模式，上升段有11种救生模式，飞船上还有8种救生模式。

朱：上天难啊，俗话说"比登天还难"，载人航天是高风险事业。你刚才说安全至上，这是一个非常重要的设计思想。

王总：飞船入轨之后一旦发生危险，我们还有很多救生措施。一个办法是，在轨道设计上，为飞船创造更多的机会能够返回着陆场。我们的飞船轨道最早设计要飞十多圈后再变轨，我说不行，第五圈就变轨。为什么？因为提前变成圆轨道后，返回地面的机会就多了。如果发生了紧急情况，航天员也可以启动应急程序自主返回，即使返回不了主着陆场，落到中国，落到外国，我们都选好了地点。假如飞船的控制系统坏了，或船箭没有分离，或太阳帆板没有展开，或着陆时大伞没有切掉，等等，凡是可能造成航天员生命危险的环节，我们在设计上都设有冗余，如果冗余的那套也失灵了，我们还有航天员手动控制的自救办法。我们就是这个观点，以人为本，安全至上。我们的设计人员在这上头花费了很多心血。

朱：我们的航天员要感谢你们。

王总：在我们论证的时候，还没有美国的"哥伦比亚"号事故。但是，当时咱们自己的一颗返回式卫星跑了，没能按时返回，过了好几年之后才回来。事故原因是有一个程序出了差错，反了，卫星往相反方向跑了。当时，这件事对我们震动很大。我们突然想到：要是将来我们的飞船也出现这样的情况，太危险了。这颗卫星是返回式的，我们的飞船也是返回式的，一旦飞船返回不了怎么办？飞船上带的食品不到十天的量，那肯定完了，葬身太空了。

朱：看来，那次卫星事故，反倒对你们载人航天工程的设计提供了极大帮助。在人类进行的一切科学实验中，失败是成功之母，这是一条永恒真理。

王总：我们马上又想到：要是那颗返回式卫星上有人，不是可以让他采取手控的办法自己回来吗？

朱：哦，一种新的设计方案在奇思妙想中产生了。

王总：我们既要千方百计为航天员的安全考虑，也要充分发挥航天员的主观能动性。我们把各种手控程序设计好，叫他自己控制返回。我们可以同他通话，指挥他，让他利用手控程序回来。我是管工程总体的，我一直督促搞具体设计的同志加手控。有的同志觉得加手控挺麻烦的，将信将疑地去找俄罗斯的航天员座谈，问他们要不要加手控？俄罗斯的航天员回答说，如果设计师没有给我设计手控，我有权利不登舱。这不，人家也主张加手控。

朱：既把航天员作为确保安全的对象，又把航天员作为确保安全的主体；既有自己的创造性思维，也有对国外实践经验的借鉴。这些都是辩证思维，所以我国飞船的安全性比外国考虑得更加周密。

王总：的确，这些地方，我们都想得很全。

海上点式搜救法

王总：说到创新思维，还可以讲一个例子。发射飞船，在上升段火箭出事的可能性最大。一旦出事，就要赶快搜救航天员。陆地上还好办一些，从发射场到山东日照出海的地方是2200公里，我们设了四个点：东风、银川、榆林、邯郸。每个点上有两架直升机，只要落到哪个点上，很快可以救回来。如果火箭第二级在飞行中出事，就要落到太平洋里去，海上有5200公里范围。那是大海啊，在茫茫的太平洋上怎么救啊？而且要求24小时以内必须把返回舱捞上来，否则航天员有生命危险。如果开船去，船在海上走得特别慢，一小时就开二十几海里，5000多公里范围，那得雇多少船啊！美国当初是怎么搞的呢？它派了3艘航空母舰，21艘舰船，动用了126架飞机，设了16个点，几万人都在那儿等。我们也这么搜救不行，我们没有这么大航海力量，想在5000多公里海域都布下搜救力量显然做不到。可是，航天员是宝贝啊，必须千方百计搜救。最后，咱们还是想出了一个中国式的办法：海上与天上互相配合。海上，我们在5200公里海域选出了三段较小的区域，在这些区域中配置搜救力量。天上，充分利用飞船上的资源。推进舱内带有约一吨燃料，是准备返回用的。一旦出事，我们就把飞船上的发动机启动起来，利用发动机提供的动力，按事先设定的程序，进行实时计算，靠近哪个区域就往哪个区域落。布置在各个区域的搜救船只再一配合，很快就能找到。这是一个创新，这是中国特色，世界上绝无仅有。

朱：这不是下围棋往要害处投子的办法吗！虽然不是"大海捞针"，这种"大海捞人"的办法也足以使人感到惊奇。

王总：可以说，为了保证航天员的安全，大家绞尽了脑汁。特别是火箭和飞船系统，在这方面花的精力很大。这一套设计也是很复杂的，我们有一个专门班子，11 年一直干这件事。所以说，我们对飞船的安全设计，能想到的办法都想到了。美国人仰仗海军力量大，舰船多，落在哪儿都能去，他们飞船上的安全程序搞得比较简单。飞船上一简单，地面搜救工作就复杂了。我们把飞船上的安全程序搞得周到一点、复杂一点，但是把地面解放了，搜救工作简单多了。这些都是在可行性论证时确定的方案，这些就是我们的特色，就是我们的创造性发展。

朱：都是用事实说话，很有说服力。

中国飞船就是中国飞船

王总：中国飞船就是中国飞船，没有什么抄袭之嫌。这一点，不光是我们自己说的，也是国际航天界权威承认的。2001 年俄罗斯举行加加林上天 40 周年庆祝活动，同时我的母校莫斯科航空学院也邀请我去参加授予我荣誉博士称号的仪式。穿上博士服，颁发证书仪式搞得挺正规，挺隆重。航空宇航系又授予我一枚杰出毕业生金质奖章。就在授予我称号和奖章的仪式上，他们让我介绍中国载人航天工程的特点，"联盟"号的总设计师，也是指导我毕业设计的导师米申院士主持，就坐在我旁边。在这之前，俄罗斯国内也有人在报纸上发表文章，说中国的"神舟"号和他们的"联盟"号一样。我在会上讲完后，米申院士大声说："你们都听到了吧！中国飞船不是'联盟'号，中国飞船就是中国飞船！"我讲这些，主要是想说明，我国的载人航天工程是依靠自己的力量独立自主完成的，有我们自己的特色。中国在航天领域取得的突出成就，国际航天界权威都是承认的。

朱：感谢王总，你今天讲得非常精彩，我听了很受感动，很受教育。在你身上，在中国航天界的广大科技人员身上，既有严谨的科学态度，又有发奋图强的雄心壮志；既尊重别国在载人航天领域的科学成就，又勇于自主创新，勇于攀登，勇于跨越，创造了中国载人航天的辉煌。在实现中华民族伟大复兴的奋斗进程中，需要大力弘扬这种精神。你今天的介绍，是一篇生动的爱国主义教材，我将拿去介绍给广大读者，让更多的人从中受到教育。

（本文作者为总装备部副政委，中国作家协会会员）

《人民日报》（2003 年 10 月 17 日，作者：朱增泉）

金怡濂

中国巨型计算机事业开拓者之一

　　20世纪90年代，他担任"神威"巨型计算机系统总设计师，使我国高性能计算机峰值运算速度从每秒10亿次跨越到每秒3000亿次以上，实现了我国高性能计算机的历史性突破。

呕心沥血为"神威"

——记中国工程院院士、国家最高科技奖获得者金怡濂

2003年2月28日，一个激动人心的时刻：国家主席江泽民亲手把第三届国家最高科学技术奖颁发给金怡濂院士。金院士是我国高性能计算机研制领域的杰出科学家，现任国家并行计算机工程技术研究中心主任、研究员。获此殊荣，不仅是对金怡濂本人半个世纪以来贡献与成绩的极大肯定，更是对整个巨型机战线的最高褒奖。

1946年，世界上第一台全电子数字计算机（ENIAC）问世。中华人民共和国成立后立即将电子计算机列入重点发展的学科。金怡濂被选派赴苏学习计算机技术。回国后，金怡濂参加了我国第一台大型电子计算机——104机的研制。该机于1959年4月底安装调试完毕，并完成了第一个课题——"五一"天气预报数值运算，向国庆10周年献上了一份厚礼。

在艰难条件下，金怡濂和同事们完成了大型晶体管通用计算机、大型集成电路计算机的研制，实现了我国计算机研制技术的重要突破。也正是在这个时期，金怡濂吸纳了国际上先进的计算机设计理念，提出双机并行的设计思想和实现方案，首次在我国大型计算机系统中采用了双机并行处理技术并获成功。

20世纪90年代，国务院决定研制"神威"高性能计算机。科研人员激动不已，但对研制一台什么样的机器意见不一：此时我国10亿次巨型机已经问世，下一步肯定要向百亿次冲击了。

这年深秋，国家并行计算机工程技术研究中心召开"神威"机研制方案论证会。金怡濂作为高级专家参加了这次会议。主持会议的领导同志提出：是否可以跨越百亿次的高度，直接研制1000亿次巨型机。这个指标太超乎想象了！金怡濂却语出惊人：我们完全有能力造一台千亿次巨型机！

研制千亿次机的意见被采纳，金怡濂在花甲已过之年被任命为"神威"机研制的总设计师。

20世纪90年代正是世界巨型机快速发展时期。"我们必须保证'神威'出机时进入世界先进行列。"金怡濂说。为此他先后三次调整方案。最后他宣布：把"神威"机的运算速度提高到每秒3000亿次以上。

这是一个冒险的决定，但也是"神威"机跨入世界先进行列的关键性决定。

金怡濂经常亲临一线机房。一天，他在机房捡到一枚螺丝钉，他说："我知道你们的管理是通过ISO9000国际质量管理体系论证的。但这并不能说明一切。我的要求，哪怕是一个焊点、一枚螺丝钉也要体现世界水平。"

金怡濂常常亲自上阵把关。印制电路板被称为巨型机研制中的"极限"工艺，要求"零缺陷"，他就和工作人员一起用砂纸磨模具，用卡尺量尺寸，加班到深夜两三点。大家都说："金总设计师不像一个大院士，更像一个老工人。"

几年呕心沥血、刻苦攻关，终获丰厚回报："神威"出机时，专家评定：该机研制起点高，运算速度快，存储容量大；系统设计思想先进，创新性很强，总体技术和性能指标达到国际先进水平。鉴定委员会主任、女科学家胡启恒院士激动地说："我们几代中国人的梦想，今天终于实现了！"

刚刚掀开"盖头"的"神威"峰值运算速度达每秒3840亿次浮点运算结果，因对国庆50周年当天天气的准确预报而被传为佳话。因"神威"机而诞生的两个中心：北京高性能计算机应用中心和上海超级计算中心，先后完成了20多个单位100多个课题的高性能运算，取得了振奋人心的结果。

《人民日报》（2003年3月1日，作者：蒋建科、赵建国）

以毕生精力服务国家

"我们要倍加珍惜这一机遇，紧紧抓住这一机遇，坚持与时俱进，不断创新，开拓进取，勇攀科技高峰，以毕生精力，为实施科教兴国战略，为创造人民的幸福生活和祖国的美好未来而努力奋斗。"

——金怡濂院士获2002年度国家最高科学技术奖后感言

1946年，美国宾夕法尼亚大学成功研制出世界上第一台电子计算机ENIAC，标志着人类走出了迈向信息时代的第一步。20世纪50年代，我国制订的科学技术发展12年远景规划中，电子计算机被列入重点发展学科。随后，我国选派了一支20人的实习队赴苏学习计算机专业，刚从清华大学电机系毕业的金怡濂成为其中一员。

1958年回国后，金怡濂进入中科院计算机所，投身他为之奋斗一生的事业。那段岁月，金怡濂和同事们完成了大型晶体管通用计算机、大型集成电路计算机的研制，实现了我国计算机研制技术的重要突破。

但这些还远远不够。

"20世纪80年代，国内急需高性能计算机，不得不花巨资从国外进口一台大型计算机。没想到，在进口机器的同时，还捎带进来两个监工。双方签订的协议上明确规定，开机、关机必须由外方监工负责操作，我方不得接触机仓内的核心部件……"金怡濂说，这件事让他感到一种切肤之痛，让他彻底明白了一个道理：真正的高科技，买不来。中国一定要加速发展巨型机，否则将永远受制于人！

要突破，必须有胆识。此时的金怡镰大胆提出，我国巨型计算机研制必须打破"土生土长"模式，走国际化的技术路线，发展基于国际通用处理芯片的大规模并行计算机。沿着这一技术思路，我国巨型计算机研制技术进入与国际同步发展的时代。

1992年，国家并行计算机工程技术研究中心成立，金怡濂任主任。同一时期，他受命主持研制国家重点工程——"神威"巨型计算机系统，担任总设计师。金怡濂提出的总体方案、技术构想及解决方案，均大获成功，使我国高性能计算机峰值运算速度从每秒10亿次直接跨越到3000亿次以上。随后，他继续担任新一代超级计算机系统的总设计师，提出以三维格栅网为基础的可扩展共享存储体系结构和消息传送机制相结合的总体方案，为系统关键技术指标进入国际领先行列奠定了基础。

"我深深感到，科技工作者只有把自己的事业和祖国的繁荣、民族的昌盛紧密联系起来，才能大有作为。"获得2002年度国家最高科学技术奖后，金怡濂感慨道。

行胜于言，清华人的特质深深刻在金怡濂的血液中。他坚信"生命在于做事"，即便步入晚年，他依旧奔波在国产高性能计算机和处理器研制的第一线，为学生和晚辈的技术决策把关定向。

令人感动的是，他始终在为计算机领域自主创新呼吁呐喊："尤其重要的是，应当强调自主创新，在此基础上加快国际合作。要牢记核心技术是花钱也买不来的。"

这句话，在今天，依然振聋发聩。

《光明日报》（2021年6月9日，记者：晋浩天）

王选

—— 汉字激光照排系统的创始人 ——

开创性地研制当时国外尚无商品的第四代激光照排系统。他让出版印刷"告别铅与火，迎来光与电"，推动了我国报业和印刷出版业的发展。

让汉字印刷"告别铅与火，迈入光与电"的那个人远去了——

当代毕昇　方正之士

时间凝固在这一刻：2006年2月13日11时03分，被誉为"当代毕昇"的著名科学家王选院士驾鹤西行，永远地走了。听他的同事们说，他走得很平静，很安详，似乎没有什么遗憾。

"能为人类作出贡献，人生才有价值"

的确，在人们看来，王选的一生不该有什么遗憾。谈起他的成就，他的同事和学生如数家珍：他研制的汉字激光照排系统，引发了我国印刷业"告别铅与火，迈入光与电"的一场技术革命；他主持开发的华光和方正电子出版系统，占据国内99％的报业市场和90％的书刊（黑白）出版业市场，以及海外80％的华文报业市场，并打入日本、韩国，取得了巨大的经济和社会效益。

网友们这样评价这位科学家："在中华文明的历史上，我们永远不能忘记这些人：仓颉创造了汉字，让文明可以沉淀下来；李斯统一了汉字，让文明可以流动起来；毕昇发明了活字印刷，让文明传播到世界的每一个角落；王选让汉字告别纸与笔、铅与火，让中华汉字文化进入了一个新时代。"

王选常常说这样一句话："能为人类作出贡献，人生才有价值。"记者清楚地记得，大约10年前，在北京大学举行的一次小型座谈会上，听王选教授发言。他说，"以前出国访问时，看到国外科研条件、生活条件比国内好得多，那时我的工资很低，又没有奖金，家里只有一台9英寸的黑白电视。但我一点都不感到眼红和自卑，因为，将来会证明，我对人类的贡献比他们大！"

"今后看我贡献的大小，主要看培养了多少年轻人"

但在王选的心里，还真的有些遗憾。"我的一生有10个梦想，5个成为现实，另外5个需要我与年轻人共同实现。"他的10个梦想都与自己为之奋斗数十载的事业息息相关。前5个——"发展激光照排系统，告别铅与火；发展基于页面描述语言的远程传版，告别报纸传真机；发展开放式彩色桌面出版系统，告别传统的电子分色机；发展新闻采编和资料检索系统，告别纸和笔；开拓海外华文报业市场"——已经梦想成真，还有5个也正在变为现实。但他遗憾的是，自己没有亲手将这些梦想都变为现实。为此，他把殷切期望全寄托在年轻人的身上。

他刚过55岁，就立刻提了一个建议："国家的重大项目，863计划，学术带头人，要小于或等于55岁。"他的意思是把自己排除在外。1993年，56岁的王选又一次做出令人震惊的决定：退出科研第一线，全力扶持年轻人。他说："今后看我贡献的大小，主要看培养出多少年轻人。"

北大方正印艺事业部字体开发总监朱志伟，听到王选逝世的消息，心情非常沉痛。10多年前，他还是一个工厂的工人。来方正公司面试时，主考官正是王选。王选发现他有技术专长，是个难得的人才，就问他有什么要求。朱志伟表示，只想保留全民所有制的身份。王选说："好，我给你办。"但方正是企业编制，只有进北大才能解决这一难题。王选亲自找到北大校长说，我宁肯少招一个博士，也要把这个人调进来。朱志伟终于如愿以偿。他感慨地说："从一名工人到开发总监，我的成长与王选老师的帮助是分不开的。"

"狂热地去追求，是因为热爱和一心想对未知领域进行探索"

王选曾有一段名言，一段关于名人和凡人的精辟论述："名人和凡人差别在什么地方呢？名人用过的东西，就是文物了，凡人用过的就是废物；名人做的一点错事，写起来叫名人轶事，凡人呢，就是犯傻；名人强词夺理，叫做雄辩，凡人就是狡辩了；名人跟人握握手，叫做平易近人，凡人就是巴结别人了；名人打扮得不修边幅，叫真有艺术家的气质，凡人呢，就是流里流气的；名人喝酒，叫豪饮，凡人呢，就叫贪杯；名人老了，称呼变成王老，凡人就只能叫老王。"

王选甘当凡人。记得几年前，记者采访北大党代会。身为党代表的国学大师季羡林先生对记者说，你们应当多写写王选，他对社会的贡献很大。遵照季先生的吩咐，记者几次约王选教授采访，都被他以各种理由推脱了。

曾为王选教授的博士生、在他身边学习生活了8年的龙勤，说起自己的导师，感激之情溢于言表："王老师在学术上原则性很强，只要不是自己参与的项目决不挂名，不是自己写的论文决不署名。他常为我的文章修改、把关，提意见，但从不同意把自己的名字加上。"

王选一生荣誉无数，但他视名利如浮云。他说："一个有成就的科学家，他最初的动力，决不是想要拿个什么奖，或者得到什么样的名和利。他们之所以狂热地去追求，是因为热爱和一心想对未知领域进行探索的缘故。"他又说，"一个科学家如果经常在电视上出现，他的科学生命也就结束了。"

王选是北大方正的创始人。说起公司名字的由来，知情者说是源自《汉书·晁错传》里的一段话："察身而不敢诬，奉法令不容私，尽心力不敢矜，遭患难不避死，见贤不居其上，受禄不过其量，不以亡能居尊显之位。自行若此，可谓方正之士矣。"

不论是按古人观点还是以现代标准，不论从卓越成就还是高尚人品，所谓"当代毕昇"和"方正之士"，王选都实至名归！

《人民日报》（2006年2月14日，记者：袁新文）

高科技应"顶天立地"

距北京大学西门不远的北大档案馆，曾是"748工程"会战组所在地。1979年7月，我国著名科学家王选曾带领科研团队，在这里日夜奋战，终于用自主研发的我国首个汉字激光照排系统输出了第一张完美的报纸样张。

"高科技应做到'顶天立地'。"这是王选一生奋斗的信条。"顶天"即不断追求技术上的新突破，"立地"即把技术商品化，并大量推广、应用，而"顶天"是为了更好地"立地"。

20世纪70年代，中国出版业仍是铅字排版和印刷。为改变落后状况，1974年，我国设立"汉字信息处理系统工程"，简称"748工程"。正在北大任助教的王选看到了巨大可能，他通过分析比较，决定跨过当时国外流行的第二代、第三代照排机，直接研究世界尚无产品的第四代激光照排系统。历经艰难，1979年，我国首个汉字激光照排系统研制成功。

北大计算机科学技术研究所教授、王选夫人陈堃銶介绍，原理性样机做出后，有人劝王选，不要做下去了。"但王选说，应用性研究如不做成商品，对社会就没有价值，所以他一直极力将成果转化为商品，和产业相结合。"

在艰苦研制条件下，王选团队不仅攻克汉字字形信息的计算机存储和复原输出的世界性难题，还在20多年间持续创新，与多个协作单位联合攻关，紧跟市场需求，先后研制出八代汉字激光照排产品，使中国传统出版印刷行业得到彻底改造，"告别铅与火，迎来光与电"。

至20世纪90年代初，国内99％的报社和90％以上的书刊出版社和印刷厂使用了王选团队研制的汉字激光照排系统。我国书刊平均出版周期从300多天缩短到100天左右。

王选院士逝世的12年后，他曾带领的北大计算机科学技术研究所在跨媒体智能识别技术等多方面取得系列新成果，而在汉字激光照排系统技术基础上发展起来的方正集团也成为中国信息产业龙头企业之一。

"王选精神在传承。"北大计算机科学技术研究所所长郭宗明说，"他提出的'顶天立地'产学研结合模式，是我们一直追求的发展之路。"

新华社（2018年12月22日电，记者：魏梦佳）

黄昆

我国固体物理学和半导体物理学的奠基人之一

从"黄散射"到"黄方程",从"黄-里斯因子"到"玻恩-和黄",以至"黄-朱模型",他在固体物理学发展史上树起了一块块丰碑。

根深叶茂常青树

"我不是帅才，只是一个小兵。"82岁的黄昆拿着我们的采访提纲，仿佛学生接受面试。

翻开履历，你会发现这位一身半旧的蓝咔叽布中山装、头戴绒线帽的老人实在是一位传奇人物：

——26岁留学英国，6年时间里连续提出"黄散射""黄-里斯理论""黄方程"，成为固体物理学界一颗耀眼新星；

——1951年回国后致力于教书育人，为我国固体物理学和半导体物理学奠基，指导培养出莫党、秦国刚、甘子钊、夏建白、韩汝琦等一代杰出学科带头人；

——在邓小平同志的关心下，年近花甲重返科研岗位，提出著名的"黄-模型"，解决了20多年来国际上相关理论存在的疑难，使我国半导体超晶格物理研究后来居上，达到国际先进水平……

谈到眼下的工作，黄昆坦然间显出几分失落："我现在每天实际上也就是坐办公室而已。做理论工作的到了70岁以后还想继续发展，很难。我没有能够超越这个限制。"

黄昆说自己的特点是到第一线做具体的研究工作，"如果不是亲自动手、直接参与，很难做出什么有创新性的成果。宣传报道对我们这种年纪大的人，总是习惯地认为都会站得比较高，我说那是帅才，我不属于那个范畴。"

1948年，玻恩邀黄昆合作，写一本"从量子力学最基本的原理出发，运用演绎的方法，推导出晶体结构和性质"的书。玻恩是量子力学的创始人，又是晶体点阵动力学的一代宗师。然而黄昆写作此书，却决不只是综述玻恩的成果，而是将自己研究上的最新进展和独到见解融汇其中。玻恩看过黄昆写的部分手稿后，在给爱因斯坦写的信中说："书稿内容已完全超越了我的理论，我能懂得年轻的黄昆以我们两人名义所写的东西，就很高兴了。"

这一风格贯穿于黄昆学术研究的始终。据合作者朱邦芬教授介绍，黄昆喜欢"从第一原理出发",即先不看已有文献,独立地从最基本的概念开始研究,防止自己的思路受他人束缚,丧失应有的主动性。"这使得黄昆的研究工作往往具有学术上的开创性与重要性。一系列以他的姓氏命名的研究成果,即是例证。"

黄昆而立之年携夫人艾夫·里斯归国效力,就任北大物理系教授,开始了长达26年的教学生涯。

回顾这一段经历,黄昆承认,自己对科研工作更为向往,但因为是国家科学发展的需要,便"拿了做科研的态度去搞教学"。黄昆深感当时的教学传统"从书本到书本",远离了教育的根本。于是他尝试将许多当时尚无定论的学科前沿动态,充实到教学中。他讲授普通物理,每周上3次课,6个学时,备课却要用50到60小时。

黄昆的授课有两大特色,一是"假定听讲人对所听问题一无所知且又反应较慢",二是无论讲过多少次,每次都要重新备课,所以黄昆在北大所开的课程最受欢迎。像夏建白院士等人,当年就是听过黄昆的讲课之后,从别的专业改投到他门下的。

1977年,58岁的黄昆骑着自行车,到中科院半导体研究所任所长。从1978年初开始,黄昆每星期抽出半天时间给全所科研人员讲授半导体物理的理论基础,前后整整讲了10个月。

黄昆对在半导体所的这一段工作所取得的成绩引以为豪:"刚调到这边来时,一个是自己的年龄问题,一个是所里当时的境况,我心里是无数的。但既然调过来了,就要做努力。"

在学科规划方面,他动员半导体所的主要力量集中在超晶格问题上,有力地推动了全所乃至全国在这个新兴领域的工作。他带头提出的一系列新的理论,引起了国际学术界的普遍重视。1984年,英国圣母玛利亚大学授予他"理论物理弗雷曼奖","黄昆"这个名字再次在世界科学界焕发出耀眼的光彩。

《人民日报》(2002年2月2日,记者:杨健、杨学聪)

为我国固体物理学和半导体物理学研究奉献一生

快乐的物理巨人

黄昆，1919年9月生于北京，1941年毕业于燕京大学物理系。1945年赴英国留学，1948年获英国布里斯托大学哲学博士学位，1949—1951年在英国利物浦大学理论物理系任博士后研究员，1951—1977年在北京大学物理系任教授，1977—1983年任中国科学院半导体研究所所长，1985年任名誉所长。1987—1991年曾任中国物理学会理事长。他先后被选为中国科学院学部委员（1955年）、瑞典皇家科学院外籍院士（1980年）和第三世界科学院院士（1985年）。2002年，黄昆荣获2001年度国家最高科学技术奖。

2005年7月6日16时17分，著名物理学家、我国固体物理学和半导体物理学的奠基人之一、中科院院士黄昆因病在京逝世，享年86岁。"渡重洋迎朝晖心系祖国傲视功名富贵如草芥，攀高峰历磨难志兴华夏欣闻徒子徒孙尽栋梁。"这副北京大学物理系师生送给黄昆先生的寿联，如今变成了挽联。

或步行，或骑车，先生无数次地经过中科院半导体所大门内的那条水泥路。如今，在路的尽头，他已安息，但学生永远不会忘记先生在路上那一脸和善的微笑。

"我不是帅才，是一个小兵"

将理论砖石嵌进世界物理学大厦

记者第一次见黄老，是2002年1月他荣获国家最高科学技术奖的前夕。83岁的老人当时已被确诊患了帕金森氏综合征，自己扣扣子都觉得困难。碍于情面，他同意接受30分钟的集体采访。为了节省时间，记者们把问题汇总在一起，由我一人代问。

"我不是帅才，是一个小兵。"这是他和记者交谈时说的第一句话。然而就是这个"小兵",一次次地把"黄-里斯理论""黄昆方程""黄-漫散射"这些带着中国人姓氏的理论砖石镶嵌进了世界物理学的大厦。直到快70岁,他与学生合作提出的"黄朱模型"还被作为必读文献列入许多国外的专著和研究生教材中。

"中国的黄昆是最聪明的。"量子力学创始人之一的玻恩在自传中这样评价自己的弟子。黄昆与他合著的《晶格动力学》被誉为这一领域的圣经,是许多著名学者案头的必备经典。1947年,玻恩请黄昆在其手稿的基础上执笔完成这部专著。黄昆丝毫不因对方的崇高地位而放弃自己的主张。他把自己研究上的最新进展和独到见解融会其中,甚至为一些章节的安排与玻恩发生激烈的争执。

玻恩让步了,他让步得很开心。在给爱因斯坦的信中,他写道:"书稿内容已完全超越了我的理论。我能懂得年轻的黄昆以我们两人名义所写的东西,就很高兴了。"

1985年,《晶格动力学》第三版的封底加了这样一段评价:"玻恩和黄昆关于晶格动力学的主要著作已出版30年了。当年,本书代表了该主题的最终总结;现在,在许多方面,该书仍是该主题的最终总结。"

"不动手算点东西,脑筋就开动不起来"
引领中国半导体研究进入世界前沿

黄昆作为科技界的代表人物走进公众视野,是20世纪70年代末的事情。

1977年,黄昆担任了中科院半导体所所长,被国外同行称作"灰烬中重新起飞的凤凰"。沉寂30年,重返科技战线后,黄昆坚持要在一线当"小兵"。

"他觉得,如果自己不深入思考一个具体的科学问题,如果不亲自动手算点东西,脑筋就开动不起来,很难做出什么有创新性的成果,也根本无法看清学科的发展趋势。他无法想象,自己看看文献,出席一些学术会议,就能把握科研的大方向。""黄朱模型"的创立人之一朱邦芬院士非常理解自己的合作者。

从1978年初开始,黄昆每星期抽出半天时间,给全所科研人员讲授半导体物理的理论基础,前后整整讲了10个月。在他的主持下,半导体所的半导体超晶格研究在世界上占据了一席之地,其中拉曼光谱学的研究水平进入世界先进行列，低维结构方面的研究工作处在世界最前沿。

听黄昆讲课是一种享受。黄昆授课有两条原则：一是"假定听讲人对所听问题一无所知又反应较慢"；二是无论讲过多少次，每次都要重新备课。当年在北大讲授普通物理，为了每周6个学时的课，他要备课50～60个小时。就这样，自己当学生时写作文"一句话就讲完了"的黄昆，为人师后，在课堂上却常旁征博引，侃侃而谈。

黄昆把自己一生的科研经历归结为：一是要学习知识，二是要创造知识。他说："我喜欢与众不同，不喜欢随大流。如果跟着大家做，就没有什么意思。"

在西南联大，黄昆与杨振宁、张守廉同居一室。酷爱争论的黄昆经常与他们"无休止地辩论着物理里面的种种题目"。杨振宁后来回忆，有一次，"关了电灯，上了床以后，辩论仍然没有停止。我现在已经记不得那天晚上争论的确切细节了，也不记得谁持什么观点，但我清楚地记得我们3人最后都从床上爬起来点亮了蜡烛，翻着海森伯的《量子理论的物理原理》来调解我们的辩论。"

也许只有真正以"创造知识"为乐的人，才能够体会黄昆内心的真正快乐。

《人民日报》（2005年7月8日，记者：杨健）

吴文俊

著名数学家
中国数学机械化研究的创始人之一

　　对数学的主要领域——拓扑学作出了重大贡献，提出用计算机证明几何定理的"吴方法"，开创了近代数学史上第一个由中国人原创的研究领域——数学机械化。

创独特方法　探数学奇道

将吴文俊称为中国数学界的"泰山北斗"也不为过。

1956年，他就与华罗庚、钱学森一起获得首届国家自然科学奖一等奖；2001年，他又和袁隆平一起站上首届国家最高科技奖的领奖台。作为当代中国最具国际影响的数学家之一，他提出的"吴公式""吴方法"具有极强的独创性，成就影响至今，甚至激发了人工智能领域的跨越。

2019年9月17日，吴文俊被授予"人民科学家"国家荣誉称号。

"展示了数学的广度，为未来的数学家们树立了新的榜样"

1、2、3、4、5、6、7……普通人看来再平凡不过的数字，在吴文俊眼中却如此美妙，值得用一辈子求索其中之"道"。

拓扑学被称为"现代数学的女王"。20世纪50年代前后，吴文俊由繁化简、由难变易，提出"吴示性类""吴公式"等。他的工作承前启后，为拓扑学开辟了新天地，令国际数学界瞩目。"对纤维丛示性类的研究作出了划时代的贡献。"数学大师陈省身这样称赞吴文俊。

吴文俊不满足于此，他又开启了新的学术生涯：研究数学机械化。70年代后期，他提出用计算机证明几何定理的"吴方法"，开辟了近代数学史上第一个由中国人原创的研究领域。这一方法后来被用于解决曲面拼接、计算机视觉等多个高技术领域核心问题，在国际上引发了一场关于几何定理机器证明研究与应用的高潮。1982年，美国人工智能协会主席布莱索等知名科学家联名致信中国当时主管科技工作的领导人，赞扬吴文俊"独自使中国在该领域进入国际领先地位"。

2006年，年近九旬的吴文俊凭借"对数学机械化这一新兴交叉学科的贡献"获得邵逸夫数学奖。评奖委员会这样评论他的获奖工作："展示了数学的广度，为未来的数学家们树立了新的榜样。"

"我们应该出题目给人家做"

数学是自然科学的基础，也是重大技术创新发展的基础。今天的中国，越来越认识到数学这门基础学科的重要性，也越来越重视原创的价值。吴文俊是先行者。

20世纪70年代，《数学学报》发表了一篇署名"顾今用"的文章，对中西方的数学发展进行比较，精辟独到地论述了中国古代数学的世界意义。"顾今用"是吴文俊的笔名。正如这一笔名所预示的，吴文俊逐步开拓出一个"古为今用"的数学原创领域。他曾对人回忆：我们往往花很大力气从事对某种猜测的研究，但对这个猜测证明也好，推进也罢，无非是做好了老师的题目，仍然跟在别人后面。"不管谁提出来好的问题，我们都应想办法对其有所贡献，但是不能止步于此。我们应该出题目给人家做，这个性质是完全不一样的。"吴文俊说。

他的学生、中科院数学与系统科学研究院研究员高小山1988年曾赴美国德克萨斯大学奥斯汀分校，后者是美国人工智能研究的主要中心之一。高小山回忆：在与一众知名学者交谈时，他们经常挂在嘴边的话是：吴是真正有创新性的学者。还有人对高小山说：你来美国不是学习别人东西的，而是带着中国人的方法来的。

中科院院士、数学与系统科学研究院原院长郭雷曾撰文回忆：作为享有盛誉的数学家，吴文俊对中国数学的发展有独到见解，"他认为，中国数学最重要的是要开创属于我们自己的研究领域，创立自己的研究方法，提出自己的研究问题。"

"我是数学家、科学家，不想当社会活动家"

2017年5月，吴文俊辞世。北京八宝山，千余人静静排着长队，为他送上最后一程……

在身边人的眼中，吴文俊虽年事已高却"永远不老"。中国科技馆原馆长王渝生回忆：吴文俊总是笑眯眯的。1980年首届全国数学史会议后，60多岁的他背一个背包，同大家一起去天池游览，一路讨论数学史问题，十分尽兴。吴文俊的学生回忆：先生在工作之余也有一些小爱好，比如，爱看武侠小说；比如，90岁高龄时还经常一个人逛逛书店、电影院，偶尔还自己坐车去中关村的知春路喝咖啡。

"永远不老"的背后，是徜徉在数学王国中的纯粹。

20世纪80年代，吴文俊的一名学生在中科院图书馆和国家图书馆借了大量数学专业书，发现几乎每一本书的借书卡后面，都留有吴文俊的名字。

许多人评价：吴文俊"一辈子就是在做学问，一心一意做学问"。他被公认有两个突出特点：一是非常勤奋、非常刻苦；二是非常放得开，为人豁达，不受私利困扰。获得国家最高科技奖后，各种活动邀约不断，吴文俊公开说："我是数学家、科学家，不想当社会活动家。"

"做研究不要自以为聪明，总是想些怪招，要实事求是，踏踏实实。功夫不到，哪里会有什么灵感？"吴文俊生前接受采访表示。他也曾说："我们是踩在许多老师、朋友和整个社会的肩膀上才上升了一段。应当怎么样回报老师、朋友和整个社会呢？我想，只有让人踩在我的肩膀上。"

（据新华社电　记者：董瑞丰）

《人民日报》（2019年10月25日）

斯人已去　世间犹存"吴方法"

——追忆著名数学家吴文俊

他是中国数学界的泰山北斗，1956年就与华罗庚、钱学森一起获得首届国家自然科学一等奖。他开创了近代数学史上第一个由中国人原创的研究领域，82岁高龄时又站在首届国家最高科技奖的领奖台上。

浩瀚宇宙中，一颗被命名为"吴文俊星"的小行星和光同尘，世间巨星却已陨落。2017年5月7日7时21分，中国科学院院士吴文俊因病医治无效，在北京逝世，享年98岁。

斯人已去，空余追忆。"吴文俊一生淡泊自守，对于名利看得很轻，从来不宣扬自己，以至于他在国内的知名度与他的成就极不相称。"近现代数学史研究者胡作玄说。

"吴公式""吴方法"：为现代数学开拓新天地

2000年的首届国家最高科技奖被授予两个人，一个是吴文俊，一个是袁隆平。在当时的介绍中，吴文俊的成就是"对数学的主要领域——拓扑学作出了重大贡献""开创了崭新的数学机械化领域"。

拓扑学被称为"现代数学的女王"。20世纪50年代前后，吴文俊由繁化简、由难变易，提出"吴示性类""吴公式"等，为拓扑学开辟了新的天地。

他的工作起到了承前启后的作用，令国际数学界瞩目，也因此成为影响深远的经典性成果。吴文俊的工作被五位国际数学最高奖——菲尔兹奖得主引用，许多著名数学家从中受到启发或直接以他的成果为起始点之一。

"对纤维丛示性类的研究作出了划时代的贡献。"数学大师陈省身这样称赞吴文俊。1956年，吴文俊获得首届国家自然科学一等奖。

到了20世纪70年代后期，吴文俊又提出用计算机证明几何定理的"吴方法"，开创了近代数学史上的第一个由中国人原创的研究领域——数学机械化，实现将烦琐的数学运算证明交由计算机来完成的目标。

这一理论后来被应用于多个高技术领域，解决了曲面拼接、机构设计、计算机视觉、机器人等高技术领域核心问题。2011年，中国人工智能学会发起设立了"吴文俊人工智能科学技术奖"。

吴文俊的各项独创性研究工作使他在国际、国内享有很高的声誉。2010年，经国际天文学联合会小天体命名委员会批准，国际编号第7683号小行星被永久命名为"吴文俊星"。

做"有意思的事"：中国古代数学给了启发

2011年记者采访吴文俊时，北京天气十分闷热，吴文俊鹤发童颜，拄着拐杖在门口迎接。落座后才得知他前段时间不小心摔了一跤，手臂上还留着大片的淤青。

"我平时喜欢一个人出去转转，前几天下雨路滑，不小心就摔了一下。"吴文俊不以为意地笑谈。当时，92岁的他还经常一个人去逛逛书店、电影院，偶尔还自己坐车去中关村的知春路喝喝咖啡。

"我就喜欢自由自在，做些有意思的事情。"在吴文俊心里，数学研究就是件"有意思"的事，尤其是晚年从事的中国古代数学研究，更是自己"最得意"的工作。

20世纪70年代后期提出的"吴方法"，被认为是自动推理领域的先驱性工作，对数学与计算机科学研究影响深远。这一开创性研究，就是吴文俊在中国古代传统数学的启发下取得的。

在同一时期，吴文俊还用算法的观点对中国古算作了正本清源的分析，认为中国古算是算法化的数学，由此开辟了中国数学史研究的新思路与新方法。

"我非常欣赏'中国式'数学，而不是'外国式'数学。"吴文俊在那次接受记者采访时说，"中国古代数学一点也不枯燥，简单明了，总有一种吸引力，有意思！"

自认"笨人"："让人踩在我的肩膀上再上去一截"

在熟悉的人眼里，吴老是位"老顽童"，他乐观开朗，常有一些惊人之举。

有一次去香港参加研讨会，开会间隙出去游玩，年逾古稀的他竟坐上了过山车，玩得不亦乐乎；一次访问泰国期间，他坐到大象鼻子上开怀大笑，还拍下了照片。

吴文俊在70岁的时候，曾经写了一首打油诗："七十不稀奇，八十有的是，九十诚可贵，一百亦可期。"到了80岁大寿的时候，他对这首诗做了微妙的修改，把每一句都增加了10岁。

"做研究不要自以为聪明，总是想些怪招，要实事求是，踏踏实实。功夫不到，哪里会有什么灵感？"吴文俊曾在采访中这样说。

"数学是笨人学的，我是很笨的，脑筋'不灵'。"他说。可就是这样一位自认为"很笨"的人，总能站在数学研究的最前沿。

面对各种荣誉，吴文俊看得很轻。获得国家最高科技奖后，他说："我不想当社会活动家，我是数学家、科学家，我只能尽可能避免参加各种社会活动。"

他也曾谦逊地说："不管一个人做什么工作，都是在整个社会、国家的支持下完成的。我们是踩在许多老师、朋友、整个社会的肩膀上才上升了一段。应当怎么样回报老师、朋友和整个社会呢？我想，只有让人踩在我的肩膀上再上去一截。"

新华社（2017年5月7日，记者：董瑞丰、吴晶晶）

袁隆平

享誉全球的"杂交水稻之父"

  我国研究与发展杂交水稻的开创者,世界上第一个成功地利用水稻杂种优势的科学家,他被誉为"杂交水稻之父"。一生扎根在稻田间,实现了千百年来人民心中最朴素的愿望,攻克了曾经绊倒半个地球的难题,让上亿人口摆脱饥饿。

良种济世 粮丰民安

金风送爽，染黄了又一茬稻谷。"杂交水稻之父"袁隆平的学生、湖南省杂交水稻研究中心栽培室主任李建武又想起了恩师："老师，请您放心！经过实地考察，今年能实现您双季稻亩产3000斤的愿望。"

杂交水稻双季亩产突破3000斤的心愿，是袁隆平在90岁生日时许下的。为了实现这个心愿，90岁高龄时，他还坚持在海南三亚的国家南繁科研育种基地开展科研。虽然袁老未能看到今年扩大双季稻亩产3000斤的示范成功，但是，在他身后，他一生挚爱的水稻事业后继有人，一批批农业科技工作者把论文写在祖国大地上。

"人就像种子，要做一粒好种子"

1949年，从小立志学农的袁隆平，第一志愿报考了农学，并如愿入相辉学院（后并入西南农学院）农学系。毕业后，袁隆平来到湘西雪峰山麓的安江农校任教。1960年，一个寻常的课后，他在校外的早稻试验田里发现一棵"鹤立鸡群"的稻禾：一株足有10余穗，挑一穗数有籽粒200多粒，他如获至宝，收获时把这一株的籽粒全收了。第二年春天，他播下这些金灿灿的稻种，却发现抽穗时早的早、迟的迟，参差不齐，优异性状完全退化了。

"自花授粉作物没有杂交优势"，这是当时学界的普遍共识。真是这样吗？袁隆平冲破传统学术观点的束缚，义无反顾地选择攻关水稻杂交优势利用。从1964年开始，他带着学生，在稻田里从寻找天然雄性不育株入手，用"三系"法研究杂交水稻。他举着放大镜，一垄垄、一行行，终于在第十四天发现了第一株雄性不育株；此后，他带领助手用上千个水稻品种进行了3000多次试验。直到1970年才打开了杂交水稻研究突破口。1973年，中国籼型杂交水稻"三系"配套成功。

"人就像种子，要做一粒好种子"，这是袁隆平院士生前常说的一句话。他也用一生，为这句话写下了注脚。

"要种出好水稻必须得下田"

2019年，袁隆平获得"共和国勋章"。捧着沉甸甸的勋章，他觉得自己"不能躺在功劳簿上睡大觉"。颁奖会后第二天，袁隆平匆匆赶回湖南。回去第一件事，还是下田去看他的水稻。

对袁隆平来说，下田就像一日三餐一样平常。为了缩短杂交水稻育种周期，几十年来，袁隆平师徒几人背着干粮，在云南、海南和广东等地辗转研究。

"袁老师常常对我们说，电脑里长不出水稻，书本里也长不出水稻，要种出好水稻必须得下田。"李建武说。如今，几代年轻的科学家已经逐渐接过种业振兴的担子，继续攻坚在一块块水稻试验田中。

"我拉着我最亲爱的朋友，坐在稻穗下乘凉"

"风吹起稻浪，稻芒划过手掌，稻草在场上堆成垛，谷子迎着阳光哗啵作响，水田泛出一片橙黄……""走在田埂上，它同我一般高，我拉着我最亲爱的朋友，坐在稻穗下乘凉……"今年5月22日，袁隆平先生走了，带着他念念不忘的"梦"。

"杂交水稻覆盖全球"是袁隆平的一个梦想，他曾说："全世界有一亿六千万公顷的稻田，如果其中有一半稻田是杂交稻，每公顷增产两吨算，可以增产一亿六千万吨粮食，能多养四到五亿人。中国的水稻将为人类的粮食安全作出贡献。"

现在，杂交水稻已经在亚洲、非洲、美洲的数十个国家和地区推广种植，年种植面积达800万公顷。金黄的稻谷，让无数人享受到了吃饱的幸福，看到了生活的希望。

"袁隆平院士为推进粮食安全、消除贫困、造福民生作出了杰出贡献！"联合国如此评价他。

《人民日报》（2021年9月23日，记者：郁静娴、薛宇舸）

禾下乘凉梦　一梦逐一生

——怀念袁隆平

2021年5月22日，一位91岁的老人走了。

湖南长沙，中南大学湘雅医院门诊楼前，三捧青翠的稻束静静矗立。不知是谁，采下老人毕生为之奋斗的梦，向他祭献。

灵车过处，人们夹道相送；

汽笛声声，祝他一路走好。

一颗稻种，填得满天下粮仓。

千言万语，道不尽一生故事。

他以祖国和人民需要为己任，以奉献祖国和人民为目标，一辈子躬耕田野，脚踏实地把科技论文写在祖国大地。

老百姓把袁隆平刻进自己心里。

君似雁随阳，为民谋稻粱

袁隆平逝世后，人们悼念的文辞中有这样一个热词——国士。何为国士？谓其"才德盖一国"，抑或"一国勇力之士"？用在袁老身上恐怕都不能概其全貌。因为还有对人民、家国、民族的责任和爱。

2019年9月17日，袁隆平被授予"共和国勋章"。当天，他还在试验田里查看杂交水稻生长情况。行动不便后，湖南省农科院在他的住宅旁辟出一块试验田，他在家里就能看见水稻。

当双脚无法再踏入稻田中，他的心，仍时刻扎在广袤田野里。

是什么让他对稻田如此眷恋？

"一条大河波浪宽，风吹稻花香两岸……"1956年上映的电影《上甘岭》中，年轻的志愿军战士在异国他乡的坑道里，唱起《我的祖国》。

稻浪飘香，承载着人们对家乡的思恋，对温暖的念想，对和平的向往。

那一年，26岁的袁隆平开始了农学试验。不久后，他的研究从红薯育种转向水稻育种。这一转身，改变了他的一生，也影响着中国乃至世界的生存境遇。

一部中华民族史，就是一部同饥饿斗争的历史。挨饿，曾是最深最痛的民族记忆。中华人民共和国成立前，少年袁隆平，因路遇饿殍，而立志学农。

"让所有人远离饥饿"，一个当时看来遥不可及的梦，让袁隆平开始了长达半个多世纪的追逐。

"作为新中国培育出来的第一代学农大学生，我下定决心要解决粮食增产问题，不让老百姓挨饿。"1953年，从西南农学院遗传育种专业毕业后，袁隆平立下誓言。蓬勃向上的新中国给袁隆平提供了践行农业报国誓言的广阔舞台。日益强盛的祖国就是他躬耕科研的沃土。1984年，湖南省杂交水稻研究中心成立，"国家下拨的第一笔经费就高达500万元"。袁隆平回忆，中心因此迅速建起了温室和气候室，配置了200多台仪器。

回望袁老一生，宏愿并非一时头脑发热，而是一代中国知识分子对家国命运的情怀和担当。

这是一条艰辛求索的路。质疑、失败、挫折，如家常便饭；误解、反对、诋毁，曾如影随形。

他默不作声，背上腊肉，转乘几日火车，去云南、海南、广东，重复一场又一场试验。

为稻种追寻温度与阳光，就像候鸟追着太阳！

粮稳，则天下安。水稻种植是应用科学。对科学家袁隆平而言，国家和人民的需求至高无上——技术手段不断更迭，但所有工作的出发点始终是丰收。

近年，杂交水稻年种植面积超过2.4亿亩，年增产水稻约250万吨。中国以无可辩驳的事实向世界证明，我们完全可以靠自己养活14亿人民。

"国士在，且厚，不可当也。"

"我是洞庭湖的麻雀，更要做太平洋的海鸥。"

5月22日下午，灵车缓缓驶出医院。长沙宽阔的主干道上，许多车停下来鸣笛致意，人们涌上街头，齐声呼喊："袁老，一路走好！"

此时此刻，联合国粮农组织总干事屈冬玉在网络上写下："一生修道杂交稻，万家食粮中国粮。我敬爱的大师千古！"

反饥饿，不仅是中国人的斗争，也是全世界人民的斗争。世界粮食计划署最新发布的《2021年全球粮食危机报告》显示，2020年在55个国家/地区内至少有1.55亿人陷入"危机"级别或更为严重的突发粮食不安全状况。

面对全球粮食危机，我们无法置身事外，不能无动于衷。

海外人士说，这位老人研究的，是根除饥饿的"东方魔稻"。

如今，"东方魔稻"，在全球40余个国家种植超过800万公顷。

2010年，时任世界粮食计划署执行总干事乔塞特·希兰写道：人们问我为什么如此有信心可以在我们这一代消除饥饿，中国就是我的回答。

2017年2月，《自然·植物》杂志发文认为，中国的水稻生物学、遗传学和群体基因组学研究引领世界水稻乃至作物科学研究。

一位科研工作者，为何有超越国界的魅力、领先世界的技艺？

当你看见非洲岛国马达加斯加的新版货币，你会更加理解——货币图案是杂交水稻，它让这个曾有200万人面临饥荒的国家，结束了进口大米的历史。

杂交水稻，成为解决全球粮食短缺问题的"中国方案"。让全世界吃饱饭，是中国农业科学家科学精神的诠释，对人类命运共同体的注解。

发展杂交水稻，造福世界人民——这是袁隆平毕生的夙愿。

他说："我是洞庭湖的麻雀，更要做太平洋的海鸥。"

他，做到了！

真如少年

5月23日上午，长沙明阳山殡仪馆。细雨霏霏，祭奠者排起长队。

人潮中，有许多手持鲜花、从四面八方赶来的莘莘学子。他们面庞青涩，神情肃穆，安静有序地跟着队伍一步步前移，然后，深深鞠躬。

一天前，当灵车驶过长沙街头，许多青年齐声呼喊："袁爷爷，一路走好，一路走好！"

同一时间，无数人在网络上默契地传递同一句话，"袁爷爷，我一定好好吃饭。"

一群年轻人，以纯真的承诺，告慰一位老人至诚的梦想。

袁隆平生前，每一次在青年人中公开亮相，都堪比"大型追星现场"。尖叫、鲜花、掌声……在"95后""00后"眼中，他是当之无愧的国民偶像、顶流明星。

"我与他好像有过一面之缘，在饭桌上，在课本里。""明明素未谋面，我却泪流满面，像失去了爷爷一样……"一位91岁的老人，为何成为中国青年热爱如斯的"网红"？

没有比"手中有粮心中不慌"更踏实的安全感，这是最简单的道理，最直白的表达。

没有比"喜看稻菽千重浪"更持久的喜悦感，这是最生机勃勃的画面，最扣人心弦的憧憬。

那些身处大千世界、见识五彩斑斓的年轻人，总是被袁隆平人格中最朴素的力量击中——那就是"真"，真如少年。

他倔强，在千百次的失败中依然坚信，世界上必然有一粒种子，可以战胜饥饿；

他坦诚，功成名就后，面对测产失败全无包袱，"跌跤就跌跤，再爬起来就是了"；

他幽默，步入鲐背之年，总是自称"90后"，笑言要和青年研究者比比脑瓜子；

他活跃，过了80岁，还能在气排球比赛中打满全场，而且担任主攻手；

他浪漫，工作至深夜，会心血来潮拉着夫人的手奔到河边，跃入水里畅游；

……

"你们正值如花的年龄，也正是充满梦想的时候。但是，仅仅停留于做梦是不够的，我希望你们要树立理想，并努力为实现理想而奋斗。"这句对大学新生的寄语，敲响了无数中国青年的心房。

袁隆平走了，袁隆平星依然闪耀……

时针拨回5月22日上午，弥留之际，亲友围在袁隆平床边，唱起他最喜欢的歌。

他走得安详，嘴角带着笑。有人说，袁老那么思念母亲，终于回到了母亲的怀抱。

还有人说，他一定是进入了梦乡。梦里的稻穗比高粱还高，穗粒比花生还大，风轻轻吹过，袁老戴着草帽，就坐在稻穗下乘凉。

禾下乘凉梦，一梦逐一生。这是袁隆平的梦，也是后来者的梦。

他没有留下最后的话语。可他想说的，人们却能看见——

从云贵高原到华北平原，从洞庭湖区到江南水乡，无数农民还在等待第三代杂交水稻从试验田走向生产田；在新疆、山东、黑龙江等地，已有超过10万亩海水稻试验田丰产，许多角落还在等待"再造亿亩良田"的理想步步实现……

未竟的事业，科学的价值，正待我们去坚守，拼搏，开掘。

"书本里长不出水稻，只有田里才长得出水稻。"这是袁隆平送给年轻科研工作者的成长秘诀——唯有实践，方不辜负真理。

即使身处重病之中，袁隆平最牵挂的还是科研。

入院之初，他每天都问医务人员："天晴还是下雨？""今天多少度？"有一次，护士回答28℃。袁隆平急了："这对第三代杂交稻成熟有影响！"

他病重时念念不忘的，是叮嘱学生要把杂交水稻事业发展好。

这是一位科学家的本色——爱国为民、刻苦钻研、全心奉献。直到生命最后一刻，袁隆平仍在奋力燃烧自己，烛照后学。

生命有尽头，科学无止境。

一代科学巨擘陨落，留下丰富的精神遗产，激励一代代科研工作者以梦为马，不负韶华！

你听！

传承的决心，如稻穗饱满——

"我追的星陨落了，会有更多的星亮起……"

青春的誓言，如稻苗蓬勃——

"请放心，您这位'90后'没有完成的，还有其他'90后'顶上！"

袁隆平走了，袁隆平星依然闪耀……

新华社（2021年5月23日，记者：袁汝婷、刘良恒、周勉）